내
마음의
망명지

국립중앙도서관 출판시도서목록(CIP)

(유종호 산문집) 내 마음의 망명지 / 유종호 지음.
— 파주 : 문학동네, 2004
　p. ;　　cm

ISBN 89-8281-803-0 03810 : ₩8800

814.6-KDC4
895.745-DDC21　　　　CIP2004000515

내
마음의 망명지
책 읽기와 세상 보기

유종호 산문집

문학동네

책머리에

 이번 산문집은 십오 년 만에 내는 것이다. 무작정 나열할 수도 없어서 4부로 나누었다. 제1부에는 책에 관해서 쓴 짤막한 글들을 모았고 제2부에는 사사로운 얘기가 담긴 글과 비평적인 단문을 모았다. 이르는바 수상 흐름의 글이 제3부, 발표시기를 끝자락에 달아놓은 시사적인 글이 제4부를 이루고 있다. 이렇게 대충 유별해보기는 했지만 엄격한 구별이 있는 것은 아니다. 모두 주문에 응해서 작성한 것이고 태반이 신문 고정란에 쓴 것이다. 사사로운 얘기를 다룬 글은 처음부터 주어진 화제를 따른 것이다.
 장르의 서열을 믿지 않는다. 가장 많은 독자를 당기고 있다고 해서 소설의 장르적 우월성이 보증되는 것은 아니다. 가령 김기림, 이상, 김수영의 빼어난 산문은 이들이 쓴 대부분의 시보다 훨씬 매혹적이요 윗길이다. 높낮이가 드러나는 것은 개개 작품의 구체를 통해서이다. 짤막한 산문이라고 해서 업수이 여길 수는 없다. 짤막한 글에서일수록 '제자리에 놓인 적절한 말'이라는 문체적 요청이 커진다는 것이 내 경험이다.

칠판을 등지고 서서 혹은 백지를 앞에 놓고, 서툰 생각을 드러내기 시작한 것도 어언 쉰 해가 가까워진다. 예나 이제나 막막한 생각이 들기는 매일반이다. 그렇지만 이런 머릿글을 열 번쯤은 더 쓰고 싶다. 아직 가야 할 길이 있다는 것은 노년의 행복이다. 얘기가 오간 후 일 년도 더 넘겨서야 나오게 된 이 문집의 이름은 문학동네 조연주씨가 잡아주었다. 관계된 여러분께 고마울 따름이다.

2004년 3월 외솔관에서

柳宗鎬

차례

책머리에   5

제1부 첫사랑과 메밀꽃—나의 책 읽기

첫사랑과 메밀꽃   13
버림받는 청춘소설에 부쳐   16
『마의 산』 가는 길   19
김동석과 토마스 만   22
숨어 있는 신의 침묵   25
왕따와 불리와 이지메   28
문체와 인물 조형   31
교실에서 보인 눈물   34
유나와 수나와 김동석   38
김동인과 한양 방화   41
문체의 옹호   45
불행은 우리의 거처   49
'낭만적 망명자' 게르첸   52
정치적 인간의 초상   55
사르트르의 『문학이란 무엇인가』   58
레비 스트로스의 『슬픈 열대』   61
바흐친의 『프랑수아 라블레의 작품과 중세 및 르네상스의 민중문화』   64
냉혹한 생존법칙, 이솝 우화집   67
아이자이어 벌린의 『칼 마르크스』   71
레스터 C. 서로의 『자본주의의 미래』   74
『동주 열국지(東周 列國志)』   77
서애 유성룡의 『징비록(懲毖錄)』   80
이태준의 『소련 기행』   84
서기원의 『광화문』   87
이상옥의 『이효석—작품과 생애』   90
故 이문구 형을 보내며   93
문학 쇠퇴와 포르노토피아   96
나의 애장본   99

제2부 내 정신의 망명처

- 115 내 정신의 망명처
- 118 이 한 장의 사진
- 122 반딧불이—혹은 생산적 나태
- 129 뛰어남에 대한 경의
- 134 정지용과 채동선—시와 서정 가곡의 만남
- 137 서리병아리와 서리까마귀
- 140 의심의 자발적 정지—서정시 쓰기가 힘든 시대는 곧 서정시가 필요한 시대이다
- 146 문학 교육에 대한 소견—지도자부터 공부해야
- 150 영원한 마음의 고향—문학 속의 산
- 156 꾀와 힘—옛 이야기가 시사하는 것
- 161 내 삶의 소롯길에서—시집에 얽힌 이야기
- 168 눈물 젖은 두만강
- 173 내 글이 걸어온 길

제3부 행복의 얼굴

- 183 행복의 슬픈 얼굴—내가 읽은 가장 짤막한 행복론
- 190 명일 만들기—일상으로부터의 탈출
- 196 쇠잔해가는 덕목
- 202 우리 모두 단벌 신사
- 207 조그만 행복
- 211 내가 지금 사십대라면
- 215 민들레 이야기
- 220 생각나는 일
- 223 일상에서의 도망
- 226 세 사람 있는 곳에
- 228 광야의 셰익스피어
- 232 일본에 와서
- 236 바깥에서 들은 얘기
- 240 시간에 대하여
- 243 잊지 않기
- 246 세 살 적 버릇

담배 끊기의 비결 250
앉아서 당할 사람 없다 254
산행을 하면서 259

제4부 철새를 보는 열세 가지 방식—나의 세상 보기

칼과 저울 267
초급행과 초완행 270
열려 있는 사고를 위하여 274
열린 마음과 사회 283
비극 판정의 수수께끼—고전 고대의 관행에 붙이는 자유연상 288
집단적 기억상실을 넘어서 296
철새를 보는 열세 가지 방식 299
첫번째 숙제 302
위기불감증은 아닌지 305
아마추어의 미덕과 한계 308
권력자의 나팔 311
성공한 대통령을 보고 싶다—취임 삼 개월에 부쳐 314
바깥에서 보고 느낀 것들 317
보고 싶은 텔레비전 프로 320
심리적 공황의 한 해를 보내며 324
'새천년' 맞이를 보면서 327
무엇이 중요한가 331
함부르크를 다녀와서 334
내가 보는 세기말—불확실성에 대한 반응 338
전문가가 대우받는 사회 341
속 시원한 소식—직업윤리와 책임의 수용 344
자구책을 위하여 347
교사는 따로 없다 351
장엄한 노인들 354

제1부 첫사랑과 메밀꽃—나의 책 읽기

첫사랑과 메밀꽃

좋은 작품은 제목부터 그럴듯하다. 작품이 괜찮아서 돋보이는 것인지도 모르지만 「만세전」 「붉은 산」 「메밀꽃 필 무렵」 같은 중단편은 제목 자체가 수작이다. 투르게네프의 「첫사랑」도 그런 작품의 하나일 것이다. 첫사랑이란 말이 언제부터 쓰였는지는 알 수 없다. 웬만한 큰 사전이 그런 정보를 알려주어야 할 테지만 우리에겐 그런 사전이 없다. 아마 20세기 들어서 외국문화 수용과정에 생겨난 말이라 생각한다. 일곱 살이 되면 남녀가 자리를 함께 할 수 없는 사회에서 첫사랑이란 생각 자체가 금기요 반칙이었을 것이다.

중편 「첫사랑」은 사십대 장년이 열여섯 때 경험을 적은 액자소설이다. 모스크바 근교의 여름 별장에서 소년은 몰락한 공작부인의 딸 지나이다를 알게 된다. 분홍색 줄무늬 드레스 차림의 늘씬한 연상의 여인으로 그녀는 다가온다. 사랑을 청하는 남성들에게 둘러싸인 그녀는 이들을 모두 호의로 대하면서 그 누구에게도 쏠리지 않는다. 소년에게도 호의와 거리감을 동시에 보여준다. 그러던 지나이다에게 변화가 일어난다. 그녀가 마침내 애인을 선택했다고 소년은 생각한다. 상대는 누구일까? 소년은 칼을 품은 채 살해할 결심을 하고 정원에 숨어 지켜본다. 상대는 뜻밖에도 부친이었다. 소년의 질투심은 공포와 절망으로 변하고 나중에는 외경과 감탄으로 바뀐다. 소년은 자신에 대한 그녀의 안쓰러운 다정함과 부모의 싸움의 원인을 알아차린다. 모친의 재촉으로 여름집을 떠나게 되어 헤어질 때, 지나이다는 자기를 나쁜 여자로 보지 말라며 두 팔로 소년의 목을 안고 입맞춤을 한다.

얼마 뒤 소년은 어느 집 창가에서 얘기를 나누는 지나이다와 부친을 보게 된다. 그녀는 무엇인가 거절하는 것 같았고 손을 내민다. 부친은 갑자기 승마용 채찍을 들어 팔꿈치까지 드러난 그녀의 팔을 친다. 소년은 간신히 울음을 참았고, 지나이다는 몸을 떨더니 부친을 말없이 바라보다 팔을 들어 상처에 입을 맞춘다. 그것이 그녀를 본 마지막이다. 몇 달 후 부친은 병으로 쓰러졌고 바로 그날 아침 아들에게 프랑스 말 쪽지를 남긴 터였다. "아들아, 여인의 사랑을 조심하려무나. 저 황홀과 완만한 독약을." 부친의 사망 후 모친은 상당한 금액을 지나이다에게 보낸다. 결혼한 그녀는 몇 해 후 해산중에 사망한다.

이렇게 적어놓으면 간단해 보이지만 「첫사랑」은 보기보다 복잡한 작품이다. 소년에게는 폭풍처럼 강렬한 사랑의 경험이었고 종잡을 수 없는 지나이다의 거동으로 고통을 받지만 그는 한결 성숙해진다. 딸을 매개로 해서 재정적 곤경을 타개하려는 지나이다의 모친, 부인과 헤어져야 만나겠다는 지나이다, 그녀의 결혼 소식에 졸도하는 부친, 돈을 보내주라는 부친의 설득, 부친과의 사연으로 한동안 결혼에 어려움을 겪는 지나이다 등의 부대상황이 모두 간결하면서도 암시적으로 처리되어 있다. 사랑의 수수께끼와 사회학이 서정적인 분위기 속에 꼼꼼하게 그려져 있다. 그 점에선 이른바 성인식(initiation) 얘기다. 외디푸스 콤플렉스적인 삼각관계 상황에서 소년이 부친에게 외경과 감탄의 감정을 갖게 되는 것도 성숙을 시사한다. 자전적 소설인 이 작품에서 부친은 모친보다 열 살 아래이지만 투르게네프의 부친은 모친보다 여섯 살 밑이었다.

비슷한 시기에 제목에 끌려 읽었다는 경험의 우연 때문에 「첫사랑」은 내게 「메밀꽃 필 무렵」을 상기시킨다. 두 작품 사이에 공통점은 없다. 「첫사랑」은 연애소설이지만 「메밀꽃」은 아니다. 희한한 성적 모험과 그 후일담의 얘기요 헤어진 혈육의 상봉이라는 원형적 모티프를 담은 단편이다. 허생원은 '괴이한 인연'이라고 하지만, 물방앗간에서는 어떤 일이 일어난 것일까? 허생원이 뭐라 하든 성폭행의 범주에 속하는 사단일 것이다. 동물세계에는 성폭행과 성행위의 차이가 있을 수 없다. 성폭행은 문화적 사회적 윤리적 범주가 규정한 행동이다. 사랑이 성(性)으로 완결된다 하더라도 성에 이르는 사회 문화적 우회로가 길기 때문에 연애소설이 성립한다. 한밤의 물방앗간은 사회적 문화적 공간이라기보다 자연 공간의 연장이다. 거기서 성은 즉시 완결된다. 「첫사랑」과 「메밀꽃 필 무렵」의 대비는 20세기 전반에 우리에게 성장소설 흐름의 연애소설이 드물었던 사정을 밝혀준다.

버림받는 청춘소설에 부쳐

　학기가 시작되는 첫째 시간에 '가장 감명 깊게 혹은 재미있게 읽은 문학책'이란 제목을 주고 글을 쓰게 하고 있다. 문학책이 없을 경우엔 어떤 분야의 책이라도 좋다는 설명을 첨가한다. 또 그런 책이 없는 경우엔 솔직하게 말하라고 일러준다. 여러 해째 계속하고 있는데 근자에 적지 않은 변화를 보게 되었다.
　저학년이 대부분인 학생수는 백 명이 넘는 경우도 있고 오십 명을 넘는 경우도 있어 통계수치상의 엄밀성이 있는 것은 아니다. 그러나 "없다"고 말하면서 그 사유를 적는 학생수가 몇 명씩 꼭 나온다. 그런가 하면 분명히 책을 얘기하라고 주의까지 했는데 단편 하나 정도를 거론하는 학생들도 있다. 전혀 책을 읽지 않아 교재에서 읽은 것을 얘기하는 것이다.
　집계를 내보면 중복되는 책이 별로 없다. 그러나 몇 해 전까지만 하더라도 외국작품으로는 『좁은 문』 『데미안』 『폭풍의 언덕』 같은 청춘소설의 애독자가 제법 많았고 또 이들은 상대적으로 수준급의 글을 써냈다.

그러나 최근엔 이들이 자취를 감춰가고 있다. 낯익은 명작 대신에 많은 학생들이 거론하는 것은 『상실의 시대』라고 번역된 무라카미 하루키의 작품을 비롯해서 그 또래의 일본 작가의 작품이다. 적지 아니 실망하고 당황했다. 교실이 황폐해지고 지적 수준이 낮아진다는 풍문의 실체를 접한 것 같은 느낌마저 들었다.

그건 그렇고 "청춘은 아름답다"는 해묵은 소문이 있다. 인생은 짧다는 말처럼 무시로 듣게 되는 소리다. 이 소문의 진위를 따지려 드는 사람들은 별로 없다. 그러나 생각해보면 행복한 어린이가 어디 있을 것인가. 있는 것은 행복을 단념한 어른들이 만들어낸 잃어버린 낙원, 즉 행복한 어린 시절이 있을 뿐이다. 청춘 역시 잃어버린 낙원일 뿐이다. 상실을 통해서 비로소 사람들은 그것이 아름다울 수 있었다는 것을 실감한다. 아름다움을 상실의 회한 속에서만 경험한다는 것은 이 세상의 슬픔이다.

청춘은 불안과 오류와 방황의 계절이다. 그러한 시기에 앞에 든 청춘소설은 형성적인 힘을 빌려준다. 근엄한 신교도 집안에서 자라 극기를 자연스레 체득하고 행복과 덕성을 동일시하는 제롬, 순결함에 대한 간구가 자기 희생으로 끝난 알리사를 보여주는 『좁은 문』은 사랑이 육체의 불장난만이 아님을 일러준다. 『폭풍의 언덕』은 인간에게 냉정한 타산을 넘어서는 격정이 잠복해 있음을 보여주면서 아울러 그 위험도 일러준다. "자기 자신에 이르는 길을 찾고 내적인 확실성에 당도하는 일이야말로 깨어 있는 사람의 유일한 의무"라는 『데미안』은 젊은 영혼이 지나가야 하는 통과의례를 보여준다. 그런데 이런 작품들이 점차 외면되면서 그 자리를 헐렁한 일본 소설이 차지해간다.

우선 유관성(有關性)의 문제가 있을 것이다. 이른 나이에 포르노를 접하고 사랑과 성(性)이 동일시되어가는 풍토에서 굳이 『좁은 문』으로 들어가려는 사람들의 얘기는 고리타분하고 지리할지도 모른다. 영리나 이윤 추구와 거리가 먼 내면에의 길은 불편한 우회도로로 비칠지도 모른다. 또 새천년의 '신지식인' 지망생에게 '좁은 문'과 '내면에의 길'은 소홀치 않은 장애물이 될 것이다.

그러나 문학의 매력의 하나는 남의 삶을 엿보는 재미이다. 동떨어진 역사적 시점이나 지역적 원격지에서, 사람들은 어떻게 삶을 꾸려가며 이 세상에 다녀간 흔적을 남기는가. 문학은 이러한 호기심을 혹은 유쾌하게 혹은 눈물나게 충족시켜준다. 문학과 역사가 없다면 사람은 자기 자신도 타인도 이해하지 못할 것이다. 인간사치고 인간에게 무관한 것은 없다. 아는 만큼 보인다는 말이 있지만 가시적인 것에 한하지 않는다.

사람은 '사회적 관계의 총화'인 것 이상으로 자기 경험의 총화이다. 때로 간접경험은 직접경험보다 더 생생할 수 있다. "젊음과 성숙을 우리는 확연하게 구분할 수 있다. 자기 중심주의가 끝날 때 젊음은 끝난다. 사람이 다른 사람을 위해서 살 때 성숙은 시작되는 것이다." 헤세의 또다른 청춘소설 『게르트루트』에 나오는 말이다. 아름다운 청춘이 있다면 그것은 성숙을 모색하는 젊음일 것이다. 길이 책 속에만 있는 것은 아니나 책 속에 길이 있는 것은 분명하다.

『마의 산』 가는 길

"정신의 육지를 따로따로 걸어오긴 하였으나 어느 모로 우리는 같은 순례길의 동반자였소." 『데미안』의 영역본에 붙인 감동적인 「서문」에서 저자를 향해 토마스 만은 이렇게 적었다. 헤르만 헤세의 몇몇 청춘소설은 서정적인 작품 정서나 길지 않은 분량 때문에 한때 우리 쪽에서 많은 독자를 모았다. 자유로운 방랑으로 표현된 산업사회의 억압성에 대한 저항이나 동양문화와의 친연성도 그의 매력을 더해주었다. 이에 반해 토마스 만은 너무 무거워선지 독자를 당기지 못했다. "카프카냐 토마스 만이냐"는 선택지로 루카치는 토마스 만의 손을 들어주었으나 동유럽에서도 그는 카프카만큼 독자를 모으지 못했다.

그러나 그의 『마의 산』이 이제는 위기에 처한 고급문화를 대표하는 20세기의 걸작이란 사실은 아무도 부정하지 못한다. "철저한 것만이 진정 흥미 있다"는 첫머리의 말이 시사하듯이 이 소설은 유럽 인문주의의 철저한 검토이면서 다가오는 유럽의 파국을 예언하고 있기도 하다. 성장소설의 교육적 매력을 넘치도록 가지고 있으며, 장거리 사색을 반영하는 끈질긴 지적 문장, 지칠 줄 모르는 정력적인 작품 전개로 독자를 압도한다. 집중하면서 독파한다면 한 학기 동안 학교에서 배운 것보다 더 많은 것을 얻을 수 있는 마법의 소설이다. 그러나 『마의 산』 가는 길이 너무 가파르다고 느껴지는 독자들은 젊은 날의 작품인 『토니오 크뢰거』부터 시작하는 것이 좋을 것이다.

『토니오 크뢰거』는 사람을 예술가로 만드는 것이 무엇인가를 정밀하게 보여준다는 점에서 예술가소설의 범주에 속하는 미니 성장소설이다. 겨울날 오후 하학시간의 묘사로 시작되는 이 작품은 먼저 동급생 한스 한젠에 대한 주인공의 사랑을 보여준다. 준수한 용모와 훤칠한 몸매, 우등생에다 승마와 수영에도 능한 한스는 그러나 토니오에 대해 덤덤한 편이다. 어려운 말을 잘 쓰는 능력에 대해 약간의 경의를 표하는 것이 고작이다. "더 많이 사랑하는 사람이 못난 쪽이고 그 때문에 아픔을 겪지 않으면 안 된다"는 것이 열네 살 소년 토니오가 경험에서 얻은 깨달음이다.

열여섯이 된 토니오는 이제 잉에보르크 홀름을 사랑한다. 탐스러운 금발과 그리움을 담은 듯한 푸른 눈과 구르는 듯한 목소리가 그의 밤잠을 설치게 한다. 이제 그는 경험으로 그것이 사랑임을 안다. 사랑이 아픔과 괴로움을 가져다주리라는 것도 안다. 행복이란 사랑받는 것에 있지 않고 사랑하는 것에 있다고 그는 자위한다. 그리고 지상에서 최고의 것이라고 생각하는 말과 지성의 힘에 몸을 맡긴다. 삶의 희극과 비극에 대한 통찰에 기초한 비범한 작품을 쓰게 되어 그의 이름은 수월성과 동의어가 된다. "좋은 작품이란 곤궁한 생활의 압박에서만 생겨나는 법이고 생활하는 자는 창조하지 못하는 법이며 죽어서야 비로소 창조자가 될 수 있다는 것을 모르는 소인배"를 그는 경멸하였다.

소년기의 풋사랑을 빠른 속도로 처리한 후 작품은 중년기의 토니오를 보여준다. 그가 여류 화가 리자베타와 주고받는 대화의 주제는 플로베르가 작품과 편지를 통해서 제기한 고전적 문제와 흡사하다. 삶을 그려 보여주는 사람은 삶 자체를 누리지 못한다는, 삶의 소유와 삶의 표현 사이의 불가피한 거리의 인식이 그것이다. "예술가는 인간적인 것 바깥에 있어야 한다. 인간적인 것에 대해서 초연한 입장을 취하지 않으면 안 된다." 토니오는 "인간적인 것에 참여하지 못한 채 그것을 그리는 것"에 멀미가 난다고 실토하면서 문학은 직업이 아니라 저주라고까지 말한다. 여기까지는 토니오의 입장이 플로베르의 생각과 크게 다르지 않다. 그러나 이내 두 사람은 갈라선다. 인간 모멸이 예술에의 몰두로 이어지고 예술 실천이 사회 현실 경멸을 강화하는 플로베르의 유미주의와는 달리 토니오는 보통사람들의 행복에 대한 자신의 동경을 숨김없이 표명한다. "평범하고 범속한 사람들의 행복에 대한 동경보다 더욱 달콤하고 알 만한 가치가 있는 동경은 달리 없는 것으로 보이는" 예술가의 존재방식도 있다고 그는 말한다. 망명지에서 파시즘을 규탄하고 민주주의를 옹호한 토마스 만의 앞날을 예고하고 있기도 하다. 『토니오 크뢰거』는 예술 창조와 예술가의 탄생에 대한 세세한 현상학이 되어 있다. 또 매료된 독자들에겐 『마의 산』으로 가는 물리칠 길 없는 마의 길목이 되어줄 것이다.

김동석과 토마스 만

토마스 만의 「독일과 독일인」에 관해서 처음 알게 된 것은 김동석의 평론집을 통해서였다. 해방 직후에서 정부 수립에 이르는 몇 해 사이에 사나운 비평활동을 전개한 김동석을 기억하는 사람은 별로 없다. 있다고 해도 칠십 안팎이 되는 노인들뿐일 것이다. 그러나 그는 자기 생각을 명징하게 토로할 수 있고 시에 대한 안목을 제대로 갖추고 있던 희유한 비평가였다. 당시의 평론 흐름의 글을 읽어보면 그의 글만큼 아귀가 딱 맞고 잘 읽히는 경우는 없다시피 하다. 그는 해방 직후에 『상아탑』이란 얄팍한 타블로이드 판 문학지를 내고 있었는데 청록파 시인들의 많은 명편들이 이 지면을 통해 첫선을 보였다. 박목월의 「나그네」「윤사월」, 조지훈의 「완화삼」, 박두진의 「해」가 모두 여기 실렸다. 내가 노신의 단편 「고향」을 처음으로 읽은 것도 이 『상아탑』을 통해서였고 연변 거주 김학철옹의 단편도 접했던 것 같다. 시간이 지남에 따라 그는 강경 좌파 쪽으로 기울어져가면서 편향적 당파성을 강하게 드러냈지만 그것은 해방 직후의 감격시대 이후 좌우 대립이 격화되는 과정의 문학적 평행현상이라고 생각된다.

6·25 이후 대학에 다닐 때 청계천변의 고서점에서 호주머니판으로 나온 토마스 만의 『부덴부르크 가의 사람들』 영역판을 구해 읽으면서 토마스 만에 대해서 관심을 갖게 되었다. 『토니오 크뢰거』는 아마 네댓 번 읽었을 것이다. 김동석은 「독일과 독일인」에 관해서 두 번 언급하고 있다. 오랫동안 읽어보고 싶었던 이 에세이를 접한 것은 1980년대 와서의 일이다. 이화여대 도서관의 독일문학 부문을 뒤지다가 얄팍한 영어판 강연집을 발견하였다. 미 국회도서관에서 발간된 이 강연집에는, 2차대전 전쟁기간과 종전 후에 토마스 만이 미 국회도서관에서 강연한 다섯 편의 에세이가 수록되어 있는데 발간연도는 1963년으로 되어 있었다. 얄팍해서 서가에 꽂아놓았을 때 책 제목도 잘 보이지 않는다. 나는 그때서야 비로소 발견한 무능과 나태를 자책하였지만 그보다도 놀라운 것은 그 책을 이용한 사람이 전혀 없었다는 사실이었다. 장서표에는 대출자의 이름이 적혀 있게 마련인데 장서표는 빈칸으로 남아 있었다. 이십 년 동안이나 이 책은 독자를 찾지 못한 채 두터운 책자들 사이에서 허망한 귀양살이를 했던 것이다. 도서관 안에서 읽어치운 경우를 배제할 수는 없으나 그런 개연성은 희박하다. 두터운 토마스 만 독일어판 소설집 사이에 끼어 있던 이 책을 독문학 전공자들은 원어가 아니기 때문에 기피했을 것 같고 일반 학생들은 영어로 된 이 독일관계 서적에 관심이 없었을 것이다. 우리 사이에서 당장의 실질적 목적에 부합하지 않는 교양으로서의 독서가 매우 희귀하다는 사실을 예증하는 것이 아닌가 생각된다.

1945년 5월 29일 미 국회도서관 쿨리지 강당에서 있었던 강연 원고라는 설명이 달려 있는 「독일과 독일인」이라는 에세이의 일부가 김동석의 「생활의 비평」이란 글에 인용되어 있다. 번역은 설정식의 번역으로 문학가동맹의 기관지에 실려 있던 것이다. "만일 파우스트가 독일 혼의 상징이라면 그는 반드시 음악적이어야 할 것이다. 왜 그러냐 하면 독일인의 세계에 대한 관계는 추상적이고 신비적이기 때문이다. 즉 환언하면 음악적이다―마(魔)에 좀 눌린 한 교수―어색하기는 하나 교만한 지혜가 가득 찬 그는 결국 '깊이'에 있어서 세계를 극복할 수 있다고 자부하는―와의 관계와 같다." 인용된 번역은 혼란스러워 종잡을 수가 없었다. 영역본을 보니 의외로 간단한 내용이다. 잘못되었거나 공들이지 않은 번역이 얼마나 소모적인가 하는 것을 일깨워준다. 그 부분을 내 나름으로 번역하면 다음과 같이 된다.

"독일인의 세계에 대한 관계는 음악적이다. 그것은 서투르고 어색하면서 '깊이'에서는 세계를 능가한다는 오만한 의식으로 가득 차 있는 악마적인 증상을 가진 한 교수의 세계에 대한 관계이다." 여기서 악마적이란 것은 인간 내부의 통어되지 않는 힘을 가리키는 것이라고 생각하면 될 것이다.

숨어 있는 신의 침묵

표제부터 매혹적인 로맹 가리의 『새들은 페루에 가서 죽다』에는 열여섯 편의 단편이 보인다. 주옥같은 작품이라는 옛투의 수사학이 딱 어울리는 이 책에선 어느 하나 버릴 것이 없다. 남태평양 외딴섬의 토인이 유럽인을 등치는 사례를 통해 상업주의의 세계 제패를 보여주는 「도대체 순수는 어디에」를 어떻게 물리칠 것인가? 말과 행동의 불일치를 극적으로 드러내는 「영웅적 행위에 대해서 말하자면」의 기발한 착상과 경묘한 주제 처리를 어떻게 거부할 것인가? 초현실적인 사건 전개가 희극적이면서도 섬뜩한 현실감으로 다가오는 「세상에서 가장 오래된 이야기」를 어떻게 남의 일이라고 치부할 수 있는가? 노예가 된 인간은 노예 근성을 기르기 마련이라는 심리적 통찰은 우리로 하여금 근접한 집단적 정치 치매증을 돌아보게 한다. 유대인을 다룬 또하나의 단편 「어떤 휴머니스트」도 단순하지만 통렬한 작품이다.

히틀러가 정권을 잡을 무렵 뮌헨에 살고 있던 완구 공장 사장인 유대인 칼 뢰비는 인간성과 민주주의를 믿는 낙관론자다. 이민 가자는 유대인들의 충고를 마다하고 여차하면 1차대전 때의 전우들에게 도움을 청할 것이라 장담한다. 사태가 악화되어 소유 공장 접근 금지의 통고를 받자 그도 불안해졌다. 여기저기 옛 전우들은 전화를 받지 않았다. 그는 서재로 들어가 벽을 메운 책들을 바라보았다. 플라톤, 몽테뉴, 에라스무스, 데카르트, 하이네 등등. 이들은 하나같이 인간 편에 서서 용기를 잃지 말라고 뢰비 씨에게 격려했다. 관용과 정의와 이성은 승리할 것이며 시간이 좀 걸릴 따름이라는 것이다. 그에겐 십오 년간 일해온 충직한 하인 부부가 있었다. 여자는 가정부, 남편 슈츠는 운전사와 집사의 역할을 했다. 슈츠는 일과 후 주인이 빌려준 책을 읽었고 그를 좇아서 괴테, 실러, 하이네, 에라스무스를 좋아했다. 주인은 가끔 슈츠를 불러 영혼의 불멸, 신의 존재, 휴머니즘, 자유, 그리고 책 속에 있는 모든 아름다운 것에 관해 대화를 나누었다. 뢰비 씨는 지하실에 새 통로를 터 은신처를 만들고 음식은 하루에 두 번 슈츠 부인이 나르도록 조처했다. 재산 몰수를 피해 공장과 집을 슈츠 부부에게 매매한 것처럼 서류를 꾸미고 은신처에서 칩거한 그는 기가 죽는다는 이유로 신문 읽기도 거부하고 슈츠가 전하는 정보에만 의존했다. 독일 항복 후 귀국한 친구가 찾아왔지만 뢰비 씨의 행방이 묘연하다는 얘기만 듣게 된다. 히틀러의 영국 점령 소식은 충격이었으나 뢰비 씨는 낙망하지 않고 슈츠를 위로했다. 햇빛을 못 보는 칩기생활로 건강이 악화됐지만 하인 부부의 극진한 봉사를 받으며 자기 신념이 옳았다는 만족감 속에서 그가 행복하게 죽을 것이라고 작품은 말한다.

물구나무 선 동화 같은 이 단편은 회의 없는 선의와 감상적인 휴머니즘을 절묘하게 비판하고 있다. 뢰비 씨의 인간 신뢰는 경험을 통해 체득한 것이라기보다 플라톤, 몽테뉴, 에라스무스, 데카르트 등을 통해서 학습한 것이다. 죽음의 유대인 수용소 관리자가 괴테와 릴케와 고전음악의 애호가이며 가족 사랑이 넘치는 편지를 남겨놓고 있다는 사실을 들어 인문주의에 대한 의문을 표명하는 견해에 우리는 아주 익숙하다. 야만적 정치 권력과 교양적 인문주의 사이에서 실질적 공모(共謀)관계를 볼 수 있다는 것이다. 이 작품에서 뢰비 씨의 행방을 모른다고 거짓 대답하는 슈츠의 손에 괴테가 들려있다는 것은 상징적이다.

로만 폴란스키 감독의 영화 〈피아니스트〉 끝자락은 「어떤 휴머니스트」와 뻐근한 대조가 된다. 거지꼴을 한 스필만이 쇼팽의 〈야상곡〉을 끝내자 독일군 장교는 긴 한숨을 내쉰다. 파괴의 공간에서 울리는 음악에 대한 감동인가. 인간도 문명도 깡그리 깨부수는 전쟁에 대한 절망감인가. 자신을 포함하여 모든 것에 대한 연민 탓인가. 회한 탓인가. 모두 들어 있겠지만 장교의 스필만 구조는 기막히게 고맙고 아름답다. 세상을 구하는 것은 선동 정치인이나 일부 매명 운동가의 표리부동한 큰 목소리가 아니라 조그만 대로 이러한 인간의 선의일 것이다.

독일군 장교의 뒷얘기가 궁금해서 대본이 된 스필만의 회고록을 구해보았다. 스필만 말고도 구해준 사람들이 더 있었다. 1949년에야 호젠펠트 대위란 신원을 확인한 스필만은 구명운동에 나섰으나 '소련 동무들'의 관장 아래 있어 손을 쓸 수 없다는 반응이었다. 대위는 1952년에 스탈린그라드의 포로수용소에서 참사(慘死)한다. 유대인을 구해주었다고 말했다가 턱없는 거짓말이라고 도리어 혹독한 고문을 당했다. 우리는 다시 묻게 된다. 하늘과 땅의 정의는 어찌 되는가? 숨어 있는 신은 오직 침묵할 따름이다.

왕따와 불리와 이지메

적절한 번역어를 찾기 힘든 낱말이 있다. 가령 영어의 '프라이버시'나 일어의 '이지메'가 그런 사례일 것이다. '이지메'에 근접한 말로 집단 따돌림이나 왕따란 말이 쓰이고 있다. 그러나 '이지메'는 반드시 집단적인 것만을 뜻하지 않는다. "자기보다 약한 입장에 있는 자를 육체적 정신적으로 괴롭히는 일"이라는 정의가 일어사전에 보인다. '이지메'는 비참을 뜻하는 '미지메'란 말과 소리가 비슷해 각별한 울림을 지닌 것 같다. 민담에 나오는 계모의 자식 구박이나 시어미의 며느리 구박이나 크게 보면 이지메의 범주에 속할 것이다. 학교나 직장에서 복수의 인물들이 특정인을 집단적으로 괴롭히는 현상이 보도되면서 왕따란 말이 유행하게 되었다. 영어의 bully는 동사로는 '이지메'의 뜻이지만 명사로 쓰일 때는 약자를 괴롭히는 자를 뜻한다.

서머셋 몸의 장편 『인간의 굴레에서』의 주인공 필립 캐어리는 조실부모하고 목사인 숙부 집에서 자란다. 아홉 살에 예비학교에 들어간 그를 기다리고 있는 것은 동급생의 괴롭힘이다. 다리를 저는 필립에게 발을 보여달라고 조르며 정강이를 걷어차는 악동이 있다. 그러나 가장 고통스러운 것은 집단적 괴롭힘이다. "필립을 에워싸고 아이들은 흉측한 모습으로 절룩절룩 뛰어다니면서 괴성을 지르기도 하고 깔깔대고 웃어대기도 했다. 아이들은 이 새 놀이가 얼마나 재미있는지 넋이 나가고 숨이 막힐 지경이었다. 한 아이가 필립의 다리를 걸었다. 넘어질 때는 언제나 그렇듯이 필립은 쿵하고 쓰러져 무릎이 찢어지고 말았다. 겨우 몸을 일으키자 아이들이 더 크게 웃어댔다." 아이들은 다시 주위를 맴돌며 깔깔대고 흉내를 내어 필립은 이를 악물고 울음을 참는다.

앞에서 집단적 괴롭힘은 재미있는 놀이가 되어 있다. 신참자인 필립이 다리를 저는 것은 각별한 공격을 자아낸다. 공격유발성을 이중으로 가지고 있는 셈이다. 동정을 받아야 할 처지, 바로 그것이 공격을 유발한다. 신체적 장애나 기형, 부모의 특수 직업, 사투리의 사용 등이 학교에서 집단 괴롭힘의 표적이 된다. 인류 최초의 소수파는 왼손잡이라는 말이 시사하듯이 주류나 다수파에서 일탈한 모든 것이 공격을 유발한다.

다수파와 다른 생각을 가지고 있다는 것도 집단 괴롭힘의 표적이 된다. 제임스 조이스의 『젊은 예술가의 초상』에 보이는 장면이 좋은 사례다. 주인공 스티븐 디댈러스는 저녁나절 거리에서 동급생 세 사람과 마주친다. 시인이 화제에 올라 누군가가 테니슨이 최고의 시인이란 말을 한다. 스티븐은 자기도 모르게 테니슨은 엉터리라 말해버리고, 그러면 누가 최고냐는 물음에 바이런이라고 대답한다. 동급생 하나가 지팡이로 스티븐의 다리를 내리친다. "이것을 신호로 그들의 공세가 시작되었다. 내시는 그의 두 팔을 뒤로 비틀었고 볼랜드는 하수구에 놓여 있던 길다란 배추 포기를 움켜잡았다. 지팡이의 휘두름과 매듭진

배추 포기의 타격을 받으면서 몸부림을 치고, 발길질을 하고 있던 스티븐은 어떤 철조망 울타리까지 밀려가게 되었다." 눈물로 앞을 보지 못한 채 미친 듯이 주먹을 움켜쥐고 훌쩍이는 스티븐을 남겨두고 그들은 자리를 뜬다.

이른바 왕따의 전형적인 인물은 윌리엄 골딩의 『파리대왕』에 나오는 '돼지'일 것이다. 본명은 나와 있지 않고 별명만으로 통하는 유일한 등장인물인데 이 사실 자체가 왕따임을 보여준다. 눈이 나쁜데다 그에겐 천식이 있다. 말씨로 보아 집안도 어렵고 빈약한 교육을 받은 것이 분명하다. 안경잡이에다 동작이 굼뜬 것은 사실이나 그는 지혜로운 꼬마 지식인이다. 그는 합리적 통솔자인 랠프의 브레인 역할을 하지만 사냥패의 두목인 잭과의 대결 속에서 제일 먼저 희생되어 목숨을 잃는다. 신체적 결함, 빈민 출신, 특이한 말씨, 두뇌의 활용 등이 공격을 유발하여 왕따의 여러 조건을 충족시켜준다. 그 또래 중의 유일한 지식인인 그가 가장 먼저 희생되는 것도 소설 속의 일만은 아닐 것이다.

사회 속의 갈등이 심화 증폭되면서 여러 형태의 이지메 현상이 늘어나고 있다. 증오를 부추기는 현상도 이를 조장한다. 증오 자체가 공격성의 표현이기 때문이다.

문체와 인물 조형

　월남전 반대운동이 한창이던 때 일이다. 위스콘신 주의 밀워키에서 열네 명의 학생들이 징병국을 밤중에 습격하고 장정 카드를 모조리 끄집어내 불태워버렸다. 곧이어 연방경찰에 연락하였고 반전(反戰) 노래를 부르며 체포되었다. 대부분 징역 십 년의 중형에 처해졌다. 그중 경제학 박사과정에 있던 학생의 하나는 몇몇 형무소를 전전하다가 석방되었는데 나중에 신문배달을 하며 살고 있더라는 기사를 본 적이 있다. 월남전쟁중 미국 전역을 통해서 십만 명이 넘는 학생이 징병을 피해 국외로 떠났고 거의 귀국하지 않았다. 돌아간 극소수는 체포되어 중형에 처해져 화제가 되었다. 우리의 경우 휴전 후에 중립국을 택하여 인도나 남미로 간 반공포로들이 있었다. 현실 속에 살아 있는 몇몇 '이명준'의 후일담을 추적한 TV 프로가 있었는데 당연히 행복하지 못했다. 시청자 대부분이 착잡하고 안타까운 심정이었을 것이다.

　현실 속의 인간극(人間劇)은 소설보다 더 기괴하고 착잡하다. 그래서 누구나 소설 한 권의 얘깃감을 가지고 있다는 말이 있다. 살아온 역정을 그대로 적으면 소설 몇 권으로도 모자란다고 말하는 이들도 많다. 틀린 말이 아니다. 그러나 이들의 기구한 인생역정을 사실대로 적는다고 해서 소설이 되지는 않는다. 순진한 작가 지망자가 착각하는 것이 바로 이 점이다. 파란만장한 삶의 역정은 기껏 소재요 원자재일 뿐이다. 원자재가 소설로 바뀌려면, 특히 언어예술이란 이름에 값하는 문학이 되려면 창조적 생산과정이 필수적이다. 원자재를 가공하고 조립하는 과정에서 중요한 것은 말 다루는 솜씨다. 아니 원자재 자체가 말로 얽혀 있다고 하는 편이 옳을 것이다. 말이 살아 있어야 하고 또 등장인물이 생생하게 살아 있어야 한다. 문체와 인물 조형이 가장 중요하다는 말이 된다.

근자에 김화영 교수의 번역으로 플로베르의 『마담 보바리』를 읽고 다시 그것을 실감하였다. 젊은 시절 영역본을 통해 몇 번 접했던 터라 줄거리는 낯익은 것이지만 여러 세목(細目)은 처음 접하는 것 같은 느낌이었다. 가령 엠마의 결혼식에 대해 이런 서술이 보인다. "결국 결혼식을 올릴 때는 마흔세 사람의 하객들이 와서 열여섯 시간 동안이나 식탁에 붙어앉아 있었으며 잔치는 그 다음날도 다시 시작되었고 또 그 다음 며칠 동안도 좀더 계속되었다." 이런 세목이 차곡차곡 쌓여서 작품에 현실성의 환상을 주는 것은 사실이다. 그렇지만 책을 덮으면 곧 잊어버린다. 그러나 "그는 상상할 수 있는 모든 상황에 딱 들어맞는 표현들을 항상 준비하고 있는 인물이었다"는 약제사 오메에 관한 서술은 천박한 속물의 이미지의 일부가 되어 곧장 독자의 뇌리에 각인된다. 이골이 난 바람둥이 로돌프, 아내의 부정을 전혀 모르고 있다가 "이게 다 운명탓이지요" 하고 토로하는 샤를, 엠마의 무덤가에서 무릎을 꿇고 울고 있는 소년 쥐스텡을 독자들은 쉽게 잊지 못할 것이다.

중요한 것은 하나도 빼놓지 않고 불필요한 것은 하나도 들여놓지 않는 엄격한 구성은 산문시와 같은 대목을 곳곳에 박아놓고 있다. "그녀에게는 아무 일도 일어나지 않았다. 하느님의 뜻인 것이다! 미래는 일종의 캄캄한 복도였고, 그 끝에 나 있는 문은 꽉 잠겨 있었다……'읽을 것은 다 읽었어' 하고 그녀는 곧잘 혼잣말을 했다." 평범한 나날에서 촉발되는 엠마의 권태감을 적은 대목이다. 말라르메의 유명한 『바다의 미풍』 첫머리를 상기시킨다. "가장 보잘것없는 바람둥이도 동방의 황후를 안아보는 꿈을 꾸어본 적이 있는 법이고 일개 공증인도 가슴속에는 시인의 잔해를 간직하고 있는 법이다." 레옹의 감정변화를 보여주고 나서 첨가한 대목이다. 플로베르의 낭만주의 이해와 비판이 엿보이는 귀절이다. 소설이라기보다 장편 산문시라는 생각마저 든다.
　'동방의 황후'는 미국 밴텀 판에는 Oriental queens, 영국 펭귄 판에는 Eastern queens, 미국 노튼 판에는 이슬람 국가의 왕비를 뜻하는 sultana로 번역되어 있다. 밴텀 판 것이 제일 근사해 보인다. 기억에 오래 남는 것은 번역을 통해서도 번뜩이는 문체이다. 스스로를 있는 그대로의 자신과 다르게 상상하는 보바리즘을 졸업하기 위해서라도 읽어두어야 할 고전이다. 최초의 영역본이 나온 것은 1886년이었고 역자는 칼 마르크스의 딸이었다. 혁명가의 딸도 엠마처럼 자살로 이승을 끝내고 있다.

교실에서 보인 눈물

　"스물여덟 살이 되어서도 저렇게 가련한 몰골을 한 음악가가 일찌기 있었던가?" 이렇게 말하면서 이른바 천분이란 것이 천재의 본질적 부분은 아니라고 바그너에 의탁해서 니체는 토로한 바 있다. 그러나 세상에는 이른 나이에 유감없이 천분을 발휘한 재능들이 많다. 25세에 단편집 『더블린 사람들』 속의 작품 모두를 완성한 제임스 조이스도 그런 사람이다. 출판사의 과도한 조심성 때문에 책은 작가의 나이 32세 때인 1914년에야 나왔다. "대담한 눈짓을 보내며 두 다리의 위치를 자꾸 바꾸어 포개었다"는 등의 여인 묘사가 외설스럽고 온당치 못하다고 이의를 제기했으니 격세지감을 금할 수 없다.

　『더블린 사람들』은 유년기, 사춘기, 성년기, 공중 생활의 국면을 다룬 열다섯 편의 단편으로 구성되어 있다. 더블린의 정신적 도덕적 마비가 주제라는 작가의 말은 독자에게 좋은 길잡이가 되어준다. 또 작가가 모든 것을 다 들려주는 모파상의 경우와 달리 조이스가 한결 우회적이어서 독자편의 해석적 작업이 필요한 것도 사실이다. 가령 「진흙」과 같은 짤막한 단편이 지닌 치밀하게 구상된 상징이나 숨은 뜻은 꼼꼼히 읽어야 터득하게 마련이다. 그러나 이러한 자가해설이나 분석을 지나치게 의식하면 주눅이 들어 읽는 재미가 줄어든다. 작품 속으로 곧바로 들어가 예단이나 선입견 없이 작품을 체험하는 것이 중요하다. 가령 첫머리에 실린 「자매」는 어린이의 첫번째 죽음 경험으로 읽으면 의미가 분명해진다. 어린이에게 죽음은 불가사의한 두려움으로 다가온다. 그 죽음의 첫 경험을 다룬 것이다. 어린이들은 또 미지의 세계에 대한 호기심을 가지고 있다. 간헐적 가출 충동은 불량소년만의 것이 아니다. 학교의 지겨운 규율에서 벗어나고 싶은 충동도 누구나 가지고 있다. 「어떤 만남」은 집과 학교를 벗어나 들판으로 나간 어린이들이 만나본 노인을 다루고 있다. 일종의 세계 상봉이다. 별난 노인이지만 우리도 어디선가 많이 본 듯한 노인이다. 이렇게 읽을 때 작품들은 어느덧 생소한 외국 작품임을 그치고 우리 자신의 얘기가 되어버린다.

가령 「애벌린」에는 이런 대목이 보인다. "그녀는 그토록 오랜 세월 동안 일 주일에 한 번씩 꼬박꼬박 먼지를 털어내면서 도대체 이 온갖 먼지들이 어디서 생겨나는지 의아해하던 그 낯익은 건물들을 하나하나 살펴보았다." 「가슴 아픈 사건」에는 또 이런 대목이 있다. "그들은 이따금씩 각자의 커다란 일 파인트짜리 술잔을 들이켜고 담배를 빨면서 종종 마루에 침을 뱉고 또 어떤 때는 그 무거운 장홧발로 침 위에다 톱밥을 갖다대고 있었다." 우리에게도 얼마나 낯익은 생각이며 장면인가.

그런 맥락에서 작가 자신이 탐탁하게 생각지 않는 작품이 적절한 향도가 되기도 한다. 조이스는 「가슴 아픈 사건」을 「경주가 끝난 뒤」

와 함께 단편집 가운데서 가장 빈약한 작품이라고 생각했다. 우회적이지 않고 직접성이 두드러진 탓인지도 모른다. 그럴수록 초보 독자에게는 호소력이 크다. 은행원 제임스 더피 씨는 "자기 자신의 행동을 의심에 찬 곁눈질로 보면서 자기 육체로부터 약간 떨어져 살았다. 종종 속으로 주어를 삼인칭으로 또 술어를 과거로 해서 자신에 대한 짧은 문장을 쓰는 묘한 자서전적인 버릇이 있었다. 그는 거지한테 적선한 적이 한 번도 없었고 튼튼한 개암나무 지팡이를 들고 꼿꼿이 걷는" 위인이다. 연주회에서 알게 된 선장의 아내 씨니코 부인과 담백하나 깊은 교제를 오랫동안 계속하다가 부인의 성적 접근에 기겁을 하고 절교하게 된다. 마지막 날 밤 "인연이란 하나같이 슬픔으로 가는 인연"이라는 말을 건넨 그는 사 년 후 부인이 철도 건널목에서 역사했다는 보도를 접한다. 정황으로 보아 취중의 사고사거나 자살이었다. 자신의 품위마저 떨어뜨렸다고 생각하며 그는 그녀를 책망한다. 일종의 자기 면책이기도 하다. 그러나 그녀와 동행했던 길을 걸으며 그는 자책한다. "왜 그녀에게 죽음을 선고했던가? 그는 자신의 도덕적인 본성이 산산조각나는 느낌이 들었다." 이윽고 전개되는 밤 언덕과 공원 기슭의 장면은 일품이다. 주위에서 벌어지는 사랑의 매매는 그에게 절망감을 안겨준다. "그는 자기 삶의 방정(方正)함을 쓰리게 되씹어보았다. 그러자 삶의 잔치로부터 쫓겨난 몸이란 느낌이 들었다. 한 사람이 그를 사랑했던 것 같았는데, 그는 그녀에게 삶과 행복을 거부한 것이었다. 그는 그녀에게 치욕을, 수치스러운 죽음을 선고한 것이었다."

『더블린 사람들』중의 압권은 단연 「죽은 사람들」이다. 전반의 다소 희극적인 작품 정서는 끝자락에서 더할 나위 없이 숭고하고 감동적인 시로 바뀐다. 처녀 시절의 아내를 좋아해서 그 때문에 죽은 마이클 퓨리라는 존재가 있었다는 것을 안 주인공은 유아독존의 나르시시즘에서 깨어나 놀라운 신세계와 마주치게 된다. 엘리엇의 격찬은 문학사의 삽화가 되어 있지만 비평가 조지 슈타이너는 어느 한 대목을 빼거나 고치더라도 작품 전체가 훼손될 것이라며 작품의 완벽성을 지적하고 있다. 비공식 세미나에서 이 작품을 강독하던 중 몇몇 노(老)학생의 눈에 눈물이 고인 것을 보고 자신도 눈물을 참으려 애썼다는 시카고 대학원생 때의 경험도 회고록「정오표(正誤表)」에 적고 있다. 그때부터 해석하고 가르치는 일에 자신을 얻었다 한다. 번역본(김정환, 성은애 역)을 읽은 학생들은 직접 원본과 대결하는 것이 좋다. 국내에서 나온 주석판도 있고 옥스포드 출판부에서 나온 2000년도 판에는 지나치다 싶을 정도로 자세한 주석이 달려 있다.

유나와 수나와 김동석

 미당 서정주의 첫 시집 『화사집』에는 스물네 편의 작품이 실려 있다. 유명한 「자화상」이 첫머리에 실려 있고 끝자락에 「부활」이란 작품이 보인다. 「부활」은 표제나 소재나 시집의 전반적 경향에서는 얼마간 동떨어져 있다. 관능적 퇴폐적 위악적인 충격성이 전혀 없고 순진한 환상성이 엿보인다. 애인과 사별한 화자는 비통한 시간을 가졌고 "새벽닭이 울 때마다 보고 싶어" 했다. 그러나 종로에서 만나게 되는 스무 살 안팎의 소녀들에게서 죽은 애인의 모습을 보게 된다. 화자는 "너 인제 모두 다 내 앞에 오는구나"라고 맺는다. 감동받기에는 실감이 안 가고 못 본 체하기에는 좀 미안한 작품이다.
 사별한 여인의 이름은 유나(臾娜)로 나와 있다. 별난 이름이다. 시집 속에는 '연순이 금녀 순네' 같은 이름이 나오는데 유나는 아무래도 1930년대 말의 조선 여자 이름 같지는 않다. 그래서 수나로 읽는 경우가 많다. 『화사집』 전편을 낭독한 윤정희씨도 수나라고 읽고 있다. 그러나 유나를 멋대로 수나로 읽는 것은 오독이요 월권이다. 오자로 볼 수도 없는 것이 짧막한 시편에 다섯 번이나 나오는데 모조리 오자를 찍어냈다고 보기도 어렵다. 다섯 번이나 실수를 반복한다는 것은 전혀 실수를 안 하는 것보다 어렵지 않은가. 유나를 수나로 읽는 것은 흔한 이름인 '순이'의 변형이기 때문이겠지만 또다른 까닭이 있어 보인다. '잠깐'을 뜻하는 '수유(須臾)'라는 한자말이 있고 자주 쓰였다. 한자로 적힌 이 말에 익숙했던 독자들은 무의식중에 '유나(臾娜)'를 '수나(須娜)'로 바꿔 읽을 가능성이 크다고 생각된다.

해방 직후 좌파 평론가로 사납게 활약했던 김동석이『상아탑』이란 타블로이드 판 문학지를 낸 일이 있다. 중학 시절에 몇 호 보았을 뿐이지만 기억에 남아 있다. 청록파 시인들의 초기 명편들이 실려 있었기 때문이다. 구해볼 수가 없었는데『이용악 시전집』을 엮어낸 윤영천 교수의 호의로 총 7호의『상아탑』 전부를 최근에 접할 수 있었다. 1946년 5월에 나온 6호에는 「부활」에 대한 미당의 자작시 해설이 실려 있다. 원문을 차례로 인용하면서 해설을 시도했는데 이 글에는 모두 '순아'로 되어 있다. 시인 자신도 이랬다저랬다 하는 형편이니 혼란이 생기는 것도 당연하다. 이 이름에 대해 직접 질문을 던졌으나 만년의 미당 답변이 오락가락하더라는 김화영 교수의 글이 생각난다. 이 문제를 어떻게 매듭지어야 할까?

『화사집』의 원문에 있는 대로 시인은 당초 '유나'라고 적었다고 생각한다. 청년기의 미당은 소재의 충격성을 통해 자신의 시적 개성을 강렬하게 부각시켰다. 문제의 작품에서 '유나'라는 다분히 이색적이고 현대적인 이름을 지어낸 것도 청년기의 그에게 어울리는 일이라고 생각한다. 충격성이 적은 작품에서 미당은 고유명사 하나에서라도 무엇인가 이색적인 것을 보여주고 싶었을 것이다. 그러나 해설을 쓸 당시의 미당은 저주받은 시인을 자처하던 청년기의 객기에 대해서 계면쩍은 느낌을 갖지 않았나 생각된다.「귀촉도」「꽃」 등을 쓰고 난 후의 미당은 "애비는 종이었다"고 적은 것을 비롯해서 청년기의 다듬지 않은 충격성이나 독자성이 두루 쑥스럽게 여겨졌을 것이다. 그래서 '유나'도 '순아'로 고쳐놓은 것이 아닐까. 또 원문에서 '꽃상부(喪阜)'라고 한 것도 해설에서는 '꽃상여(喪輿)'로 고쳐놓고 있다. 요즘 말로 튀는 표현은 피하고 있는 셈이다. 첫 시집에서 몇 편을 골라 설명을 하라는 청탁을 받고 굳이 무난한「부활」한 편만을 얘기하고 있는 것도 시인의 태도 변화와 연관되는 사안일 것이다. 그러므로 청년기 작품의 원문에 충실하려면 '수나'도 '순아'도 아닌 '유나'로 읽는 것이 옳다고 생각한다. 해설에서 시인은 늙어서 전집이라도 내게 되면 고칠 데도 있다고 했는데 그러지 않은 것은 다행이다. 또「부활」이 개인사와 무관한 작품이라고도 적고 있다.

  김동석은 점차 강경 좌파의 길을 가게 되지만 편집인으로서는 균형 잡힌 시각을 보여주었다. 청록파와 함께 오장환의 시를 우대하고 미당에게 청탁한 것도 시를 보는 안목이 뛰어났던 예외적인 비평가였음을 보여준다. 그는 심미적 불감증에 걸린 우물 안 교조주의자가 아니었다. 당연히 그는 당대 일급의 문장가였다.

김동인과 한양 방화

1865년 흥선대원군은 임진왜란 때 불탄 경복궁 재건에 착수하여 이년 후에 준공하였다. 왕실의 위엄을 높이려는 조치였으나 재정상 무리한 공사여서 부작용이 컸다. 당백전(當百錢)의 주조가 경제에 적지 않은 혼란을 야기했지만, 근정전 경회루 광화문 등을 포함하는 오늘의 경복궁이 재건되었다. 임진란 당시 경복궁은 어떻게 해서 불타게 된 것인가? 진단학회에서 펴낸 『한국사』에는 대충 다음과 같이 적혀 있다.

왕이 궁성을 떠나자 난민들은 먼저 장예원(掌隸院)과 형조(刑曹)에 방화하여 노비문서를 불사르고, 내고(內庫)에 난입하여 금전 재물을 헤치고, 경복궁 창덕궁 창경궁에 불을 놓으니 역대의 보기(寶器)와 홍문관의 서적, 춘추관(春秋館)의 역대『실록』을 비롯해 다른 곳 소장의 『승정원 일기』등이 모두 재가 되었다. 또 임해군과 전 병조판서 홍여순의 집에 방화하니 서울은 일군의 입성 이전에 벌써 불타고 노략질되고 만 것이다.

『조선왕조실록』에 의존했을 터인 이러한 정사(正史) 쪽 기록에 대해서는 반론이 있다.

김동인(金東仁)은 1935년에 '한양 방화의 책임'이란 짧막하나 한문 인용으로 용량이 많은 글을 발표했다. 1592년 4월 29일 선조가 몽진을 갔다가 이듬해 돌아오니 경복궁, 창덕궁, 창경궁의 일부, 선혜청, 종묘, 문묘, 장예원, 형조 등의 건물이 모두 소실되었다. 조선의 옛 기록이 일치해서 방화의 범인으로 조선 상민(常民)을 들고 있다며 몇몇 원문을 인용하는 것으로 이 글은 시작된다. 그러나 한양 방화의 범인이 조선 상민이 아니라는 것이 김동인의 주장이다. 그는 그 근거로 당시의 일본측 종군자의 기록을 든다. 조선의 궁전이 얼마나 아름다운가를 묘사하고 있는 나베지마(鍋島直茂)의 기록과 종군승(從軍僧) 제타쿠(是琢)의 『조선일기』를 인용하고 있다. 또 5월 8일에 입성한 우키다(浮田秀家)가 종묘에 진을 쳤는데 밤중에 집이 크게 울고 병졸이 죽어 나가고 괴이한 일이 계속 발생하여 남별궁(南別宮)으로 옮겨갔다는 기록도 거론하고 있다. 왜군이 입성하기 이전에 상민의 방화로 소실되었다는 대궐이며 종묘가 왜군 입성 이후에도 남아 있었다는 게 분명하다고 김동인은 강조한다.

범인은 당시의 침공군이라고 그는 말한다. 후퇴를 할 때 추격군의 식량이나 진지를 없애기 위해 불을 지르고 가는 것은 병법에 있는 일이다. 따라서 왜군이 후퇴할 때 불을 지르는 것은 당연하다. 이 당연지사를 외면하고 그 죄를 상민에게 씌우려고 한 당시 지배층의 심리는 가증하다고 그는 말한다.

일군이 서울 가까이 오매 그들은 싸움 한번 제대로 못 하고 황황히 도망의 길을 떠났다. 도망 갔다 다시 돌아오니 대궐 종묘가 모두 잿더미로 변했다. 이때 사소한 양심이라도 있으면 설혹 방화의 범인이 자기 겨레 상민이라 하더라도 그 죄를 적군에게로 씌워야 할 것이다. 이것이 민족 심리상 상도(常道)다.

그런데 왜 상민에게 뒤집어씌웠나. 적군보다 자기네 상민을 더욱 밉게 보는 기괴한 심리를 가졌고 상민에게 원심(怨心)을 살 만한 일을 너무 많이 저질렀기 때문이라고 그는 말한다. 장예원이나 형조 등은 상민과 노비들이 불질렀을지 모르나 대궐과 종묘의 방화범은 침공 왜군이라는 것이다. 실제 김동인은 1933년에 조선일보에 연재한 「운현궁의 봄」 8장에 나베지마(鍋島)의 왕성 묘사를 길게 번역 인용하고 있다.

문일평(文一平)도 「사외이문(史外異聞)」에서 일본 종군승의 『조선일기』에 경복궁의 건축미를 칭송하는 대목이 보인다며 일부가 불탔다면 무슨 얘기가 나올 터인데 전혀 없다고 적고 있다. 왜군이 입성했을 때 경복궁은 멀쩡했다는 것이다. 그러면서 일본 쪽 기록『정한위략(征韓偉略)』 3권을 인용하며 1593년 왜군의 서울 후퇴 때 불지른 것이라고 말하고 있다. 그도 장예원 방화가 왜군 입성전에 있었다는 것만은 인정하고 있다.

왜군이 경복궁 방화범이라는 김동인이나 문일평의 주장이 광복 이후에 나왔다면 설득력이 약할 것이다. 그러나 이러한 주장은 일본 쪽 기록에 근거해서 1930년대에 나온 것이다. 재야 사학자 혹은 향토 사학자 중에는 실증보다 상상이나 자의적 추리에 의존하는 이들이 많다. 김동인과 문일평을 그런 부류의 호사가(好事家)로 간주할 수는 없을 것이다. 역사적 상상력을 자극하는 흥미로운 쟁점이다.

문체의 옹호

잡문이란 말이 있다. 맥락에 따라서 뜻이 조금씩 달라진다. 연구에 전념하는 학자인 경우 각주 달린 논문 아닌 글을 가리킨다. 시인, 작가인 경우 시나 소설 아닌 글을 가리킨다. 또는 자신이 쓴 글을 가리키는 경우도 있다. 고급 적포도주를 내면서 "박주(薄酒) 한잔 하십시다"라 하는 것과 같은 겸사말이다. 식용도 아니고 관상용도 아닌 풀을 잡초라 하듯이 잡문이란 말에는 배제와 하대의 함의가 있다. 우리 사이에선 수필이나 수상 흐름의 글을 가리키는 경우도 많아 보인다.

서구에서는 오랫동안 운문으로 씌어진 비극과 서사시가 상위 장르로 간주되었다. 짤막한 서정시가 부상한 것은 낭만주의 시대에 와서다. 소설은 그 역사가 오래지 않지만 많은 독자를 얻으면서 문학의 귀염둥이가 되었다. 20세기로 오면서 글쓰기의 추세 중 두드러진 것은 비허구(非虛構)적인 글의 번창이다. 에세이 수기 르포르타주 전기 분야의 책이 많이 나오고 있다. 상상력이 사실 앞에서 무력해지고 있다는 감이 든다. 조지 오웰이나 시몬 드 보부아르 같은 작가의 명성은 그들의 소설보다도 자서전이나 에세이 혹은 르포에 의존하고 있기도 하다. 그러한 사례는 허다하다. 우리의 경우 김기림 이상 김수영은 시보다 뛰어난 산문을 많이 남겼다. 이들의 산문을 잡문이라 한다면 이만저만한 결례가 아닐 것이다. 이상(李箱)의 많은 시가 사실은 잡문이다. 이들을 그의 걸작 산문 「권태」와 비교해보면 알 것이다. 글이란 성취도에 의해서 가늠되는 것이지 소속 장르에 의해서 결정되는 것이 아니다.

글은 사람이란 유서 깊은 말이 있다. 주체나 저자의 죽음을 거론하는 이론이 무슨 소리를 하든 개성 있는 글이 있다. 필자의 개성이나 인품이 배어 있는 글이 있다. 글에서 개성은 문체로 나타난다. 박완서의 문체가 있고 서정인의 문체가 있고 이청준 오정희의 문체가 있다. 그리고 문체는 곧 사람이다. 그것은 비허구 산문의 경우에도 마찬가지다. 사고의 엄밀함과 허술함, 육성과 가성, 진실과 허세, 분석과 호도가 모두 글에 드러나게 마련이다. 당연히 독자에게 요구되는 것은 그것을 식별하는 감식능력이다. 근래에 문체가 있는 책 몇 권을 접하고 새삼스레 글은 사람이란 말을 실감했다. 정명환(鄭明煥) 산문집 『이성의 언어를 위하여』, 곽광수(郭光秀) 산문집 『가난과 사랑의 상실을 찾아서』가 그것이다. 두 권 모두 수상이나 수필 흐름의 산문을 모은 책인데 대중 추수의 날림글 책들이 범람하는 가운데 개성적인 사고와 문체의 매력을 넉넉하게 가지고 있어 눈길을 끈다.

『이성의 언어를 위하여』는 표제가 시사하듯이 지식인으로서의 사회적 발언과 생활 주변의 작은 일상사에 대한 사색을 명징한 언어로 전개하고 있다. 저자의 사회적 발언의 모태가 되어 있는 것은 건강한 시민적 양식(良識)이다.

개방된 사회란 다름아니라 불변의 진리의 가능성을 배제하지 않으면서도 현실 인식의 상대성을 존중하는 사람들에 의해서 구성된 사회이다. 목표로서 설정되어야 하겠지만 아마도 끝끝내 발견될 수 없을 절대적 진리를, 어떤 개인이나 제도가 이미 소유하고 있는 것으로 전단(專斷)하고 횡포를 부릴 때 사회는 생명력을 상실하는 것이다.

1970년대에 씌어진 인용문이 여전히 절실한 당면 문제로 남아 있다는 것은 슬픈 일이다. 계몽적 근대의 이상을 배우기도 전에 급진적 전통을 학습한 때문인지 우리 사이에는 진리의 독점을 자처하는 사람들이 많다. 만년의 괴테는 "무질서보다는 차라리 부정의"라는 말을 남겨 젊은이들을 실망시켰다. "질서가 없는 자유는 무정부상태이며, 자유의 증진에 이바지하지 않는 질서는 폭력"이라고 말하는 저자는 계몽적 이성에 충실하다. 간지러운 감성주의와 멀고 낱말 하나하나가 고유성을 얻고 있는 저자의 문체는 전범으로서의 위엄을 가지고 있다.

『가난과 사랑의 상실을 찾아서』는 한결 작은 일상사를 다루고 있다. "신은 세목에 깃든다"라는 말이 있지만 작은 것은 소중하고 아름답다. 우리 삶에서 사라져가는 덕목을 회상하며 보다 인간화된 생활공간에 대한 간구를 간곡하고도 정성스레 그려 보이고 있다.

중고등학교에 올라와서는 위대한 작가가 되어 노벨문학상을 타겠다는 꿈을 꾸게 되었지만, 국민학교 시절의 내 위대한 꿈은, 부처님처럼 가여운 사람들을 구해주는 성인이 되겠다는 것이었다. 어머님께서 부처님 전에 백일기도를 드려 나를 낳으셨다지 않는가.

해맑고 따뜻한 인품이 곳곳에서 감지된다. 글이 곧 사람이 되어 있다. 다시 한번 글은 소속 장르가 아니라 사고와 문체로 판단되어야 함을 상기시켜준다.

불행은 우리의 거처

작가의 전기는 때로 작품 이상으로 흥미 있다. 자신을 드러내는 문건이 많고 사생활이 두루 노출되어 각별한 흥미를 자아내는 것이리라. 그레이엄 그린의 삶도 아주 진진하다. 명화 〈제3의 사나이〉의 오리지널 시나리오를 썼고 〈사랑의 종말〉이란 영화의 원작자라고 하면 알아차릴 사람들이 많을 것이다. 2차대전 때 영국 첩보기관에서 일한 적도 있고 월남전 이후 미국을 비판하는 소설도 몇 권 썼다. 많은 본격소설 이외에도 스스로 '오락물'이라 했던 추리소설을 다수 발표했다. 올해 백수(白壽)를 맞으신 권중휘(權重輝) 선생의 소설강독 시간에 그의 '사건의 핵심'을 접했다. 반세기 전 일이다.

늘그막에 그린은 '공식적 전기'를 쓸 인사를 택해서 자료와 편의를 제공하였다. 위촉받은 노먼 셰리는 그린이 다녀간 모든 여행지를 추적 조사하는 열의를 보였고 그 바람에 많은 시련을 겪었다. 방대한 전기의 첫째 권이 나왔을 때 작가의 평판에 이롭지 못한 서술이 많아 '공식적 전기' 시도가 성공하지 못했다는 소리를 들었다. 부친이 교장으로 있던 학교를 다닌 그린은 괴롭힘과 따돌림에 시달렸고 거기서 인간악을 발견했다. 참다못해 자기를 괴롭히는 아이를 일러바쳤고 아이는 퇴학을 당했다. 그의 소설에 자주 나오는 배신의 모티브는 이 경험에서 나온 것이다. 옥스포드 재학 때 그린은 교내지에 '성(性)과 종교'를 다룬 글을 발표했다. 이 글을 읽은 가톨릭 신도인 여학생이 성모에 관해 적절치 못한 낱말을 썼다고 질책하는 편지를 보냈다. 그린은 그 여학생을 만났고 이내 사랑에 빠진다. 성적으로 순진했던 열아홉의 비비안은 결혼에 동의하지 않았고 그린은 삼십 개월 동안에 이천 통의 구애편지를 보냈다. 하루에 세 통을 부친 날도 있었다. 그녀 때문에 가톨릭으로 개종했고, 성을 기피하는 그녀에게 원한다면 '성 없는 결혼'을 하자고도 했다. 열성에 밀려 그녀는 결혼을 하는데 신혼 일 년도 안 되어 그린은 사창굴을 자주 출입하였다. 창녀를 선호했던 그는 외국여행 때 단순 관광으로라도 꼭 사창굴을 방문했다. 삼십대 중반엔 아네트라는 창녀와 연애관계에 빠지기도 했다.

 전쟁에 대비해 1939년 그린은 두 작품을 동시 집필하였다. 각성제를 복용하며 오전엔 오락물, 오후엔 『권력과 영광』을 썼는데 집필을 위해 방을 빌렸다. 책 삽화를 그리는 주인집 딸 도로시 글로버가 곧 그린의 정부가 된다. 전쟁이 나자 처자식은 안전한 곳으로 옮기고 그린은 런던에 남아 있었다. 명목상으론 자기 집에 있었으니 실제로는 도로시와 동거한 것이다. 이 때문에 그는 목숨을 구했다. 그의 집이 공습으로 전파되었던 것이다. 도로시는 작은 키에 뚱뚱하고 나이도 많아 친구들에겐 그린의 선택이 수수께끼였다. 그러나 그녀는 신중하고 충직했으며 폭격 때 보인 침착한 용기에 그린은 늘 탄복하였다.

 사십대 초에 캐서린 월스턴이 나타났다. 그의 작품을 읽고 가톨릭

신도가 되기로 결심했다는 편지를 그린에게 보냈고 입교시에 그는 그녀의 대부가 되었다. 캐서린은 대지주의 아내였고 영화배우 같은 미모의 글래머였다. 두 사람이 처음 만났을 때 그녀는 지방에 있는 자기 집을 구경시켜주겠노라 제의했다. 당일 돌아오기 어려운 거리라 그린이 주저하자 전세 비행기로 돌아오도록 하겠다 하고 사실 그것을 실천했다. 그녀는 상대방의 사회적 성적 관계의 자유를 인정하는 '공개결혼' 상태에 있었다. 그린은 부와 미를 갖춘 캐서린과 곧 뜨거운 사이가 되었다. 캐서린에게 보낸 편지가 잘못 반송되는 바람에 비비안은 모든 것을 알고 그의 곁을 떠났다. 1951년에 나온 〈사랑의 종말〉에서 자신이 희화되었음을 알고 캐서린의 남편은 아내에게 그린과의 관계 청산을 요구했다. 그린은 이혼하고 자기와 결혼하자고 캐서린에게 간청했으나 가톨릭 신자로서 안 되는 일이었다. 1966년 그린은 다른 정부를 얻었다. 1978년 암으로 죽어가던 캐서린은 술과 병고로 결딴난 얼굴을 의식해 그린을 만나주지 않았다. 캐서린을 사이에 두고 제가끔 흐느껴 울었다는 삼각관계의 두 노인은 그후 막역한 친구가 되었다. 노벨상 만년 후보였으나 로비를 못 했는지 끝내 타지 못했다. "불행이야말로 우리가 속해 있는 거처라는 느낌, 즉 우리 모두가 가지고 있는 불행에 대한 충성심"이란 대목이 그의 '사건의 핵심'에 보인다.

'낭만적 망명자' 게르첸

　인천 공항을 출발한 지 아홉 시간 만에 모스크바에 도착했다. 한국 시간으로 밤 열한시, 현지 시간 오후 여섯시였다. 호텔에서 짐을 풀고 러시아 문학 전공 김현택 교수의 선도로 구경을 나선 것은 여덟시가 지나서였다. 눈에 띄는 인공위성 발사 기념물 등의 설명을 들으며 한참을 달려 모스크바 대학 앞에 있는 언덕에 이르렀다. 산책하는 소요객들이 많았다. 모스크바 유일의 그 고지가 '참새 고지'라는 설명이었다. 어스름 백야(白夜)의 '참새 고지'에서 모스크바 시가를 내려다보는 소회가 각별하였다.

　'참새 고지(Sparrow Hills)'를 처음으로 알게 된 것은 E. H. 카의 『낭만적 망명자』를 통해서다. 1825년에 발생한 데카브리스트 반란의 주역들이 처형당했다는 소식을 들은 13세 소년 알렉산드르 게르첸과 두살 아래인 오가료프는 이 '참새 고지'에 서서 자유의 대의를 위해 목숨을 바치겠다는 맹서를 했다. 일자 이후 두 사람은 이때의 서약에 충실한 삶을 보내게 된다. "헤겔 철학은 혁명의 대수학(代數學)"이라는 아포리즘으로 유명한 '백만장자 혁명가' 게르첸은 동서의 피가 섞인 혼혈이다. 부친 이반 야코브레프가 유럽여행중 만난 독일인 처녀를 데려와 살았으나 정식 결혼은 하지 않았다. 그 사이에 태어난 아들에게 게르첸(Herzen)이란 성을 주어 적자(嫡子) 아님과 사랑의 소생임을 표시한 셈이다. 계몽사상에 매료되어 볼테르주의자가 된 부친의 영향을 받아 그는 학생 때부터 반골(叛骨) 성향을 드러내 몇 차례 유형에 처해졌다. 부친의 사망으로 막대한 유산을 상속받은 그는 이듬해인 1847년 초에 모친, 아내, 세 자녀, 보모, 하인 등 열두 명과 함께 모스크바를 떠나 돌아오지 못하는 망명길에 오른다. 이들을 태운 두 대의 역마차는 7주 후인 3월 중순에 파리에 도착했다.

동경의 땅 파리로 들어선 그는 곧 루이 필립의 '시민 왕정'에 환멸을 느끼게 된다. 이탈리아에서 2월혁명 소식을 듣고 열광하면서 파리로 돌아오지만 5월에 있은 시위대의 진압 광경을 보고 실망한다. "프랑스는 벌써 노예상태를 요구하고 있다. 자유가 부담스러운 것이다"라고 그는 적었다. 에리히 프롬이 '자유로부터의 도피'라는 표제 아래 분석하여, 파시즘의 심리적 기초라고 정의했던 정치적 질병을 진단한 최초의 관찰자가 바로 게르첸이라고 E. H. 카는 말하고 있다. 1948년 이후 그는 서구의 정치제도에 대한 믿음을 털어버린다. 사람들이 자유를 진정으로 원하지 않는다 생각하고 "인간은 자유로 태어났으나 도처에서 사슬에 묶여 있다"는 루소의 명제에 신랄한 논평을 가한다. "슬프게 고개를 저으며 '물고기는 날도록 태어났으나 영원히 헤엄을 친다'고 말하는 사람에게 뭐라고 말하겠느냐"고 적은 것이다.

깊은 환멸과 불행한 가정사를 겪은 뒤 1852년 그는 영국으로 이주했고, 이어 런던에서 러시아 말 정기간행물 『종』을 발간했는데 전성기에는 오천 부가 나가는 성공을 거두었다. 이로써 그는 정치적 개혁의 수단으로 선전의 무기를 사용하고 여론에 호소한 러시아 최초의 공인(公人)이 된다. 당초『종』은 서구파, 슬라브파, 개혁파 사이에서 두루 지지를 받았다. 그러나 1861년의 농노해방은 역사적 전기를 마련했고 봉건적 소유관계를 청산함으로써 산업화의 길을 열었다. 자유주의자들의 열망을 충족시켜주어 이들을 보수파로 만드는 한편, 가차없는 혁명가 세대를 창출하였다.『종』의 온건 노선은 이제 그 기반을 잃고 쇠퇴의 길을 가게 된다. 제네바로 발행처를 옮겼다가 1868년에『종』을 종간하고 그는 이 년 후 파리에서 사망한다. 연이은 정치적 환멸의 일생이었다.

젊은 시절의 게르첸은 철저한 서구파였으나 망명 후 러시아의 전통적 촌락공동체의 중요성을 인정하게 되었다. 슬라브주의와 서구주의의 연결고리로서의 가치를 중시했기 때문이다. 그는 '나로드니키(인민주의자)'의 사상 형성에 기여했으나 종당엔 그들의 배척을 받았다. 평화로운 사회 진화의 가능성에 대한 믿음과 폭력의 거부 때문이었다. "나는 역사의 오페라 대사를 믿지 않는다"고 적은 그는 "왜 자유가 소중한가? 자유 자체가 목적이기 때문이다. 자유를 다른 어떤 것에 대한 희생물로 삼는 것은 인간을 희생시키는 일이 된다"고 적어놓고 있기도 하다. 사상사가(思想史家) 아이자이어 벌린은 정치적 교리에 매이지 않은 그의『나의 과거와 사색』을 톨스토이의『전쟁과 평화』나 투르게네프의『아버지와 아들』등과 나란히 설 수 있는 자서전의 걸작이라고 칭송하고 있다. 참으로 좋은 책이 읽히지 않는 우리 사회에서 이 책은 물론 번역되지 않았다.

정치적 인간의 초상

"현대의 비극은 정치"라고 나폴레옹은 자주 말했다 한다. "인간은 정치적 동물이다"라는 아리스토텔레스의 말은 흔히 인용된다. 언뜻 부정적인 함의를 느낄지도 모른다. 그러나 아리스토텔레스가 말한 것은 인간이 '폴리스(도시국가)의 동물'로서 그것을 떠나서는 존재할 수 없다는 것이다. 인간 존재의 공동체적 성격을 가리킨 말이다. 정치적 폭력이나 정치적 부패에 길들여진 우리 사이에서 정치란 말은 아무래도 부정적인 함의를 갖게 되는 것 같다.

슈테판 츠바이크의 『조제프 푸셰: 어느 정치적 인간의 초상』은 철저한 몰(沒)도덕성을 특징으로 하는 한 역사적 인물의 전기이다. "실제의 현실생활 즉 정치의 세력범위에서는 탁월한 인물이나 순수한 이념의 소유자들이 일을 결정하는 일은 전혀 없고 그보다 한결 저질이지만 요령이 좋은 흑막(黑幕)적인 인간이 결정적인 역할을 한다"는 인식 아래 저자는 출발한다. 우리 자신을 지키기 위해 이들 권력의 배후에 숨어 있는 흑막적 인간을 인식하고 그럼으로써 권력의 위험한 비밀을 알리고 노력하자고 그는 책머리에 적고 있다.

1759년 선원의 아들로 항구도시 낭테 근처에서 태어난 푸셰는 수도원 학교에서 교사로 일하다 혁명이 일어나자 승직을 버린다. 낭테에서 자유주의자 클럽을 조직하고 부유한 상인의 딸과 결혼한다. 1792년에 국민공회(公會) 의원으로 선출된 그는 표나는 언동은 일절 피하면서 언제나 다수파 편에 선다. 처음 온건파에 가담했다가 루이 16세 처형 후에 강경 급진파가 된다. 지방파견 위원으로 비(非)기독교화를 추진했고 리옹에서는 반(反)혁명파 이천 명을 처형해서 '리옹의 학살자'란 이름을 얻었다. 지방에서 귀환한 뒤에는 로베스피에르 추방에 한몫을 했고 1795년의 총재(總裁)정부 아래서는 경찰장관의 자리에 오른다. 1799년 나폴레옹의 쿠데타 때 그는 총재 중의 한 사람인 바라스에 등을 돌리고 나폴레옹 편에 선다. 1802년에 은퇴하고 원로원 의원이 된 그는 나폴레옹이 황제가 되는 데 한몫한 공로로 다시 대신이 된다. 45세 때 일이다. 52세에 다시 은퇴한 그는 억만장자 생활을 한다.

　1815년 나폴레옹이 엘바 섬에서 탈출하여 '백일천하'를 누렸을 때 그는 다시 경찰장관이 된다. 그러나 상황의 변화를 직감한 그는 나폴레옹에게 등을 돌리고 왕정 복고와 루이 18세의 등장에 한몫을 한다. 그 과정의 공로로 대신의 자리에 남아 있었으나 루이 16세의 처형에 동의한 급진파의 이력 때문에 결국은 한직 외교관으로 쫓겨났다가 프랑스에서 영구히 추방된다. 프라하 등 몇 곳을 전전하다가 그는 트리에스테에서 사망한다.

　그의 정치적 생애는 변신과 배신으로 일관된 삶이었다. 그때 그때 권력의 추이에 따라서 전투적 무신론자, 종교 박해자, 사유재산 규탄자, 시민 학살자, 비밀경찰 두목, 왕당파 등 극우와 극좌를 오가며 제

역할을 가차없이 해낸다. 그는 철두철미 '파충류적 인간'이었다. 나폴레옹에 등을 돌린 것에 대한 비판에 대해 그는 "내가 나폴레옹을 배반한 것이 아니라 워털루가 그를 배반한 것"이라고 내뱉는다. 그를 속속들이 알고 있던 나폴레옹은 마지막 귀양터에서 "나는 완전무결한 배신자를 꼭 하나 알고 있다. 그것은 푸셰"라고 말했다.

츠바이크가 푸셰에 대해 흥미를 갖게 된 것은 발자크를 통해서였다. 나폴레옹에게조차 공포감을 안겨준 기이한 능력을 가졌다는 발자크의 말이 계기가 되었다. 여러 자료를 섭렵해서 작성한 푸셰의 일대기는 흥미진진한 만큼 너무 소설적이 아니냐는 비판을 받는 것도 사실이다. 그러나 아무래도 흑막적인 인물들이 대세를 주도해왔다는 혐의가 없지 않은 우리 풍토에서는 시민 교육상으로도 읽을 만한 책이다.

다양한 문필 활동에도 불구하고 주로 전기작가로 알려진 츠바이크는 빈 출신이다. 프로이트에 대한 경의와 우정은 그에게 깊은 영향을 미친 것으로 평가되고 있다. 해박한 교양을 가진 유럽 인문주의자의 한 전형이었던 그는 유대인 박해를 피해 1934년 망명길에 올랐다. 영미 여러 곳을 전전하다가 1941년 브라질로 갔다. 성공적인 강연여행에도 불구하고 그는 고립과 고독감에서 헤어나질 못했다. 거기서 그는 방대한 발자크의 전기 작업을 계속하고 새 소설과 몽테뉴 연구에 착수했고 『어제의 세계』란 자서전을 탈고했다. 61세 되던 1942년 2월 편집광을 다룬 마지막 중편을 탈고하여 뉴욕의 출판사에 보낸 후 그는 부인과 동반 자살하였다. 연합군이 승리한다 하더라도 파시즘의 잔학행위로 유럽이 영원히 상처 입은 것을 견딜 수 없다는 것이 이유였다.

사르트르의 『문학이란 무엇인가』

사르트르의 『문학이란 무엇인가』는 남루한 청춘과 추억의 책이다. 휴전이 되었다고는 하나 언제 터질지 모르는 거대한 불발탄 아래서 살고 있다는 불안감에서 헤어나질 못했다. 초월자도 이데올로기도 이승만 정부도 믿을 수 없었던 1950년대 중반의 우리들은 책 속에 길이 있다는 영문 모를 믿음만은 가지고 있었던 것 같다. 고문서만 뒤지다가 결딴난 식민지에서 태어난 철부지답게 우리는 또 새것 속에 길이 있다고 생각했다. 그 무렵 커다랗게 떠오른 새 이름이 사르트르이다. 『구토』는 소설 발전의 예고 지표이며 『문학이란 무엇인가』를 마스터하면 거칠 것이 없으리라는 망상이 어디서 온 것인지는 분명치 않다. 이제나 그제나 날라리 후진사회에서 항상적으로 창궐하는 혹세무민의 뜬소문 탓이었을 것이다.

널리 알려져 있다시피 『문학이란 무엇인가』는 산문 작가의 책임을 강조하면서 '참여'를 호소하고 있는 격문서(檄文書)다. "누구나 모든 것에 대해 모든 사람에게 책임이 있다"는 『카라마조프 가의 형제들』 속 조시마 장로의 말을 문학과 작가에게 적용하여 부연 확대한 이 책은 소홀치 않게 어려운 책이다. 그러나 독자에게 인지의 충격을 주는 대목이 지천으로 깔려 있다.

가령 "오오 계절이여! 오오 성이여! 흠없는 영혼이 어디 있으랴?"란 랭보의 절창 대목을 인용하고 나서 말한다. 여기서는 누가 질문을 받는 것도 질문을 하는 것도 아니며 시인은 그 자리에 없고 오직 절대적 질문을 던진 것이라고. 그리하여 이제는 하나의 상식으로 굳어진 명제가 제시된다. "이리하여 틴토레토의 고뇌가 노란 하늘로 되었듯이 물음이 사물화한 것이다. 그것은 이미 의미가 아니라 실체이다." 우리는 이러한 진술이 "시는 의미할 것이 아니라 존재해야 한다"라는 미국 시인 머클리쉬의 대목에 연결되어 있음을 본다. 또 기호의 촉지성(觸知性)을 높이고 기호와 대상물 사이의 근본적인 분리를 증진시킨다는 야콥슨의 '시적 기능' 정의와도 근접해 있다는 것을 감지하게 된다.

시인은 언어를 이용하기를 거절한 사람이요 산문가는 말을 사용하고 이용하는 사람이라는 이분법은 차이성 부각을 위한 방법적 과장이지 만능의 잣대는 아니다. 상징주의 시 전통 아래서 말라르메나 랭보에서 시의 모형을 구상했다는 사실을 잊어서는 안 된다. 그는 또 "산문 작가는 기호를 모아 엮는 사람이지만 그 경우에라도 말의 물질성과 말의 불합리한 저항에 대해서 민감하지 못하다면 그의 문체는 멋도 힘도 없을 것"이라 적고 있다. 산문가도 수시로 말에 봉사해야 한다고 말하고 있는 셈이다. 문체를 괜한 수식 정도로 이해하는 사람이 많은 우리 사이에서 음미해야 할 대목이다.

작가의 기능은 숨김없이 분명하게 말하는 데 있다고 말하는 사르트르는 전달할 수 없는 것이 있다는 주장에 반대한다며 그것은 폭력의 원천이라고 단언한다. 머리를 많이 쓰는 것이 치매 예방책이란 속설을 반증이라도 하듯 치매증 끝에 작고한 영국 작가 아이리스 머독이 영어로 씌어진 최초의 단행본 사르트르 론에서 그를 '낭만적 합리주의자'라고 정의한 것은 이 점에서도 타당하다. 편의상 책 속에 피력된 언어관의 일단만을 살펴보았으나 『문학이란 무엇인가』에는 독자와 작품, 작가와 체제와의 관계 등을 위시해서 문학에 관련된 모든 쟁점들이 도전적 논쟁적으로 해부되어 있다. 또 거칠 것 없는 단호한 목소리로 저자의 주장이 개진되어 있다. 앞뒤 모순되는 발언도 보이고 난해한 대목도 수두룩하다. 그렇기 때문에 이 책은 더욱 읽을 만한 매력과 가치가 있다.

오랜만에 이 책을 읽으면서 처음으로 읽는 것 같은 감개를 맛보았다. 정명환 교수가 한 자도 소홀함이 없이 공들여 번역하고 소상한 주석을 붙인 우리말 번역본은 번역서가 있어야 할 방식의 전범을 보여주고 있다. "작가로서 우리의 첫째 의무는 언어의 존엄성을 재확립하는 것"이라고 적고 있는 이 책은 젊은 문학도뿐 아니라 글쓰기에 종사하는 모든 이들의 필독서라 할 것이다. 언어의 훼손에 기여하는 듯한 날림글이 창궐하는 우리 풍토에서 글쓰기의 위엄을 구현한 이 책은 각별히 돋보인다.

레비 스트로스의 『슬픈 열대』

레비 스트로스의 『슬픈 열대』는 두껍고 재미있고 슬픈 책이다. "나는 여행과 탐험가를 싫어한다. 그렇지만 이제 나의 여행담을 얘기하려고 한다"고 시작되는 첫머리에서 "세계는 인간 없이 시작되었고 또 인간 없이 끝날 것이다"라는 가슴 철렁한 지문을 담고 있는 끝자락에 이르기까지 이 책은 독자를 압도한다. 꼼꼼한 관찰과 정치하고 대담한 사고가 시종 시적인 산문 속에서 전개되는데 한결같이 참신하고 도발적이다. 1955년 발간된 이 책은 분명 20세기가 생산한 가장 뛰어난 고전의 하나이다. 언뜻 보아 탐색여행이 끝난 뒤에 씌어진 회고록처럼 보이지만 이 책이 갖고 있는 의미의 층위는 복합적이고 중층적이다.

우선 구조주의 사상가의 지적인 자서전이면서 한 인류학자의 상세한 현장 연구의 책으로 읽힌다. 1938년 브라질 내륙의 원주민 사회 조사단의 일원으로 참가하여 조사한 네 원주민 부족에 관한 민족지가 중요 부분을 이루고 있다. 가령 연구 대상이었던 부족에게 작별을 고할 때 부족의 연장자들이 울기 시작하였다. 그와의 작별이 슬퍼 우는 것이 아니라 살 만한 가치가 있는 지상의 유일한 장소를 떠나지 않을 수밖에 없는 그가 불쌍해서 흘리는 눈물이었다. 이러한 원시적 무구와 행복을 정감 있게 그려 보이는 이 책은 일급의 문학책이면서 과학적 탐구의 엄격성과 냉철함을 아우르고 있다.

소멸이 선고된 미개 부족에 대한 기다란 만가(輓歌)로도 들리는 이 책에서 가령 남비콰라 족에 대한 몇몇 관찰과 성찰을 살펴보면 책의 특징이 스스로 드러난다. 남비콰라 족은 '예쁘다' 와 '젊다' 는 뜻을 한 단어로서 표현하고 '추하다' 와 '늙다' 라는 말도 마찬가지다. 이런 사실을 보고하고 나서 저자는 그들의 심미적 판단이 본질적으로 인간의 가치 특히 성적인 가치에 기초하고 있다고 지적한다. 미적인 것이 에로스 충동과 연관되어 있다는 것은 프로이트 이전에도 간파되었던 것이기는 하다. 그러나 프로이트에 의해서 더욱 견고한 보증을 받게 된 것이라고 할 수 있다. 레비 스트로스는 지질학, 마르크스주의, 정신분석학을 왕년의 '세 애인' 이라고 술회한 바 있는데 독자들은 책을 읽으면서 그것을 실감하게 된다.

저자는 또 글자를 알지 못하면서 글씨 쓰는 흉내를 내는 어떤 추장의 사례를 보여주며 일종의 기억 형태로서의 문자의 성질과 기능에 대해서 생각한다. 그리하여 문자가 인간의 지식을 공고하게 하기보다는 영속적인 지배체제의 확립에 기여하였다는 생각을 피력한다. 문자와 지식과 권력의 상관관계에 대해서 많은 것을 시사해주는 실감나는 보고이다.

남비콰라 족장의 자기 정의도 흥미롭다. 족장은 전쟁을 할 때 선두에서 싸우는 사람이라고 저자가 만난 족장은 말한다. 그들 사이에서 정치적 권력은 세습적인 것이 아니다. 소임을 더이상 감당할 수 없다고 느낀 족장이 후계자를 임명한다. 그렇다고 자의적으로 지명하는 것이 아니라 공론을 살펴본 뒤에 부족민에게 호감을 받고 있는 사람을 지명하는 것이다. 개인적인 위세와 신뢰감이 그 사회에서 권력의 기반이 되는데 부족민의 동의가 족장의 지위에 정당성을 부여한다.

족장이 소임을 수행하는 데 가장 중요한 수단은 관대함이다. 족장에게 준 선물이 며칠 후에는 부족민의 손으로 넘어가 있는 것이 보통이다. 족장은 위험부담이 큰 어려운 일을 도맡아 하고 사실상 희생적 봉사의 생활을 한다. 그 대신 그가 누리는 특권은 여러 아내를 거느릴 수 있다는 점에 있다. 직책의 부담에 대한 정신적이며 감정적인 위로인 동시에 중임을 맡기는 수단이기도 하다는 것이 저자의 분석이다.

권력의 심리적 기초가 동의이며 일상생활에서 그것은 족장과 부족민 사이의 급부와 반대급부의 작용에서 드러난다고 지적한다. 그리하여 루소가 말하는 '계약'과 '동의'가 사회생활에서 기본 질료이며 그것 없는 정치조직의 형태를 상상할 수 없다고 피력한다.

참으로 단순하여 개개 인간만을 발견하였다는 남비콰라 족 사회를 관찰하면서 저자는 인간과 사회에 대하여 우수 어린 통찰을 보여준다. 관점에 선행해서 대상이 있는 것이 아니라 관점이 대상을 만들어내는 것이라는 소쉬르 언어학의 명제를 구현하고 있는 것 같다. 유명한 『야생적 사고』의 원자재인 이 책은 레비 스트로스의 전문서가 공유하고 있는 어려움에서 자유롭다는 것도 특징이다.

바흐친의
『프랑수아 라블레의 작품과 중세 및 르네상스의 민중문화』

바흐친의 『프랑수아 라블레의 작품과 중세 및 르네상스의 민중문화』는 영어 사용권에서 최초로 번역 상자된 바흐친의 저서이다. 이 책은 또 『도스토예프스키 시학의 제문제』 『문학과 미학의 제문제』와 함께 바흐친 생전에 자기 실명으로 간행된 세 권 중의 한 권이기도 하다. 1968년 『라블레와 그의 세계』란 제목으로 출간되자마자 큰 반향을 불러일으켜 그의 저서는 속속 번역 간행된다. 1968년은 구미에서 거리 극장이나 난장판 록 음악 연주회가 성행하고 파리에서 학생 봉기가 일어났던 해이다. 당대 공식문화의 금기에 대항하는 외설과 불경의 민중문화를 선양한 이 책의 발간은 결과적으로 시의적절한 것이 되었다. 그는 현대의 감성을 변모시키는 혁명적인 문화사건의 선구자로 각광받게 되기에 이른다.

뒤를 이어 간행된 그의 전기는 이 그릇 큰 학자의 굴곡 많은 삶과 스탈린 체제하 독립적 지식인의 난경을 조명하여 독자에게 깊은 충격과 감동을 주었다. 소련 공식문화의 편협한 교조주의에 대하여 거리를 두며 지적 독립을 유지했으나 그가 볼셰비키 혁명의 궁극적 대의를 의

심하였다는 증거는 없다는 것이 일반적 평가다. 따라서 공산당이 처방한 제약을 넘어서는 문화사회학을 모색하던 서구 마르크스주의자들이 그의 저서를 탐독하고 검토한 것은 자연스러운 일이었다.

우익 지식인 조직에 관여했다는 혐의로 1929년 강제수용소 금고 오 년 형을 선고받은 그는 죽음을 의미하는 섬 수용이 예정되었으나 친지와 고리키 등의 탄원 덕택에 카자흐스탄 추방 오 년으로 감형되어 살아남을 수 있었다. 때마침 나온 도스트예프스키 론 초판본에 대한 교육인민위원(장관) 루나찰스키의 호의적인 서평이 결정적인 역할을 하였다. 한 나라의 정치 지도자가 국민의 의식 수준을 반영하듯이 대표적인 학자도 그 나라 문화 역량의 징표이다.

이 책은 논쟁 유발적인 책이다. 1940년에 학위논문으로 완성되어 1952년에야 준박사학위가 수여되고 1965년에야 간행되었다는 사실 자체가 논쟁 유발적임을 보여준다. 얼핏 보아 라블레가 의존하고 있는 근대 초 유럽 민중, 축제생활을 다루고 있지만, 크게 보면 유럽 문화에서 근대성으로의 이행을 심도 있게 다루고 있다. 카니발이란 역사적 제도와 거기 관련된 민중, 축제의 형태는 중세 이후 유럽의 사회문화의 중요 주제를 해명하는 열쇠가 된다. 이 책은 가령 '카니발' '카니발적' '대관(戴冠)-탈관(脫冠)' '그로테스크 리얼리즘' '유쾌한 상대성의 의식' 등의 주요 개념을 도입하여 비평적 관용어가 되게 하였다.

바흐친에 의하면 공식적인 축제와는 대조적으로 카니발은 모든 계층 질서적 관계, 특권, 규범, 금지의 일시적 파기를 축하하는 것이다. 그것은 진정한 시간성의 축제이며, 생성과 변화 갱생의 축제이다. 카니발은 모든 종류의 영구화, 완성, 완결성과도 적대적이다. 이 책은 카니발 속에 있는 민중문화의 무정부적이고 몸에 바탕한 그로테스크한 요소를 선양하는 미학을 개진하면서 이들을 딱딱한 공식문화의 엄숙함에 대항시키고 있다.

이 책에서 가장 핵심적인 미학적 범주는 '그로테스크 리얼리즘'일 것이다. 카니발이란 난장판 제도에 뿌리박고 있지만 물질적인 것과 육체적인 것을 강조하는 라블레 문학의 특징을 강력히 시사하는 개념이다. 먹고 마시고 소화하고 배설하고 성교하는 육체를 칭송하는 것이 라블레의 특징이기 때문이다. 그러나 그로테스크 리얼리즘은 라블레의 발명은 아니며 카니발 속에 표현되는 민중문화의 중심적 태도의 문학적 표현이라고 보는 관점이 옳을 것이다. 우리의 경우 가령 김지하의 몇몇 담시가 거기에 가장 근접한 것이라 생각된다. '비하를 기본원칙으로 삼는다'는 원리에 가장 충실한 경우라 생각되기 때문이다. 그러나 이 책의 「역자 후기」에도 밝혀져 있듯이 비하와 전복, 경계 허물기를 통하여 표현된 것은 '양면가치성'을 갖는다는 것을 간과해서는 안 된다.

이 책을 소련의 문화정치에 대한 굴절된 반론으로 읽는 관점도 있다. 공식미학인 사회주의 리얼리즘에 대해서 '그로테스크 리얼리즘'은 분명히 도전적인 반명제가 된다. 신에게 버림받은 세계의 서사시란 루카치의 소설 정의에 대해서 바흐친이 메니포스의 풍자에서 소설 선례를 찾고 있다는 것도 그의 '전복' 실천이라 할 것이다. 이 책은 독자가 공들인 만큼 보답도 큰 인지와 통찰의 지적 카니발이기도 하다.

냉혹한 생존법칙, 이솝 우화집

현재 이솝은 우화 작가의 대명사처럼 되어있다. 그러나 인간 이솝에 관한 정보는 극히 희소하다. 그래서 실재 인물이 아니고 우화를 창시했다고 생각되는 가상적 인물을 나타내고 있을 뿐이라는 주장도 있다. 이솝 우화에 관한 서술은 플라톤의 『파이돈』이나 아리스토텔레스의 『변론술』에도 나오지만 인간 이솝에 관한 서술로는 기원전 5세기 후반에 책을 썼던 헤로도투스가 『역사』에서 언급한 것이 유일한 전거다. 그가 기원전 6세기 중엽에 살고 있었고 사모스 섬과 연관이 있다는 것, 이아드몬이란 시민의 노예라고 믿을 만한 이유가 있다는 것, 아폴론의 신탁으로 유명한 델포이 사람들 손에 죽었다는 것 정도가 헤로도투스의 서술 요지이다. 그밖에 이솝에 관해서 알려진 것은 후세 사람들이 지어낸 것에 지나지 않는다고 추정되고 있다.

이솝 자신이 우화를 글로 써서 남긴 것인가 하는 것도 알려진 바 없다. 기원전 5세기 이후에는 그의 인물됨과 우화가 아테네에서 널리 알려지게 되었다. 최종의 우화집이 나온 것은 기원전 300년께 아테네에서였고, 프랑스의 석학 에밀 샹브리는 358편을 이솝의 정본(定本)으로 결정해 1929년 간행했는데 지금껏 가장 권위 있는 판본으로 평가되고 있다.

우화 하면 이솝을 연상하고 이솝 하면 우화를 연상한다. 이렇게 이솝 우화는 따로 떼어 생각할 수 없는 하나로 우리의 상상 속에 남아 있다. 우화는 짤막한 교훈 얘기다. 인간 거동이나 인간이 처한 상황이 짐승이나 신 혹은 무생물을 통해 그려진다. 산문으로 된 경우도 있고 운문으로 된 경우도 있다. 인간의 품성이 동물에게 투사되어, 가령 이리는 사납고 잔인한 짐승으로, 또 여우는 아주 교활한 짐승이 되어 나타난다. 그러나 이것은 그저 '관습'일 따름이다. 콘라트 로렌츠와 같은 동물행태학자들이 밝혀주듯이 이리를 비롯한 동물들은 동족과의 싸움에서 죽음에 이르도록 싸우는 법이 없다. 목덜미의 취약부를 드러내면 드러낸 쪽이 항복한 것으로 간주하고 상대방은 공격을 중단한다. 동류끼리의 싸움을 죽음으로 끝장내고 '살인'을 저지르는 유일한 동물이 만물의 영장으로 자처하는 인간이다.

사람들이 이솝 우화를 접하는 경우는 낮잠 잔 토끼와 꾸준히 노력한 거북이의 경주 같은 얘기를 통해서다. 그래서 어린이를 위한 훈계용 얘기라고만 생각하기 쉽다. 그러나 현실주의적인 세계 이해를 전하고 있다는 점에서 우화의 세계는 근본적으로 어른들의 냉혹한 현실세계다. 우화가 들려주는 교훈은 대체로 속담이 들려주는 권고와 비슷하다. 우화를 극도로 축약하면 속담이 되어버린다. 영어의 속담에 "제비 한 마리가 여름을 만들지는 않는다"는 것이 있다. 한 가지 사례를 일반화하지 말라는 권고가 담겨 있다. 웬만한 영한사전을 찾아보면 '제비'란 항목에 나와 있다. 이것은 사실 이솝 우화에서 나온 것이다.

젊은 난봉꾼이 유산을 다 까먹고 남은 것이라곤 외투 하나뿐이었다. 제철이 되기 전에 날아든 제비 한 마리를 보고 여름이 왔다고 지레 짐작한 그는 외투가 필요치 않다고 생각하고 팔아버렸다. 그러나 그후 된서리가 내리고 추운 날씨가 계속되었다. 길을 가다 얼어 죽은 제비를 보고 난봉꾼은 말하는 것이었다. "너는 너 자신과 나를 모두 망쳤구나." 제비 한 마리가 보인다고 여름이라 속단하지 말라는 속담을 극화한 것 같은 느낌마저 든다. 이렇게 세속의 지혜를 공유하고 있다는 점에서 속담과 우화는 아주 비슷하다.

보통 사람들의 오랜 경험의 소산이기 때문에 속담은 문자 그대로 민중의 지혜요 권고다. 우화 또한 마찬가지이며 말의 엄밀한 의미에서 그것은 민중의 문학이다. 17세기 프랑스의 문학과 철학을 분석한 뤼시앙 골드만이 라퐁텐의 우화가 '제5계급'인 농민과 장인(匠人)들의 세계관을 반영하고 있다고 말하는 것도 이같은 이유에서다. 실제로 감람나무와 갈대의 자기 자랑이 폭풍 앞에서 부러지지 않은 갈대의 승리로 끝난다든가, 전나무와 가시덤불의 말싸움이 나무뿌리에 도끼가 가지 않는 가시덤불의 승리로 끝나는 얘기는 모두 민중적 관점의 직접적 제시라고 볼 수 있는 것이다. 부(富)의 의인화인 '플루투스'를 헤라클레스가 외면하는 것도 비슷한 사례이다.

이솝 우화의 칠십 퍼센트에서 동물이 주인공으로 등장한다. 동물이 많이 나오는 것은 옛사람들이 동물과 아주 가까이 생활한 때문이라고 할 수 있다. 신이나 인간이 등장하는 것도 상당수에 이른다. 이러한 우화는 어떤 현상에 대한 원인 설명을 시도한 것인데 일반에게는 별로 알려지지 않은 것들이 많다. 프로메테우스가 사람을 만들었는데 조롱의 신인 모무스가 흠을 보았다. 사람의 마음을 몸 바깥에 붙였어야 했다는 것이다. 그래야 사람 생각을 볼 수 있고 고약함을 숨기지 못한다는 것이었다. 모무스는 이밖에도 제우스가 만든 황소에 대해서도 눈을 뿔에 박지 않았다고 비판해 올림푸스 산에서 추방당했다는 얘기 같은 것이 이 계열에 속한다.

이솝 우화는 보통 사람들의 보편적인 경험에 기초를 두고 있기 때문에 비슷한 소재가 세계 도처에서 발견된다. 양떼를 지키던 양치기가 "이리요!" 하고 소리치다가 정작 이리떼가 왔을 때는 아무도 도와주러 오지 않아 낭패를 당했다는 얘기는 정치적 우의담으로도 널리 알려져 있다. 이와 비슷한 봉화 얘기가 동양의 『열국지』에도 나온다. 이솝 우화가 내포하고 있는 교훈은 엄밀한 의미에서의 도덕적 교훈이 아니라 세속 지혜의 전달과 조심성의 권고이다. 꾀와 조심성이 큰 덕목으로 되어 있어 세상살이에 관한 일종의 병법(兵法)이라 할 수 있다. 여름에는 노래로 세월을 보냈으니 이제 춤이나 추라고 겨울철에 찾아온 구걸자에게 개미가 내뱉는 말에서 알 수 있듯이 이솝 우화의 세계는 냉혹한 현실세계이다. 그 속에서 멍청이와 약자는 살아남지 못하는 것이다.

아이자이어 벌린의 『칼 마르크스』

이 책은 1997년에 작고한 라트비아 출신의 영국 사상사가(思想史家)이자 회의론적 자유주의자인 아이자이어 벌린의 첫번째 저서다. 24세 되던 1933년에 그는 '홈 유니버시티 라이브러리' 총서의 편집인이던 사학자 피셔 교수에게서 마르크스의 평전을 쓰라는 제의를 받았다. 당초 정치학자 라스키 등에게 의뢰했으나 연거푸 사절하는 바람에 자기에게 돌아온 것이라고 벌린은 회고적인 대담에서 술회하고 있다.

당시 그는 마르크스에게 각별한 관심은 없었다. 『자본론』은 대학 4학년 때 치른 시험의 대상도서로 지정되어 있었으나 읽기가 고역이었다. 그러나 마르크스의 영향력은 증대하고 있었고 이런 기회라도 활용하지 않으면 읽어낼 수 없을 것 같아 제의를 수락하고 그의 저작을 집중적으로 읽기 시작했다 한다. 이어 프랑스의 계몽 사상가들과 공상적 사회주의자를 위시해서 프레하노프와 알렉산드르 게르첸 등을 섭렵하였다. 이를 계기로 그는 지성사가의 길을 가게 되었고 이 책은 1939년에 출간되었다. 육 년간의 지적 노력의 성과였고 1963년 이후 수정판이 몇 차례 간행되었다.

세계를 바꾸는 것은 이념이나 사상이 아니라 물질적 힘이라는 자기 이론을 부분적으로 무효화시킨 역설을 구현한 마르크스의 인물과 사상이 아주 생기 있고 명쾌하게 요약되어 있다. 벌린은 역사가가 자신의 과제를 제대로 달성하려면 움직이고 있는 시대의 초상화를 그릴 수 있어야 한다는 헤겔의 생각을 적고 있는데 실제로 마르크스의 지적 초상을 움직이는 시대와의 연관 속에서 명쾌하게 보여준다.

우선 정곡을 찌르는 간명성이 책의 특장이다. 가령 "그는 보기 드물게 어린 시절에 좌절을 겪지도 않고 억압을 받지도 않은 혁명가 중의 하나다"라는 대목은 마르크스의 일면을 뚜렷이 부각시킨다. 마르크스가 예측하지 못한 것들을 열거하면서 "요컨대 마르크스는 파시즘도 복지국가도 예견하지 못했다"고 적는 바와 같은 간명한 요약은 시종일관 이 책의 특징이 되어 있다. 따라서 난해한 헤겔 사상이나 역사유물론의 핵심이 명징한 서술을 얻고 있다. 이런 경우 흔히 생겨나는 지나친 단순화의 위험은 보이지 않는다. 「공산당선언」 서두와 말미는 요약이 불가능하다고 적고 있으면서도 능란하게 그것을 요약하고 있다.

해박한 지식에 기초하여 모든 것이 폭넓은 지성사적 맥락 속에서 기술되는 것도 특장이다. 마르크스의 우주적 비전에서 노동이 차지하는 비중은 "단테의 작품에서 우주적 사랑이 차지했던 비중만큼이나 크다"고 기술된다. 인류의 발전을 개개 인간의 발전과 유사하다고 한 헤겔의 판단은 신화적 우주발생론에서 유래된 개념의 영향이라고도 말한다.

균형잡힌 시각도 이 책의 강점이다. 과도한 찬사나 편벽된 비판은 보이지 않는다. 매력이라고는 거의 없고 행동도 촌스러운 편이고 늘

증오에 사로잡혀 있었으나 강렬하고 정력적인 성격, 개념이 분명하면서도 포괄적인 견해, 시대상황에 대한 폭넓고 탁월한 분석에 적들조차도 매료되었다고 그 사람됨을 기술한다. 마르크스 역사유물론의 기본 개념은 헤겔, 동적 원리는 생시몽, 물질 우위에 대한 믿음은 포이에르바흐, 프롤레타리아트에 관한 견해는 바뵈프 이후의 프랑스 공산주의 전통에 의존하고 있으나 그럼에도 완전히 독창적이라고 힘주어 말한다. 현대 경제사와 현대 사회학의 아버지라 할 인물이 있다면 바로 마르크스라고 적고 있다.

 이 책은 마르크스 사상에 대한 입문서이면서 뛰어난 지성사가인 벌린에 대한 매력적인 입문서가 되어 있다. '가장 지적인 대학인'이란 칭호를 얻었던 그는 "인간 본성이라는 비뚤어진 결의 재목에서 반듯한 것이 나올 수 없다"는 칸트의 말을 즐겨 인용하였다. 또 좋아하는 인물로는 『지상 최고의 회고록』을 쓴 알렉산드르 게르첸을 들었다. 투르게네프의 중편 「첫사랑」을 번역하고 학술원 회장을 지낸데다 이십칠 년간 왕립 오페라 극장의 이사장을 지낸 경력이 시사하듯 그는 르네상스적인 인문학자였다. 많지 않은 그의 지성사 쪽 저작은 지적 견고성, 현학 냄새가 풍기지 않는 박람강기, 엄밀한 어휘 구사, 명징한 문체적 매력이 특징이다. 이러한 덕목이 두루 결여된 우리의 지적 풍토에 그의 저작들이 속속 소개되기를 기대한다.

레스터 C. 서로의 『자본주의의 미래』

읽기, 쓰기, 셈의 기본만 알아두면 문맹을 면하던 시절이 있었다. 정보화 사회라 불리는 오늘날 사정은 일변하였다. 자동차 몰이에서 인터넷에 이르기까지 습득해야 할 기술과 지식이 너무나 많다. 이러한 기술과 지식을 갖추지 못하면 정보화 사회의 부적격자나 문맹으로 전락할 수밖에 없다. OECD에 가입한 지 일 년 만에 IMF의 긴급 지원을 받지 않으면 안 되었던 1997년 말 금융 위기의 실상은 신문 해설기사만 가지고는 이해하기 어렵다. 필자 나름대로 경제 현실을 이해하려고 노력하는 과정에서 마주친 것이 이 책이다.

"인류의 역사상 처음으로 어디에서나 제품이 만들어지고 어디에서나 팔릴 수 있게 되었다"는 인용문 광고에 끌리어 입수한 펭귄 판은 활자가 작은 것이 흠이나 단숨에 읽혔다. 일반 독자를 위해서 쓴 것인 만큼 어려운 구석이 없다. 경제학을 일상의 지식으로 만든 이 책은 방대한 정보량과 함께 오늘의 세계를 바라보는 하나의 관점을 제시한다.

가령 멕시코의 선례는 흥미 있다. 1994년 멕시코에선 모든 것이 순조로웠다. 거액의 적자 재정이 해소되어 재정은 균형을 이루었고 규제

완화와 민영화가 진척되어 천 개 이상의 국유기업이 민간에 매각되었다. NAFTA에 가맹하여 관세를 대폭 인하하였고 인플레율이 칠 퍼센트에 지나지 않아 사리나스 대통령은 영웅이 되었다. 그런 그는 일 년 반 후에 온갖 죄명을 뒤집어쓰고 망명길에 올랐다.

위기의 근본적인 원인을 알려면 미국 쪽으로 눈을 돌려야 한다. 1990~91년 사이 경기 후퇴로 은행 예금금리가 낮아졌다. 수천억 달러의 자금이 은행예금에서 고수익 투자신탁회사로 몰려갔다. 고수익을 확보하기 위해 투자신탁의 경영진은 자금 일부를 멕시코에서 운영하였다. 미국의 금리가 상승하자 국내 투자를 노리는 자금이 멕시코에서 빠져나갔다. 1994년 2월에 300억 달러였던 외환 보유고가 12월엔 60억 달러로 줄었다. 그러자 내국인 외국인이 경쟁적으로 자금을 국외로 빼돌렸다.

멕시코 지원에는 IMF가 규정한 것 이상의 자금이 필요하였고 미국이 지원에 나섰다. 미국의 연금기금 수천억 달러가 멕시코에서 위험에 처해 있었기 때문이다. 520억 달러의 융자는 멕시코보다도 미국의 투자신탁회사를 구한 셈이다. 금융 불안의 문제를 부각시키는 이러한 실감나는 분석과 설명은 이 책을 가득 채우고 있어 독자를 숨가쁘게 한다. 지난 이십 년간 미국에서는 광범위한 불평등이 확대되어왔다. 국민 1인당 GDP는 늘어났지만 실질 임금은 줄어들었다. 미국 역사상 처음 있는 현상을 조목조목 분석한 것이 이 책의 중요 내용이다.

1996년 현재 미국은 1660억 달러의 무역적자를 내고 있고 1조(兆) 달러의 대외채무를 짊어지고 있다. 그러나 거액의 무역적자를 무한정 견디어낼 수는 없다. 그러니까 특별한 대책이 없는 한 언젠가 세계의 금융시장으로부터 버림받는 날이 올 것이라고 저자는 적고 있다. 또 끝없는 일본의 불황은 1930년대의 미국 대공황과 같은 요인에서 나온 것이라고 말한다. 경제를 다시 성장궤도에 올리기 위해서는 수출 주도형의 경제에서 내수 주도형의 경제로 전환할 필요가 있다는 것이 저자의 지적이다.

지질학의 용어를 빌려 저자는 경제의 다섯 가지 요인이 동시에 움직이며 변화가 진행되고 있다고 말한다. 공산주의의 종언, 두뇌산업이 지배하는 시대로의 전환, 인구 증가와 고령화, 글로벌 경제, 패권국가가 없는 시대가 그것이다. 그는 또 생물학에서 평형중단(平衡中斷)이라는 개념을 빌려 공룡이 멸망하고 포유동물의 시대가 왔듯이 세계는 새로운 시대를 맞고 있다고 적는다. 기술과 이데올로기가 21세기 자본주의의 토대를 흔들고 있다. 기술, 교육, 지식, 인프라를 위한 장기적 사회 투자를 통해서 변신을 도모하지 않으면 언젠가는 사회제도 전체를 뒤흔드는 대지진이 올 것이라고 전망한다.

신자유주의자로 불리는 서로의 생각은 어디까지나 하나의 관점이다. 한 권 정도 읽고 모두 받아들이면 위험하다. 선무당이 사람 잡는다는 말도 있다. 다만 경제문제에서 정책과 정치적 혹세무민을 구별하는 시민적 상식을 갖추기 위해서는 꼭 읽어두어야 할 책이라 생각한다.

『동주 열국지(東周 列國志)』

　동양 고전에 대한 눈뜸은 내게 있어 더딘 편이었다. 피상적 단편적으로 논어와 이두(李杜)를 곁눈질했을 뿐이다. 그러던 차에 마주친 것이 김구용 사백(詞伯)이 번역해서 호화판으로 나온 『열국지』였다. 1964년 한일회담으로 사회가 어수선한 때였다. 휴교가 되어 시간이 났을 때 다섯 권 전부를 며칠새 통독하였다. 가히 한번 잡으면 놓기가 어렵다는 책의 하나였다.

　제환공(齊桓公)에서 시작하여 진시황의 6국 통일에 이르는 중국 역사가 흥미진진하게 인물 중심으로 전개된다. 등장인물들이 모두 개성 있는 인물이면서 인간 본성에 대하여 시사하는 바가 많다. 이 책은 중국 고사(故事)에 대한 많은 지식을 준다. 굴원(屈原)은 왜 스스로 강물에 빠져 죽었으며, 백리해(百里奚)와 맹상군(孟賞君)은 어떤 인물이었는가? 개자추(介子推)와 여불위(呂不韋)는 어떤 위인이었는가? 모든 게 분명해진다. 뿐만 아니라 많은 한자성어와 숙어에 친숙하게 한다. 가령 몽진을 간 국왕 부재시에 중신(重臣)들이 모여 국사를 의논하고 결정한 주(周)나라의 고사에서 공화(共和)란 말이 유래하였음을 알게 된다.

　배회(徘徊)란 말은 들녘 귀신의 이름이기도 하였다. 들녘 귀신이 왔다갔다 배회밖에 더 하겠는가. 결초보은(結草報恩)이란 말이 무엇이며 어떻게 생긴 말인가를 가르쳐주는 등 한번 읽고 나면 숙어에 대한 이해가 아주 넓어진다.

　서양 쪽에서는 아테네 시민인 부모 사이에서 태어난 아이에게만 시민권을 부여한다는 법률을 제정한 페리클레스가 결국 두 적자(嫡子)를 병으로 잃고 서자(庶子)만 남아 자승자박이 된 보기로 드는 것이 보통이다. 『열국지』에서는 숙박계를 쓰게 하는 등 국민통제법령을 제정한 상앙이 그 때문에 붙잡혀 처형되는 고사가 나온다. 인간극을 꿰뚫고 흐르는 어떤 철리(哲理)를 생각케 하는 대목이 수두룩하다. 서구문학 이해에 있어 그리스 신화나 성서에 대한 지식이 필수적이듯이 동양문학 이해에 있어 『열국지』에 담긴 고사 지식은 필수적이다. 동양 고전에 대한 눈뜸에 있어 명수의 솜씨로 번역되고 기품 있는 『동주 열국지』는 형성적인 힘이 되어줄 것이다. 정사(正史)를 모태로 하였으나 허구적으로 재구성한 『연의 삼국지』와는 대조적으로 『열국지』는 『좌전』 『국책』 『여씨춘추』 『공자가어』 『사가』 등에서 추려 만든 것으로 한결 역사에 가깝다. 아들이 아비를 죽이는 권력의 생태를 위시하여 갖가지 춘추전국시대의 행태는 왜 공자가 숭상되고 숭상받아야 했는가를 역사적 맥락 속에서 절실하게 일깨워준다. 간간히 끼워놓은 시문도 아주 재미있다. 성득신이란 인물의 자결을 두고 어떤 이가 쓴 시를 인용해본다.

초나라에 한 대장부가 있었으니
기상은 진나라를 삼키고 천하를 노렸도다
그러나 한번 실수하고 목숨을 잃었으니
원래 굳세고 강한 것이 오래 가질 못하는도다

『삼국지』에 매료된 독자들은 중국 역사에 대한 지식을 듬뿍 제공하는 『열국지』에서 그 이상의 진진함을 경험할 것이다.

서애 유성룡의 『징비록(懲毖錄)』

서애(西厓) 유성룡(柳成龍)의 『징비록(懲毖錄)』은 우리를 심란하게 하는 책이다. 16세기 말 임진왜란 당시에 좌의정, 영의정, 사도도체찰사(四道都體察使)의 중책을 맡았던 서애가 은퇴 후에 기록한 전쟁 회고록이다. 저자 친필 필사본은 국보 제132호로 지정되어 있으며 1936년에 삼백 부 한정의 영인본이 간행되었다.

『징비록』이란 무엇인가. 임진란 뒤의 일을 기록한 글이다. 여기에 간혹 난 이전의 일까지 섞여 있는 것은 난의 발단을 밝히기 위한 것이다. 생각하면 임진의 화야말로 참담하기 짝이 없는 일이었다. 십여 일 동안에 세 도읍이 함락되었고 온 나라가 모두 무너졌다. 이로 인하여 임금은 마침내 파천까지 했다.

이렇게 시작되는 짤막한 서문에서 서애는 붓을 든 동기를 간명하게 술회하고 있다.

시경에 이런 말이 있다. 내 지나간 일을 징계(懲)하고, 뒷근심이 있을까 삼가(毖)노라. 이것이 바로 내가 이 『징비록』을 쓰는 연유이다.

황윤길과 김성일의 상반되는 보고나 이율곡의 양병(養兵)론을 위시하여 패전의 역사에 익숙한 독자들도 십오만의 왜군에게 대책없이 당하는 대목을 읽으면서 이럴 수가 있는가 하고 탄식하게 된다. 나라의 기강도 없고 지배층의 책임감도 없다. 적군 앞에서 형편없이 무력한 반면 동족에게는 사뭇 추상같다. 가령 용궁(龍宮) 현감 우복룡(禹伏龍)이 군사를 거느리고 병영으로 가는 도중 영천(永川) 길가에서 밥을 지어 먹고 있었다. 하양(河陽) 군사 수백 명이 방어사에 예속되어 북쪽으로 가는 길에 그 앞을 지나게 되었다. 군사들이 말에서 내리지 않고 그대로 지나가자 우복룡은 "너희들은 반란을 일으키는 군사"라며 꾸짖는다. 하양 군사들은 병사(兵使)의 공문을 보이며 해명했으나 우복룡은 자기 군사를 시켜 그들을 포위하고 모두 살해하여 들에 시체가 가득하였다. 왜군이 해상으로 쳐들어온 직후의 일이다.

빠른 속도로 진군하는 침략군에게 밀려 북으로 향하는 조정에서 마지막으로 의지할 것은 명(明)나라의 원군밖에 없다. 7월에 오천의 원군이 오고 12월에 이여송 휘하의 사만 원군이 온다. 그 전후사정이 소상하게 적혀 있는데 그 접대에 직접 참여하였기 때문일 것이다. 이순신의 활약과 주민의 단합으로 임진란 초기에 왜군으로부터 안전하였던 호남의 상황을 보면서 독자들은 가까스로 어떤 위안을 받는다.

이 책에서 가장 끔찍한 것은 이여송 부대가 서울을 수복한 직후의 기록이다. 성안에 남아 있던 백성들은 백에 하나도 성한 사람은 없고 모두가 굶주리고 병들어 눈뜨고 볼 수 없었다 한다. 거리마다 인마 썩는 냄새 때문에 코를 막고 지나가야 했다. 10월 선조가 환도한 이후의 서울 정경은 더욱 참혹하다. "심지어는 부자와 부부가 서로 뜯어먹기에 이르렀다(至父子夫婦相食). 노천에 뒹구는 뼈만 짚단같이 늘어져 있었다." 상식(相食)이란 말을 일종의 수사법으로 읽어야 할 것인지 문자 그대로 해석해야 할 것인지에 대해서는 의견이 다를 수 있을 것이다. 그러나 "백성들이 서로 잡아 먹는다(人民相食)"는 말은 명나라 장수가 우리 쪽에 보낸 치욕적인 공문에도 나와 있다. 지옥보다 더 지옥적이라 하지 않을 수 없다.

선조의 최측근의 한 사람으로서 권력의 핵심부에 있었던 서애가 반드시 사태의 진상을 두루 파악하고 있었다고 할 수는 없다. 현지에 당도했을 때 조령 관문은 벌써 왜군의 손에 넘어갔기 때문에 신립이 충주에서 배수진을 쳤다는 것이 정사 쪽의 기록이다. 그러나 이 책에서 신립에 관한 서술은 얼마쯤 모호하고 천연의 요새를 버린 것으로 기록하고 있다. 또 부지중에 공적 과시나 자기 변호적인 역사 왜곡을 저지르지 않았다는 보장도 없을 것이다. 그러나 이러한 기록을 남기고 있는 것만으로도 높이 평가받아 마땅하다. "지금 와서 후회한들 무슨 소용이 있으랴. 다만 뒷날을 위하여 경계해야 할 것이기로 써둘 따름이다"란 말은 새겨들어야 할 『징비록』의 핵심적 전언이다.

왜란 이후 얼마 안 되어 조선조는 병자호란의 참화와 치욕을 다시 겪게 된다. 어찌어찌 부지한 왕조는 결국 20세기 초에 결딴나고 만다. 뒤이은 20세기 중반의 비극적 체험은 아직도 기억에 생생하다. 역사의 교훈이란 말을 우리는 자주 쓴다. 그러나 최근의 역사는 우리에게 역사로부터 배우려는 의지도 능력도 없다는 것을 보여주고 있다. 이 책은 흘러간 과거의 책이 아니다. 오늘 우리는 얼마나 달라졌는가? 모두가 읽고 깊이 자성해야 할 바로 오늘의 책이다.

이태준의 『소련 기행』

작가 이태준(李泰俊)은 1946년 8월 10일 평양을 떠나 소련을 여행하고 10월 17일에 돌아왔다. 이 개월 남짓한 여행은 소련 입국 때는 항공편이었고 귀국 때는 시베리아 철도로 연해주로 와서 다음 평양까지는 항공편이었다. 조소문화협회에서 주관한 것으로 된 여행단은 인솔자 격인 소련군 장성 등을 포함해서 스물일곱 명이었고 농민 대표를 위시하여 각계각층의 인물이 망라되어 있었다. 작가 이기영과 시인 이찬이 동행하였고 이태준의 『소련 기행』은 1947년 5월에 간행되었다가 이번에 다시 나왔다. 소련의 대외문화협회가 이들의 현지여행을 기획 안내하였고 일행은 모스크바 레닌그라드 스탈린그라드 아르메니아 및 그루지아 공회국 등을 돌아보았다. 책은 일기체로 되어 있어 구경한 것과 소감이 소상하게 적혀 있다. 크렘린 궁, 지하철, 프라우다 사옥, 트랙터 공장, 레닌 묘, 아동극장, 오페라 극장, 학교, 고리키 박물관 등 예정된 코스를 다니며 구경한 것이 꼼꼼히 기술되어 있다.

미리 메모하고 준비한 탓이기도 하지만 세부묘사가 놀랄 만큼 세세하다. 이태준은 작가의 자질로 '눈치'를 거론한 적이 있다. 그것을

'눈썰미'라 할 수도 있겠는데 이태준 자신이 그 점에서 탁월했다고 생각한다. 가령 트랙터 공장이나 격전지의 참상에 대한 묘사는 소상하고 치밀한데 이 점이 이 책보다 십 년 먼저 나온 앙드레 지드의 『소련 기행』과 다른 점이다. 후자는 구체적인 묘사보다 '획일주의' '비개성화'와 같은 일반론을 통해 자기의 소견을 전경화하고 있기 때문이다.

저자는 '일본이나 조선의 좌익소설'이란 말도 쓰고 있다. 또 그루지아 영화 촬영소에서 본 무궁화에 대하여 "이게 우리 국화다"라고 소리칠 만치 화려하지 못했다고 적고 있다. 아직도 그의 본색이 남아 있는 셈이다. 그럼에도 이 책은 신참 개종자의 사회주의에 대한 신앙고백 모음이라 해서 틀리지 않는다. 트랙터 공장에서 감명을 받았다며 이렇게 적는다. "공장이란 구차한 사람들이 할 수 없이 끌려가 고통스러운 노력을 자본주에게 팔고 있는, 그런 어둡고 슬픈 장소가 아니라 자유스러운 사람들의 창조적 기능이 오직 협조되는, 일대 공동 아트리에임을 느꼈기 때문이다."

문학과 예술의 창달, 평등주의에 대한 열렬한 지향, 민족정책에 대해서 저자는 칭송을 아끼지 않는다. 소비생활이 윤택하지 못한 것은 "16개 공화국이 다 잘살 수 있는 광범하고 평등한 공업 기초에서부터 전력을 집중해온 때문"이라고 정부 대변인 같은 소리도 계속하고 있다. 일제 말기의 구차한 시절을 보낸 뒤에 뜻하지 않게 구경한 "놀라운 신세계"(저자의 말)에 대한 감탄을 몇몇 특정인에게만 허용된 칙사대접에 대한 답례라고 생각하는 것은 공정한 일은 아닐 것이다. 그것은 진심에서 나온 말일 것이다. 문인의 초상이 흔하게 걸려 있는 것이 저자에게는 선망과 감탄의 대상이었는데 따지고 보면 소련 사회 자체가 선망의 대상이었던 셈이다.

　이 책은 많은 정보를 담고 있다. 그것은 생리적 특수조건을 이유로 1945년부터 초중등교의 남녀공학을 폐지했다든가 4학기제라든가 하는 큰 사실들로부터 레닌 박물관에 있는 '대한민국 농민 연병호(延秉昊)'의 순한문 조문(弔文)에 이르기까지 다양하고 흥미 있다. 또한 해방 직후 사회주의 신참 개종자들의 의식과 동향을 이해하는 데 필수적인 책이다. 그들은 표방가치를 곧 실현가치로 간주하였다.

　책에는 기회 있을 때마다 근황을 알아보려 한 『낙동강』의 조명희(趙明熙)에 대한 언급이 세 번이나 나온다. 그의 가족이 타슈겐트에서 기차로 나흘 걸리는 카자흐스탄의 '기슬로르다'란 농촌에 살고 있다는 것까지 알아냈으나 정작 본인 소식은 들을 수 없었다. 1937년에 비밀경찰에 체포되어 이듬해 간첩 죄목으로 처형된 사실이 알려질 리 없었다. 페레스트로이카 이전에는 중앙아시아로의 고려인 이주를 말하는 것 자체가 금기사항이었다. 조명희의 소식을 알 수 없었다는 점에 이 책의 본질적 아이러니가 있다. 소련 사회의 명암이 극명하게 드러나는 대목이다. 이태준에 대한 궁금증에 대해서도 북쪽에서는 모른다는 말로 일관했다 한다.

서기원의 『광화문』

우리에게 결여되어 있는 것의 하나가 건전한 독서문화이다. 사춘기나 학생 시절에 책을 접하는 척하다가 이내 멀리해버리고 만다. 그래서 견고한 독자층이 없다. 어느 나라에서나 문학 독자층은 비교적 넓고 탄탄한 편인데 우리 사이에선 그렇지 않다. 역시 청소년층으로 한정되어 있고 그 취향도 한정되어 있다.

문학 독자가 적은 것은 독서문화 결여의 반영이지만 한편으로는 문학 쪽에서도 성숙한 성인 독자를 끌어당기는 힘을 갖고 있지 못하기 때문이다. 이는 선후를 가리기 어려운 표리관계이다. 대체로 조로하여 탐구정신을 유지하지 못한 작가들의 청년기 작품이 우리 현대문학의 이른바 정전을 구성하고 있다 해도 과언이 아니다. 따라서 청소년의 열의에 찬 호응을 얻는 경우도 있으나 삶의 신산을 경험한 성인들의 호응을 받지 못하는 경우가 많다. 우리에겐 어른의 문학이 절실히 요구된다.

서기원씨의 『광화문』은 성숙한 성인 독자를 염두에 두고 정사(正史)에 충실한 역사소설을 보여주겠다는 기개와 의지로 출발하고 있다. 한

말의 역사상황을 배경으로 하고 있어 작가의 역사 해석은 그만큼 한정되어 있다. 누구나 얼마쯤 알고 있는 근접 과거를 다룸에 있어 작가는 먼 과거를 다룰 때처럼 자의적인 자재로움에 의존하기가 어렵기 때문이다. 한말의 위기상황이 소설의 배경과 무대가 된 것은 무엇보다도 현재와의 관련 때문이다. 왕조의 붕괴와 식민지로의 전락을 경험한 한말의 역사는 우리로 하여금 오늘의 난국을 헤아리는 데 더할 나위 없는 참조틀이 되어준다.

이 작품의 중심인물은 흥선 대원군이다. 작가는 그를 "조선조를 통해 리더십을 발휘한 몇 안 되는 통치자 중의 한 사람"이라고 파악한다. 개혁을 통한 정치적 안정을 도모하려던 그의 정당한 야망은 좌절로 끝나고 만다. 그럼에도 그는 공(公)을 빙자하여 사리를 챙기는 잡배가 결코 아니었다. 그의 좌절 원인은 무엇이며 우리는 그를 어떻게 평가해야 할 것인가?

역사소설이 역사적 인과관계의 추구만을 목표로 하는 것은 아니다. 등장하는 여러 인물들의 짓거리를 보여주는 것이 일차적 소임이다. 등장인물이 살아 있지 못해서는 소설이 성립되기 어렵다. 그러나 너무 흥미 있는 삽화 위주로 흘러도 결국 야담이 돼버리고 만다. 등장인물을 살리고 주요 역사적 인물의 해석을 곁들이면서 아울러 한 시대의 핵심적 쟁점도 부각시키고 있는 이 작품은 근자에 드문 문학적 성취를 보여주고 있다.

그 힘은 의고체의 견고한 문체에서 나온다. 그것은 우리 사이에선 매우 희귀한 자질이라 생각한다. 주색(酒色) 탐닉의 장면이나 황당한 서사로 독자에게 추파를 던지는 작태는 찾아볼 수 없다. 우리의 오늘을 돌아보고 우리 자신을 검증하게 하는 힘이 이 진지성에서 나온다. 이미 『조광조』를 통해서도 작가는 개혁의 문제를 다룬 바가 있다. 이번에도 작가는 그 필요성과 어려움을 역사 속에서 탐구하고 있다. 당대의 언어와 관습에 대해서도 많은 정보를 제공해주고 있는데 그것은 작가의 견고한 사전 준비를 시사한다. 공을 빙자해서 사리를 추구하고 그것을 간교하게 호도하는 정상 잡배들이 횡행하는 세태에서 각별히 음미해볼 만한 정치소설이다. 정치의 계절에 임하여 시민의 정치교육을 위해서도 유익하고 진진한 책이다.

이상옥의 『이효석 – 작품과 생애』

　평등주의란 존중할 만한 이념이 잘못 적용되거나 기계적으로 수용되어 비범한 인물과 업적에 대한 경의가 사라져가고 있는 것은 우려할 만한 경향이다. 우리 사회에 확산되고 있는 냉소주의의 일환이지만 크게 보아 정신 부패와 타락의 징후라 생각한다. 그러한 풍토 속에서 경의에 기초한 책을 만난다는 것은 아주 상쾌한 일이다. 36세에 세상을 뜬 이효석(李孝石)의 문학과 생애를 다루고 있는 이 책을 관통하고 있는 것은 선인에 대한 저자의 은은한 경의이다.
　두 편의 장편, 칠십여 편의 중단편, 백이십 편의 비소설 산문을 남긴 이 일제 식민지하의 작가에 대한 경의가 지극한 겸허의 소산임은 말할 것도 없다. 얼악하고 척박한 지적 사회적 풍토 속에서 새로운 시도로서의 글쓰기에 종사한다는 것은 처음부터 그 귀결이 뻔한 실패로의 출발이었다고 말할 수 있다. 저자는 성급한 일반론이나 선입견을 물리친다. 일방적으로 작가의 역성을 드는 법 없이 차근차근하게 사실 확인에 착수한다. 그리하여 심미주의가 이효석 문학의 중요 특징임을 지적하고 그 세목을 보여준다. "심미주의자들에게는, 영국의 순수시인 조지 무어의 말을 굳이 빌리지 않더라도, '삶의 슬픔은 예술의 즐거움'으로 될 수 있다. 그러므로 심미주의자 이효석의 작품 속에 애수와 애상 같은 정감적 기조가 면면히 흐르고 있는 것도 당연하다"고 저자는 말한다. 1920년대 말기부터 잠시 동안 보여주었던 동반자적 자세는 따라서 '세태 추종적인 무책임한 외도'에 지나지 않았다고 지적한다. 문명적인 것과 반문명적인 것에 대한 동시적 경도에 주목하면서 작가적 시각의 '양면가치 지향'을 지적한다. 그리고 몇몇 성공작이 성(性)과 자연을 그린 작품 속에서 발견된다고 지적한다.

이처럼 작품세계를 면밀하게 검토하는 한편 '순응과 도피의 여정'으로 파악한 그의 생애를 조심스러운 논평을 곁들여 보여준다. 작품 분석과 생애 기술이 어우러져 있는 최초의 단행본 이효석 연구서다. 이 점만 가지고도 중요한 의미가 있지만 이 책이 가지고 있는 미덕은 다양하다. 판단 유보를 통한 꼼꼼한 사실 확인, 성급한 재단의 경원, 탐닉 아닌 은은한 경의, 단정하고 평명한 문체는 우리의 지적 풍토에서 몹시 소중한 것이다.

저자는 중후한 『콘래드 연구』란 연구서를 낸 바 있는 영문학자이다. 콘래드를 연구하는 것과 이효석을 연구하는 것이 별개의 것이라고 나는 생각하지 않는다. 여러 가지 의견이 있을 수 있겠지만 "드라이든은 알지만 예이츠는 모르겠다고 말하는 사람은 드라이든도 예이츠도 모르는 사람"이라는 시인 비평가의 입장을 전폭적으로 지지한다. "초서나 엘리엇의 의미는 분석해서 보여줄 수 있지만 만해나 정지용은 모르겠다"고 말하는 외국문학 전공자를 나는 믿지 않는다. 이러한 자기 기만은 현저하게 사라져가고 있지만 공부 못하는 구세대 잔존자들 사이에서는 여전히 인기가 높다. 그러고 보면 자기 기만이나 근거 없는 허영의 타파도 좋은 책이 발휘하는 순기능의 하나일 것이다.

故 이문구 형을 보내며

이 형!

　세상에 이런 경우가 어디 있습니까. 만물이 소생한다는 이른 봄 아닙니까. 경우 바르기로 호가 나고 평생 반듯한 행동거지로 주위의 존경을 한 몸에 모았던 형이 이렇듯 서둘러 세상을 버리다니, 이런 경우가 어디 있단 말입니까. 어진 부인과 '개구쟁이 산복이' 남매, 돈독한 친지와 독자를 두고 황급히 우리 곁을 떠나 백발의 노약자로 하여금 이 두서 없는 조사를 읽게 하다니, 이렇게 경우 없는 일이 도대체 어디 있단 말입니까. 거꾸로 되어 있지 않습니까. 우리들 이승의 온 하루, 또 한나절, 그리고 또 반나절이 이렇게 적막하고 이렇게 허망하고 이렇게 텅 빌 수가 없습니다.

　영영 눈을 감기 꼭 열 시간 전 뒤늦게 찾아가 잡아본 형의 손은 벌써 따스하지 아니하였습니다. 삼 년 전 작가회의를 비롯하여 여러 가지 맡은 바 소임에 충실하다보니 검진 예약 날짜를 몇 차례나 연기할 수밖에 없었다고 들었습니다. 육 개월 뒤에야 병원을 찾아 검사를 받고 뒤늦게 손을 쓴 것이 돌이킬 길 없는 오늘의 빌미가 되었음을 다시

절감하게 됩니다. 형의 충직함 때문이었지요. 돌이킬 길 없는 우리 모두의 회한입니다.

이 형!

저는 형을 '농촌 최후의 시인'이라 부른 바 있습니다. 에세닌의 시에 그런 제목이 있지요. 농촌에서 다시는 시인이 나오지 않는다는 소리가 아닙니다. 또 형이 몇몇 분의 이름과 함께 우리나라 최상의 동요 시인이란 사실을 가리켜서 한 소리도 아닙니다. 경운기와 보일러와 자가용 자동차와 도회의 비속어가 뒤엉켜 밀려오기 이전의 우리 모두의 고향인 농촌을 정공(正攻)으로 다룬 작가로서는 최후의 작가라는 생각에서였습니다. 계승의 가능성이 희박하기 때문에 그렇게 부른 것입니다. 장르 여하를 막론하고 뛰어난 언어 구사자를 시인이라 부르는 저의 버리고 싶지 않은 버릇 때문이기도 합니다. 청각적 울림이 있고 전승적 비유와 속담이 빽빽한 형의 문체에는 지난날 농촌공동체의 현장감이 배어 있습니다. 『이 풍진 세상을』에서 시작하여 『관촌수필』 『우리 동네』를 거쳐 『내 몸은 너무 오래 서 있거나 걸어왔다』에 이르기까지 형의 문학은 성공적인 문학이자 진실된 농촌사회사이기도 합니다.

우리가 토속어와 토착적 풀뿌리 말을 거론하는 것은 문화적 민족주의를 내세워 귀화어에 대한 배타적 적의를 부추기기 위해서가 아닙니다. 전통이 살아 있는 구체적인 거처가 다름아닌 토착어가 떠받치고 있는 세계상(世界像)이란 것도 하나의 이유가 됩니다. 그러나 무엇보다도 그것이 우리가 그 속에서 태어나서 살아온 생활현장의 언어였기 때문입니다. 형의 문학은 토박이말과 사투리의 보물섬입니다. 민족어가 소멸하지 않는 한, 토박이말의 보물섬인 형의 문학은 시퍼렇게 살아서 우리 모두의 고향을 지켜줄 것입니다. 구수한 인정과 풀뿌리 삶의 끈기와 더불어서 말입니다.

이 형!

형은 단연코 우리 시대의 대인(大人)이었습니다. 정의로운 실천에 과감했고 불의에 추상 같았습니다. 그러면서도 허약한 사람됨의 허물에는 사뭇 관대했습니다. 생색나지 않는 궂은일을 도맡아 하고 가난 속에서 늠름하고 의연했습니다. 글 욕심을 제하고는 아무런 욕심도 없었습니다. 수술 이후 주사를 맞기 위해 잠시 재입원했을 때의 모습이 지금도 눈에 선합니다. 그 고통스럽다는 주사를 맞으면서도 예고 없이 들이닥친 방문자에게 줄곧 웃음을 잃지 않고 농담을 계속했었지요. 그로 미루어 틀림없이 병마를 이겨낼 것이라 확신하게 되었지요. 형이 병마를 물리친 경우만을 내내 상상했던 것입니다. 이제 동료와 후배들은 본받고 의지할 삶과 문학의 전범을 잃어버렸습니다. 빈자리가 그대로 허허벌판입니다.

이 형!

매정한 형은 토박이말의 보물섬을 끌고 한국문학사와 우리말 큰 사전과 불멸의 문집 속으로 뛰어들고 말았습니다. 그 총총한 별자리에서 "너무 오래 서 있거나 걸"었던 이승의 육신을 누이고 오로지 편안하십시요, 내내.

2003년 2월 28일

문학 쇠퇴와 포르노토피아

문학의 위기란 풍문이나 우려의 소리가 들려온 지도 꽤 오래되었다. 그러나 구체적인 사례나 통계자료가 제시되는 일은 드물었다. 그런데 근년에 중요 대학신문의 현상 응모작품이 형편없이 감소하였다는 실증적 자료와 함께 캠퍼스 문학이 죽어가고 있다는 보도가 나오고 있다. 요즘 학생들이 문학책을 읽지 않는다는 것은 대학 교사들의 일상적 화제가 되어 있다.

문학책을 읽지 않는다는 지적에는 몇 가지 사정이 있다. 우선 지적할 수 있는 것은 독서의 다변화이다. 다양한 종류의 책이 수없이 간행되고 따라서 문학책이 대종을 이루고 있던 가령 오십 년 전과는 판도가 크게 변하였다. 현재 알려진 직업수는 12,306개나 된다는데 이러한 분화현상과 병행하여 책 읽기가 다양해지고 문학 독서는 주변화되었다. 한편 문학 소비에서 이를테면 중산층이 붕괴되었다. 문학 소비자들도 양극화하여 소수파는 작품보다 이론서 쪽에 열중하는 한편, 다수파는 대중 취향의 키치(kitsch)에 열중하는 형국이다. 따라서 국내외를 막론하고 정전(正典)에 해당하는 작품을 읽는 중간층이 한국의 중산층처럼 붕괴되고 있다.

그런데 크게 보면 이것은 우리만의 고유 현상이 아니다. 대학생들도 문학작품을 읽지 않아 20세기 중반에 호황을 누렸던 미국 대학의 영문과는 쇠퇴의 길을 가거나 변질되어가고 있다. 고전이나 작품은 읽지 않고 푸코나 데리다만 읽는다는 교수들의 개탄 소리가 이어지고 있다. 좁아져가는 세계에서 지적 유행도 금시에 세계적 규모로 전파되고 있다.

문학 쇠퇴의 이유로 가장 비근하게 지적되는 것은 텔레비전 비디오, 인터넷 등 비활자 시청각 매체의 시공간 지배이다. 이들이 청소년을 일찌감치 중독자로 만들어 서구의 종교개혁과 근대 민주주의의 원동력이 되었던 책문화 쇠퇴의 원인 제공을 해주고 있다는 것이다. 거기다가 사회적 제패에 성공한 상업주의가 문학 예술까지 오염시켜 시장이 최선의 비평가라는 명제를 내세우게 되었다. 이러한 상업 대중주의는 대중 추수를 거부하는 예술가를 엘리트주의자라고 폄하하면서 문학의 하향 평준화를 찬양 고무하고 있는 것이 대세다.

모두 다 일리 있는 타당한 주장이요 분석이다. 우리의 경우 자기 교육과 학교 교육을 포함하여 문학 교육의 실패도 문학의 쇠퇴를 촉진하고 있다고 생각된다. "시의 목적은 놀랄 만한 사고로 우리를 눈부시게 하는 것이 아니라 존재의 한순간을 잊혀지지 않는 순간으로 만드는 것"이라고 쿤데라는 적고 있다. 엄밀한 학문적 정의는 아니지만 문학 향수의 핵심을 찌르고 있다. 시의 목적을 따분한 순간의 조성으로 역전시키는 문학 교육의 실패는 깊이 있게 검토되어야 한다고 생각한다. 그러나 중요한 국면은 따로 있다.

소상하게 논의할 여유가 없지만 성적(性的) 금기의 해체나 광의의 성 해방과 문학의 매력 상실 사이에 깊은 관련이 있다는 것이 필자의 소견이다. 미의식이란 것이 에로스 충동과 연관되어 있다는 것은 프로이트가 정식화하기 이전부터 인지되었던 통찰이다. '사랑'은 사춘기 전후의 청소년들에게 존재의 혼신적인 수수께끼이며 가슴 설레는 행복의 약속이었다. 그 은밀한 수수께끼에 대한 심층적 동경과 호기심이 청소년을 문학으로 빠져들게 하고 문학 애호자를 낳게 하였다. 소설이 근대문학의 총아가 된 것도 무리가 아니다. 그러나 이성 및 성 접근의 용이함 그리고 그 조기 달성은 실러에 기대어 막스 베버가 말한 '마법으로부터의 세계 해방'에 다시 기대어 말한다면 '마법으로부터의 사랑 해방'을 이루어놓았다.

사랑이란 우회로 없이 성으로 직행하고 사랑과 성이 동일화된 세계에서 청소년은 이미 문학적 대리 경험을 필요로 하지 않게 되었다. 행복의 약속을 기다리기 전에 그것을 손쉽게 취득한다. 문학 독서의 이상적 프라이버시의 공간은 온통 성의 공간으로 변용되었다. 전성기의 트로츠키는 공산주의 아래서는 사회 자체가 예술이 되어버릴 것이라는 황당한 호언장담을 하였다. 예술이 된 사회에서 무엇 하러 다시 예술이 필요할 것인가. 성의 충족이 금기 없이 용이하게 된 포르노토피아에서 사랑의 상상적 대리적 경험으로서의 문학 읽기가 무슨 필요가 있을 것인가. 한 가지 원인으로 설명하는 모든 환원주의에는 반대하지만 문학 쇠퇴와 포르노토피아의 실현 사이에도 중요한 한 계기가 있다고 생각한다.

나의 애장본

언젠가는 읽으려니 하는 욕심으로 사모은 책이 소홀치 않은 분량이어서 지금은 처리 곤란한 지경이 되었다. 이사를 다닐 때마다 골칫덩이였다. 살까 말까 망설이다가 사들인 것도 있어서 수입에 비한다면 액수도 적은 편은 아닐 것이다. 그러나 그 태반은 읽지를 못한 터인데 그럼에도 눈에 띄는 책이 있으면 구입하는 비생산적 타성을 지금껏 버리지 못하고 있다. 게다가 영미의 페이퍼백이 대부분이어서 지금 처분해보았자 돈이 되지도 않는다. 그래서 요즘은 꼭 읽어야 할 책만을 하드커버로 사서 모두 독파하라고 후배들에게 충고하고 있다. 좋은 세월 다 놓치고 어리석게 늘그막에 터득한 이치이다. 사정이 이러하매 이른바 애장본이라고 할 만한 책을 가지고 있지 않다. 그러니 개인적인 우연에 업혀 여태껏 수중에 남아 있는 책 몇 권을 얘기함으로써 책임을 모면하는 수밖에 없을 것 같다.

『현해탄』과 『뿌르조아의 인간상』

　국민학교 때 심재각(沈載珏)이라는 동급생이 있었다. 5학년 되던 해 한동안은 짝꿍이 되어 바로 옆자리에 앉기도 했고 집도 그리 멀지 않은 같은 동에 살고 있었다. 나이는 나보다 두 살인가 위였는데 매우 적극적인 성격이었다. 해방이 되자 그는 남다른 정치적 조숙을 보여주었다. 삼촌인가가 좌파 청년이어서 일찌감치 의식화 교육을 받은 셈이었다. "이제 2차 해방이 되면" 운운하는 소리를 자주 하면서 동급생들을 괜스레 겁주기도 하였다. 중학으로 진학한 후 내가 책 읽기를 좋아하는 것을 알고 "삼촌이 그러는데 문학책을 보려면 이런 책을 보아야 한다더라"면서 내게 건네준 것이 임화의 『현해탄』이다. 1938년에 나온 초판본으로 당시에는 상당한 호화판으로 하드커버이다. 아마 삼촌 것이었을 책을 상당수 보관하고 있었는데 시집은 그의 관심 밖이어서 내게 준 것이 아닌가 생각한다. 그러나 꼭 보아야 한다는 『현해탄』이 내게는 끝내 좋아지지 않았다. 「우리 오빠와 화로」 같은 초기 작품, 그리고 해방 직후에 씌어진 몇 편의 정치 격문시는 좋아했지만 요설이 많은 장광설의 「현해탄」 시편은 좋아지지 않았다. 그런데도 용하게 그 책만은 지금껏 간수하고 있는 것이 내가 생각해도 이상한 일이다. 한편 당시 내가 숭상했던 정지용 것으로는 해방 후 건설출판사에서 나온 복각판 『정지용시집』도 또 해방 후에 을유문화사에서 나온 단아한 체재의 『지용시선(詩選)』도 6·25 전후 해서 없어지고 말았다.
　중학 시절 좋아했던 산문가는 김동석이었다. 그의 평론집 『예술(藝術)과 생활(生活)』 『뿌르조아의 인간상(人間像)』은 아마 서너 번 읽었을 것이다. 명쾌하면서도 거칠 것 없는 당당한 어조의 그의 문장에 매료되었다. 지적 산문의 저작이 별로 없었던 당시 그의 책은 실물 이상의 크기로 내게 다가왔던 것이 아닌가 생각한다. 거론하고 인용하는 인물이나 작품으로 미루어보아 무불통지(無不通知)의 박식가로 생각되기도 하였다. 그의 글을 좋아했기 때문에 백철이나 훨씬 뒷날 접하게 된 임화의 산문은 지리멸렬해 보이고 말의 엄밀성이 없어서 읽어낼 수가 없었다. 그렇다고 김동석의 말을 모두 옳다고 생각한 것은 아니다. 그가 사납게 비판한 김동리의 「황토기」를 좋아했고 그가 추켜세웠던 안회남의 「농민의 비애」 같은 것은 재미가 없어서 읽다가 중간에 팽개쳐버렸다.

지금 와서 돌이켜보면 다소 경박하고 피상적인 면이 돋보이지만 그에게 매료된 것은 보다 윗길의 지적 산문을 접할 수가 없었기 때문이었을 것이다. 뒷날 영문과를 선택한 데에는 정지용이나 김동석 같은 좋아하는 문인들이 영문과 출신이라는 것도 작용한 것이 아닌가 하는 생각이 들 때도 있다. 또 그의 글을 읽어보면 평론가라는 것이 아주 '높은 사람'이라는 착각을 안겨주게 마련인데 중학 때 그의 책을 애독한 것이 뒷날 평론을 업으로 하게 된 것과 관련되는 것이 아닌가 생각하고 고소(苦笑)한 적도 있다.

지방에서 교편을 잡고 있었던 1960년대에 김동석과 대학 법과 동기였던 윤봉수(尹鳳洙) 선생이 그에 관한 얘기를 하는 것을 들은 일이 있다. 법과에서 영문과로 전과해 갔다는 것, 한문도 잘해서 당시 외인교수로 있던 브라이즈에게 한문을 가르쳐주었다는 등속의 얘기를 들었다. 재사라는 점을 강조했는데 막상 해방 직후의 그가 좌파 평론가로 맹활약을 했다는 것은 전혀 모르고 있는 눈치여서 문인의 사회적 지위에 대해서 생각되는 바가 많았던 기억이 있다. 1970년대에 이화여대로 간 뒤 얼마 안 되어 같은 과의 이석곤(李碩崑) 선생에게서 김동석이 인천의 부잣집 자제였으나 자기가 업동이라는 것을 장성 후에 알게 되어 큰 충격을 받았다는 것, 남로당의 간부였던 이승엽의 사위뻘이 된다는 것 등을 비교적 상세하게 듣게 되었다. 월북을 안 했다면 서울의 어느 학교쯤에서 만나볼 수도 있었을 것이라는 생각이 새삼스레 들었다. 이 선생은 김동석의 영문과 동기생이었다.

어쨌거나 그의 『뿌르조아의 인간상』, 수필집 『해변의 시』, 시집 『길』 등을 모두 가지고 있다. 그의 수필도 단정하고 운치가 있어 그가 당대의 문장가라는 것을 다시 보여주고 있다. 한지(韓紙)로 된 정음사 판 시집 『길』에 수록된 시편은 수준 미달의 습작품이다. 그러나 박영희 같은 평론가의 시편과는 달리 관념으로 흐르지 않고 소박한 서정을 지향하고 있어 거부감을 주지는 않는 편이다. 그의 『예술과 생활』도 가지고 있었으나 1970년대 초 어떤 후배가 빌려간 후 돌아오지 않고 있다. 이 책은 내가 다닌 충주중학교 장서인이 찍혀 있는 그곳 도서실 소장본인데 누군가가 책장에 연필로 영어 단어를 잔뜩 적어놓고 있다. 아마 스펠링 연습을 한 모양인데 전쟁 전후 해서 내게 굴러왔던 것 같다. 근자에 몇 번 김동석의 글을 인용한 적이 있는데 1980년대에 서문당에서 나온 평론집 두 권 합본판인 『김동석 평론집』에 오자가 아주 많아 박문서관에서 나왔던 원본이 수중에 있다면 하고 아쉬워한 기억이 있다.

『카라마조프 가의 형제들』

외국 문학에 대한 막연한 동경과 외국어 하나 정도는 통달해야 읽고 싶은 책을 마음대로 읽을 수 있지 않겠느냐는 생각에 영문과를 선택하였다. 대학에 들어가기 전에 영어로 읽은 것은 찰스 램의 『셰익스피어 얘기』와 토마스 하디의 단편 댓 편 정도였다. 혼자 단어장 만들어가며 읽은 것이니 제대로 이해했는지도 의문이다. 첫학기에 '19세기 영미 소설 강독'이란 것이 있어 토마스 하디의 「캐스터브리지의 시장」을 했는데 등사판 유인물로 한 스무 장을 했을까 말까였다. 오자 고치고 해석 몇 줄 하고 나면 시간이 끝나버려 여러 가지로 실망스러웠다. 여름방학을 맞아 고서점을 뒤져가다가 바이킹 출판사에서 나온 *Portable Conrad* 등 몇 권을 사가지고 고향으로 내려갔다. 해양 영어가 많이 나오는 콘래드는 영 읽기가 힘들어 몇 페이지 씨름하다가 집어치웠다. 연소 독자를 위한 반 룬의 *The Story of the Bible*을 재미있게 읽었을 뿐이었다.

2학기가 되가 되자 학교에서는 오스카 와일드의 *De Profundis*를 읽었다. 이번엔 국내에서 인쇄한 영어본이 있어서 그래도 읽기가 나은 편이었다. 6·25 직전 한성도서란 데서 나온 서머셋 몸의 *Red*라는 단편의 대역판(對譯版)을 고3 때 읽은 적이 있다. 시인 김기림이 번역하고 간단한 주를 붙인 얄팍한 것인데 아주 재미있었다. 청계천 변두리의 고서점에서 몸의 *The South Pacific Stories*인가 하는 단편집을 발견했을 때의 반가움은 이루 말할 수가 없었다. 그러다 그해 초겨울에 을

지로 6가의 고서점에서 모던 라이브러리 판의 『카라마조프 가의 형제들』을 발견하고 구입하였다. 한구석에 고물을 놓고 파는 고물상 겸 고서점이었지만 그 책만은 아주 새책이었다. 검은 밤길을 달리는 노랑등 달린 마차를 그린 커버가 그대로 덮여 있었고 그 그림은 지금도 선명하게 머릿속에 남아 있다. 오랫동안 읽고 싶었던 책이라 눈 딱 감고 사버렸다. 지금도 기억에 또렷한 것은 당시 한 달 용돈의 칠십 퍼센트나 되는 거금이었다. 그 때문에 전차 회수권을 못 사고 근 한 달 동안 걸어다녀야 했다.

콘스탄스 가넷의 영역은 우선 읽기 쉬운 영어여서 큰 부담이 되지 않았다. 고등학교 졸업반 정도의 착실한 구문 파악 능력만 있으면 비교적 수월하게 읽을 수 있다. 그러면서도 인간의 깊이와 폭을 두텁게 보여주고 있다. 어쨌든 얘기의 세계에 빨려들어가 며칠 걸려 통독했을 때는 마치 미지의 땅을 정복한 것 같은 뻐근한 감개였다. 그 많은 등장인물들이 빚어내는 사건과 장황하면서도 열띤 대화에 압도되고 흥분되고 전율하였다. 당시의 나의 『카라마조프 가의 형제들』에 대한 이해가 과연 어느 정도였는지는 지금 헤아릴 길이 없다. 젊은 날의 감격이란 것이 대체로 그렇듯이 그것은 혼란스러운 열정의 발로에 지나지 않았을 것이다. 게다가 한 작품이 주는 본래적인 호소보다도 구백 쪽이나 되는 영어책을 통독했다는 사실에서 오는 대견함이 자기 도취에 크게 기여했을 것이다.

그러나 작품의 주제가 요구하는 고압적인 집중을 충분히 즐겼다고 말할 수는 있다. "사람은 모든 것에 대하여 모든 사람에게 책임이 있다"는 조시마 장로의 말이라든가 "지옥이란 사랑할 수 없는 것의 고뇌" "선과 악의 싸움터가 바로 인간의 마음" 등속의 대목에 밑줄을 치고 무슨 진리의 전수이기나 하듯이 그것을 영어로 외웠다. 이반의 악마적인 변론이나 알료샤의 무구한 언동도 새로운 문학 체험이었다. 이 책 읽기가 계기가 되어 영역된 유럽 소설을 읽는 것이 재미도 있고 또 영어 공부에도 좋다는 것을 체득하였다. 그리하여 토마스 만의 『부덴부르크 가의 사람들』 『단편집』 발자크의 『고리오 영감』 등 눈에 띄는 대로 값싼 문고판 영역본을 구해서 읽었다. 모던 라이브러리로 톨스토이의 『안나 카레니나』를 읽은 것도 『카라마조프 가의 형제들』에서 어느 정도 자신이 생겼기 때문이었다. 훨씬 뒷날 체호프나 투르게네프의 거의 모든 작품을 영역으로 읽은 것도 얼마쯤은 대학 초년생 때의 도스토예프스키 장편 독서 경험에서 유래한 것이라고 생각하고 있다.

그때의 경험을 토대로 해서 나는 지금도 문과 학생들에게 영역본으로 러시아나 프랑스 소설을 읽어보라고 권고하고 있다. 번역은 아무래도 쉬워지게 마련이기 때문에 읽기 수월하고 또 문학의 재미를 만끽할 수 있기 때문이다. 사실 『모비 딕』같이 어려운 책을 대학 초년생에게 읽히는 것은 독서력 증진에 도움이 안 된다고 생각한다. 조금 어렵다 싶은 교재를 꼼꼼히 정독하는 한편으로 명작소설의 영역본을 통해 속독 훈련을 하는 것이 영어 독서력을 강화하는 데 가장 적합한 방법이 아닌가 생각한다. 그런 면에서 요즘은 책 구하기가 쉬워서 영어 독서력을 증대시키기 위한 여건은 두루 갖추어져 있다고 생각한다.

『카라마조프 가의 형제들』을 쉬운 영어로 읽을 수 있었다는 사실은 뒷날 문학을 대하는 태도에 어떤 흔적을 남겨놓았다고 생각한다. 이렇다 할 필연성도 없이 생경한 관념어를 투박하게 써서 심오한 생각의 토로인 것처럼 자부하는 혼란스런 문장에 대한 일관된 불신 같은 것을 가지고 있는데 아마도 그것은 가넷 영역판을 통한 『카라마조프 가의 형제들』 독서 경험과 유관한 것인지도 모른다. 아픔이나 더위를 체감하듯이 사상과 관념을 체감한 작가라는 도스토예프스키를 우리는 가넷 번역을 통해서도 체감할 수 있다. 가령 장용학의 생경한 관념어 위주의 문장에 끝내 적응하지 못한 것은 그에게서 '관념의 체감' 같은 것을 감지할 수 없었기 때문이었는데, 가넷을 통한 도스토예프스키 경험이 없었다면 자신감이 생기지 못했을 것이다.

1912년에서 1920년에 이르는 사이에 콘스탄스 가넷은 도스토예프스키의 중요 작품 대부분을 번역하여 상자했다. 또 1916년과 1922년 사이에는 체호프 번역 열세 권을 내었고 그외에 톨스토이, 투르게네프의 중요 작품을 다수 번역하였다. 그러나 그녀의 러시아어 실력은 대단한 것이 아니었고 오역도 적지 않다는 지적이 그후 나오고 있다. 가령 옥스포드 대학의 후임자인 테리 이글턴이 개성적인 감수성과 명민함으로 비평가로서의 정당성을 얻고 있다고 평가한 존 베일리는 『카라마조프 가의 형제들』에 보이는 부적절한 번역의 사례를 구체적으로 지적하고 있기도 하다. 그리하여 가령 제2부 4권의 제목이 되어 있는 'Lacerations(고뇌)'가 본래의 유미러스한 함의기 배제된 채 너무 강하게 번역되어 있어 오도적이라고 말하고 있다. 우리는 존 베일리의 안목과 러시아어 지식을 인정해야 할 것이다. 그러나 중요한 것은 20세기 초반의 영국 독자들이 대개 가넷 번역본으로 러시아 문학을 접하면서 거기에 매료되었고 문학적으로도 많은 계발을 받았다는 사실일 것이다. 밑줄을 제법 많이 쳐두었던 모던 라이브러리 판 하드커버는 그후 막내아우가 가지고 가서 지금 수중에 없다. 똑같은 판형에 페이퍼백으로 나온 빈티지(Vintage) 판이 눈에 띄길래 사두었는데 다시 읽는다 하면서 방치해둔 지가 오래이다. 앞에서 언급한 존 베일리가 "이 번역을 통해서 비로소 도스토예프스키의 세계가 영어 사용 독자에게 절실히 다가오게 되었다"고 평한 Pevear와 Volokhonsky 공역의 1991년도 빈티지 판 역시 사놓고 방치해둔 처지이다. 프랑스의 알랭은 『적과 흑』『파르마의 수도원』『골짜기의 백합』을 각각 오십 번이나 읽었고 톨스토이의 『전쟁과 평화』도 열 번 이상 읽었다는데 아무래도 우리는 너무 나태하거나 입에 풀칠하기에 너무 바쁜 것인지도 모른다.

서머셋 몸의 『편견 The Partial View』

교재가 아닌 것으로 최초로 독파한 영어 장편소설은 서머셋 몸의 『인간의 굴레』이다. 그의 작품이 가지고 있는 대중성 탓이겠지만 대학 초년생 무렵 몸의 포켓판 소설은 구하기 쉬운 편이었다. 청계천 언저리의 고서점에는 일본말 고서 이외에도 미군부대에서 흘러나온 싸구려 포켓판이 한구석에 쌓여 있었다. 대부분이 추리소설이나 허드레 통속소설이었지만 가끔 서머셋 몸이나 스타인벡 등이 섞여 있었다. 헤밍웨이 같은 것도 가끔 눈에 띄었지만 값을 터무니없이 불렀다. 몸의 단편을 읽고 그 재미에 매료되었던 터라 그의 『인간의 굴레』를 발견하고 곧 구득해서 읽었다. 그 당시 구한 것은 작자 자신이 부분적으로 삭제를 해서 길이를 줄인 축쇄판이었다. 축쇄판이라고는 하지만 독일 가서 공부하는 부분이 빠졌을 뿐 파리에서의 화가 수업을 비롯해서 중요 줄거리는 온전한 채로 있었다.

몸의 소설은 비교적 읽기 수월한 편이어서 대학 초년생 때 읽게 된 것은 다행이었다고 생각한다. 예쁠 것도 없고 매력도 없는 비속한 밀드레드에 대한 필립의 집착에는 지겹기까지 한 구석이 있으나 소설에서는 가장 박진감 있는 부분이 아닌가 생각된다. "하찮은 줄로 알고 있는 사람을 온몸으로 사랑하는 것처럼 속쓰린 일은 없다"는 것은 이 작품뿐 아니라 여러 작품에서 되풀이 나타나는 몸의 라이트 모티프이다. 그 점도 재미있었지만 성장소설의 요소가 두루 갖추어져 있어 책 읽기의 재미를 만끽하였다. 그후 펭귄 문고로 『오색의 베일 The Painted Veil』의 신간을 구해 읽고 이것은 여성판 『인간의 굴레』라는 생각을 했다.

3학년 때는 권중휘 선생이 소설강독 시간에 몸의 『과자와 맥주』를 채택해서 교실에서 읽었다. 한자 한구도 소홀히 하지 않는 철저한 강독이었는데 소설 한 권을 일 년 걸려 읽었다는 것은 얼마쯤 맥빠지는 일이었으나 철저한 정독으로 참으로 많은 것을 배웠다. 이양하 선생은 한영사전 편찬 관계로 미국 체재중이었고 당시 영문과에서 무엇인가를 학생들에게 기르쳐주신 유일한 분이셨다. 토마스 하디가 모델이 되었다는 풍문을 낳은 이 작품은 통렬한 풍자적인 작품이지만 여주인공이 그의 소설 중에선 예외적으로 긍정적으로 그려져 있어 이색적이다. 『달과 6펜스』『크리스마스 휴가』『면도날』『변방』 등 구할 수 있는 것은 모두 구해 읽었다. 우리 쪽에선 대중작가라고 경시하는 풍조도 있지만 우리 쪽 대중작가는 상대가 되지 않는 '어른' 작가인 것은 분명하다.

그 무렵 명동의 노점상에서 몸의 『편견 The Partial View』을 발견하고 흥분한 것은 따라서 당연한 일이다. 하드커버여서 비싸다는 것이 부담이 되었으나 눈 딱 감고 샀다. 작가의 여러 가지 경험과 의견을 적은 「요약」과 「작가의 수첩」의 합본판으로 1954년 하이네만 출판사에서 나온 것이다. 작가의 에세이는 작품과 겹쳐 읽으면 흥미진진하다. 에세이에서 언급한 화제가 작품에도 다시 나타나 한 작가의 성향과 한계가 드러나게 마련이기 때문이다. 「요약」은 우리 쪽에서도 학원가의 교재로도 사용되는 등 재미있는 삽화나 견해가 많다. "돈은 육감과 같은 것이어서 그것 없이는 나머지 오관(五官)도 온전히 사용할 수가 없다"는 등속의 문장은 지금도 영문으로 그대로 내 머릿속에 입력되어 있다. 「작가의 수첩」은 1892년에서 1944년에 이르는 시기에 적은 작자 자신의 경험담이나 인물평 독후감 잠언 등이 적혀 있어 그의 냉소적인 인간 관찰이 여실하게 드러나 있다. 1917년에 영국 정보원 비슷한 신분으로 러시아에 체재하고 있었기 때문에 케렌스키 등의 인상기를 비롯하여 혁명 전야의 현지상황을 적어놓고 있어 별미가 되어 있다. 포켓판으로 요약으로 읽은 터라 이 책은 지금껏 깨끗하게 남아 있다. 하드커버라고 아낀 탓도 있을 것이다.

『무장한 비전 The Armed Vision』

작품 구하기도 힘들 때였지만 비평서를 비롯하여 2차 문서 구하기가 극히 힘든 시기였다. 그런데 S. E. 하이만의 1955년도 빈티지 북으로 나온 『무장한 비전 The Armed Vision』이 내 수중에 남아 있다. '현대 문학비평의 방법 연구'란 부제가 달린 이 책은 본시 1947년에 나온 것이다. 서론과 결론 이외에 에드먼드 윌슨에서 케네스 버크에 이르는 열두 명의 비평가와 그들의 비평방법을 검토한 이 책은 선구적인 업적으로 상당한 평가를 받았다. 빈티지 판은 에드먼드 윌슨과 마르크스주의자 크리스토퍼 코드웰에 관한 부분을 뺀 축소판이다.

다채로운 현대 영미 비평의 갈래를 분석 정리하고 평가한 이 책은 현대비평의 비평이자 개설서여서 참조가치가 아주 높은 책이었다.

이 책은 원래 대학 동기인 박남균(朴南均)군의 것이어서 지금도 그의 서명이 그대로 적혀 있다. 그가 가지고 있는 것을 보고 빌려다가 읽는데 워낙 어려워서 독파하기가 힘들었다. 그래도 그 서문 부문인 「현대비평의 성질과 계보」를 번역이랍시고 해서 어느 잡지에 실린 일이 있다. 3학년 때인가 4학년 때인데 지금 생각하면 무모한 일이요 틀림없이 오역투성이겠지만 공부 삼아 시험해본 것이다. 일단 책을 돌려주었다가 다시 빌렸다. 내가 그 책에 매달리는 것을 보고 박군은 정 그렇게 보고 싶으면 가지라고 내게 건네주었다. 졸업 후 외무부에 들어가 나중 에이레와 그리스 주재 대사를 역임한 박군은 소탈한 성격에 호방한 구석이 있어 당시의 희귀본을 흔쾌히 넘긴 것이다. 지금도 그 서명을 보게 되면 미안한 생각과 고마운 생각이 교차한다. 만나면 한 번 옛 얘기를 한다고 생각하곤 했는데 막상 동기들이 모인 자리에서 만나게 되면 왁자지껄해서 잊어버리곤 하였다.

1970년대 말에 지금은 문을 닫은 종로서적에서 1978년도에 그린우드 출판사에서 나온 초판 복각본을 발견하고 반가워서 구득했다. 지금도 붙어 있는 종로서적 책표에는 30.00$라 적혀 있다. 반가운 마음으로 축쇄판에서 뺀 「에드먼드 윌슨과 비평에서의 번역」이란 제1장을 읽어보았다. 하이만은 윌슨의 비평이 난해한 문학과 일반 독자 사이에서 이해를 돕는 '통역' 비평이라고 하면서 우선 그의 장점을 지적한다. 미국 비평가로서는 드물게 라틴어 그리스어 불어 독일어 러시아어를 읽을 수 있으며 타인의 비평적 학문적 성과를 효과적으로 활용하는 능력을 가지고 있다고 말하고 있다. 이때 저자는 윌슨이 활용하는 기존의 저작에 대해 보통 언급하는 법이 없다고 비꼬는 투로 말을 한다. 또 예측의 재능이 있어서 가령 극화하는 재능이 있는 엘리엇이 결국은 시극(詩劇) 쪽으로 갈 것이라고 알아맞혔다는 점을 지적한다. 이어 문학을 형식과 내용으로 분리해서 생각하는 것이 근본적인 취약점이며 그것은 시에 대한 몰이해로 귀결된다고 통렬하게 지적한다. 또 취향과 안목의 취약성을 거론하며 에드거 앨런 포를 과대평가하는 것을 그 사례로 꼽고 있으며 앙드레 지드, 카프카, 토마스 만, 릴케 등에 대한 무관심도 그 방증으로 거론한다. 윌슨이 발자크의 스탕달 평가, 톨스토이의 체호프 및 고리키 평가 등 이른바 문학 천재들 상호간의 인지를 거론하고 있지만 맞지 않는 경우가 더 많다는 것도 지적하면서 바이런의 키츠 혐오, 휘트먼의 멜빌 혐오, 에머슨의 포 경멸, 밀튼의 셰익스피어 평가절하, 워즈워스의 쿨리지 몰이해 등을 거론하고 있다. 1940년대에 보이는 윌슨 비평의 애도가(哀悼歌) 성향을 지적하며 사실 그의 비평이 그 자신의 사망기사가 되어 있다고 결론짓고 있다. 그가 축쇄판에서 철지난 「크리스토퍼 코드웰의 마르크스주의 비평」과 함께 에드먼드 윌슨 항목을 빼버린 이유를 짐작할 수 있었다. 한편 현대비평의

'방법'에 관심을 집중하고 있는 하이만이 윌슨의 업적에 대해서 유보적인 것은 이해가 되지만 많은 시간이 흘러간 오늘 그래도 읽히는 것은 윌슨의 산문이 아닐까 하는 생각도 들었다. 1950년대 당시 하이만의 저서는 비평의 새 지평을 열어 보이는 획기적인 개론서로 비쳤다. 비평의 시대를 이어 출현한 이론과 탈구조의 시대는 『무장한 비전』을 소박한 전근대의 산물로 보이게끔 만들어놓고 있다. 이 신속하고 규모 큰 변전 앞에서 망연자실 멍멍해지는 자신을 발견할 따름이다.

제2부 내 정신의 망명처

내 정신의 망명처

시카고 대학에서 음악과 사회사상을 가르쳤던 피아니스트 찰스 로즌은 고전음악이란 말 대신에 곧잘 '예술음악'이란 말을 쓴다. 음악이라고 다 예술은 아니라는 함의가 있다. 서양 '예술음악'에 매료되기 시작한 것은 대학 때였다. 동급생의 꾐에 빠져 음악이 있는 집에 자주 드나들었다. 소년 시절 문학이 부추겨준 막연한 서구 동경도 큰 계기가 되었을 것이다. 졸업 후엔 접할 기회가 없었고 겨우 라디오 음악으로 만족하는 수밖에 없었다.

처음으로 오디오 기계를 장만한 것은 삼십대 후반 유학 시절이었다. 눈이 유난히 많이 오기로 이름난 북위 42도의 외국 도시에서였다. 서점과 붙어 있는 음반점에서 바흐 모차르트 베토벤을 금욕적으로 사 모았다. 기계는 허술했지만 음반만은 고가품이었다. 처음엔 스무 장만 장만한다는 것이 서른다섯 장, 오십 장 하는 식으로 불어났다. 겁이 덜컥 나기도 했지만 서점에만 들르고 붙어 있는 음반점을 외면하기는 어려웠다. 담배를 끊었던 참이라 담뱃값 대신이려니 애써 자위하였다.

연래의 소망을 성취하고 나서 처음으로 사들인 음반을 지금도 생생히 기억하고 있다. 바흐의 A단조와 G단조 바이올린 협주곡, 관현악을 위한 조곡 2번, 모차르트의 바이올린 소나타 몇 점과 피아노 협주곡 20번, 그리고 베토벤의 첼로 소나타 3번, 바이올린 소나타 9번이었다. 기계는 헐한 것이었지만 음반은 도이치 그라모폰 등 최고가품이었다. 새로 사온 음반을 처음으로 장만한 기계 위에 올려놓는 순간의 손떨림을 아는 사람은 알 것이다.

당시 많이 들었던 것이 모차르트의 바이올린 소나타와 피아노 협주곡, 바흐의 바이올린 협주곡과 무반주 소나타였다. 일자 이후 음악은 불가결한 내 정신적 정치적 망명처이자 유적지가 되어주었다. 음악에 관한 한 나는 초심에 충직한 순정파다. 귀가 어느 정도 뚫리고 나서 처음으로 베토벤 첼로 소나타 3번 2악장을 들었을 때의 설레임은 지금도 여전히 나의 것이다. 바흐의 관현악을 위한 조곡 2번을 들으면서 '행복의 약속'이라는 예술의 정의를 제멋대로 떠올리는 버릇도 여전하다. 그러나 아마 가장 많이 들은 것은 D단조 20번을 위시하여 모차르트의 피아노 협주곡일 것이다. 다른 것을 들으려면 갑자기 시간이 아까워진다.

피아니스트 알프레트 브렌델은 최근에 간행된 대화집에서 조금 별나게 피아노 협주곡 9번을 가리켜 '세계의 경이의 하나'라고 부르고 있다. 21세에 작곡한 이 작품이 모차르트의 최초의 걸작이라며 덧붙인 것이다. 그러나 모차르트 자신과 그의 음악 모두가 '세계의 경이'라고 해야 마땅하리라. 특히 17번에서 27번에 이르는 모든 피아노 협주곡이 찬란한 슬픔이요 영원한 기쁨이다.

"음악 없는 삶은 하나의 오류"라고 했던 니체의 말을 믿는다. "음악은 인간을 경멸한다"는 에머슨의 말도 같은 뜻이라고 생각한다. 가령 바흐 음악을 두고 '영원한 인간의 고향'이라든가, 자기 연민이 없다고 말하는 것은 재미있지만 자의적인 것이다. 음악에 대한 언어적 논평은 그야말로 인상의 피력에 지나지 않는다. 그렇지만 나치즘에게 음악을 이용당한 책임으로부터 바그너는 영원히 빠져나갈 수 없다고 하면서 모차르트의 경우엔 어느 소리 하나 이용하려야 할 수 없었을 것이라고 한 루카치의 말이 무의미한 소리만은 아닐 것이다. 모차르트에게 바친 최고 찬사의 하나라고 생각한다. 아마추어의 문학담은 재미있지만 맞지 않는 경우가 많다. 그래서 내 자신은 듣는 것으로 자족할 뿐 음악에 대한 언어적 논평은 하지 않는 편이다.

이 한 장의 사진

　청소년 시절에 찍은 사진이 별로 없다. 우리 성장기에는 단체사진 말고 그냥 사진을 찍는 일은 매우 드물었던 것 같다. 신분증용으로 마지못해 사진을 찍은 경우가 있기는 했으나 그따위가 보관되어 있을 리가 없다. 나이 사십까지 시골살이를 했기 때문에 문학행사 같은 때 찍은 사진도 없다. 용하게 남아 있는 옛것 가운데서 하나를 골라보았다.
　양자 대결의 대통령 선거가 있었던 1971년 여름에 미국으로 공부를 가게 되었다. 젖 먹은 힘이 다 빠진 뒤라는 우리 나이 서른일곱 살 때 일이다. 외국 유학이라면 일단 호강으로 비친다. 그렇지만 거기까지 이르는 길이 여간 맥빠지는 일이 아니었다. 우선 장학생 지원서를 내는데, 학생 때의 교수 세 명의 추천서를 받아야 한다. 요즘은 추천서 써주는 것을 당연한 의무로 알고 있는 것이 보통이어서 전화로 부탁하고 약속시간에 가서 얻으면 된다. 그러나 삼십 년 전만 하더라도 전화만 하는 것은 예의가 아닌 것으로 되어 있었고 대개 연구실로 찾아가 용건을 부탁해야 했다. 우선 교수를 만나보는 것 자체가 쉽지 않았다. 교수 중에는 추천서를 타자쳐오면 서명해주겠다는 이도 있고 학교 떠난 지 십 년이 넘은 졸업생에게 추천서 써주기를 거절하는 이도 있었다. 세 장 얻는 데 닷새는 걸렸다.

그 다음은 영어시험 차례였다. 어법 독해력 청취력으로 나누어 몇 시간을 치른다. 거기 합격하면 이른바 인터뷰를 해야 한다. 자원자가 들어가면 선발위원 열두어 명이 둘러앉아 영어 면접시험을 과하는 것이다. 위원 중에는 저질 사디스트도 끼어 있게 마련이다. "당신은 대학원도 안 나왔는데 어떻게 대학에서 가르치느냐, 학장이 친구냐, 그렇지 않으면 문교부에 빽이 있느냐?"는 악의적이고 모욕적인 질문을 하는 이도 있었다. 피가 역류했지만 앉아서 당하는 수밖에 없었다. 그 무렵 대학 교원의 절반 정도가 대학원을 나오지 않은 터였다. 이런 질문을 하는 자의 학문적 소양이나 인품은 뻔한 것이지만 적어도 동석한 미국인들이 이런 저질 질문을 하는 경우는 없었다.

이 과정이 끝나면 토플 시험을 보게 된다. 시험 보러 다시 상경해야

했다. 그리고 미국 대학에 보내는 입학원서를 내야 하는데, 다시 3인 교수와 소속 학교장의 추천장이 있어야 하고 신체검사를 받아야 한다. 당시에는 세브란스 병원과 위생병원의 미국인 의사 진단서가 아니면 인정을 하지 않았다. 기생충이 있어도 약 복용 후 다시 오라고 해서 몇 번 걸음을 시켰다. 서울 거주인에게는 그런대로 견딜 만하지만 지방 거주자에게는 시간적으로나 경제적으로 극히 소모적이었다. 흉곽 엑스레이 사진에 보이는 동공이 말썽이 되어 결핵 진행중이 아님을 표시하는 일 년 혹은 이 년 전의 사진이 필요하다는 말을 들었을 때는 절망적인 기분이었다. 공주 국립결핵요양원에 그나마 묵은 것이 하나 보관되어 있어서 위기를 면하였다. 한국은 후진국 취급을 받았기 때문에 엑스레이 사진을 지참하고 미국 공항에 도착해서 검증을 받아야 했다. 공항에서 입국 금지를 당하고 돌아온 이들의 얘기가 나돌았다.

  최종단계가 여권인데 신청 후 꼬박 두 달은 되어야 여권이 나왔다. 그 대신 여권만 나오면 비자 받기는 아주 쉬웠다. 그 자리에서 군말 없이 서명해주었다. 지금은 가족 동반 미국행이 용이하다. 그러나 당시엔 미국 입국 후 일 년이 지나서 본인의 장학금이 연장된다는 보증이 없으면 안 되었다. 그래서 누구나 단독 출국해서 일 년이 지나야 수속을 시작해 가족과 합류할 수 있었다. 항공료도 상대적으로 비싸서 일시 귀국은 엄두도 낼 수 없었다. 방학 때 일시 귀국했다가 개학 때 다시 출국하는 요즘에는 상상할 수 없는 일이었다. 미국에 진출한 한국 상품도 거의 없었고 겨우 슈퍼마켓 한구석에 99센트짜리 남방셔츠가 눈에 띌 정도였다. 단기간 내에 모든 것이 거짓말처럼 급변한 것이다.

  삼십대 후반에 가족과 떨어져 외지에서 공부한다는 것이 쉬운 일은 아니었다. 유신 전후의 각박한 상황이었다. 수속 밟기 위해 서울 나들이를 수없이 하면서 길에 뿌린 경비, 통산 한 달이 넘는 숙박비와 심리적 소모를 생각하며 담배를 끊었다. 그때도 사진 같은 것은 별로 찍지 않았다. 가족에게 연락은 자주 해야 했고 그 참에 보고용으로 몇 장을 찍었을 뿐이다. 그때는 전화 놓기가 어려운 시절이어서 집에 전화가 없었다. 만 이 년 동안 가족과 통화 한 번 하지 못했다. 유학 수속하는 데 받은 도장의 수가 백 개가 넘는다며 이런 더러운 조국에 돌아가지 않겠다고 결심하고 사실 그것을 실천한 실향민 친구 김재경씨가 버팔로 외곽의 고속도로에서 차를 멈추고 찍어준 것이다. 지금 생각하면 피차간에 시퍼런 청춘이었다.

반딧불이
— 혹은 생산적 나태

교직에 있다고 하면 부러워들 하는 것이 방학이다. 한 해 두 차례씩 집에서 쉬게 되니 얼마나 좋으냐고들 말한다. 그러나 당사자의 처지에서는 전혀 그렇지가 않다. 평생 책을 읽어야 하는 직업인 만큼 못 읽은 책도 뒤져보아야 하고 또 무엇인가 끄적거리기도 해야 한다. 입학시험에 관계되는 채점을 비롯하여 잡무가 돌아오게 마련이고 외부에서 생각하는 것처럼 마냥 쉬고 놀고 하는 것은 아니다. 물론 새벽별을 쳐다보며 출근길에 올라 별을 보며 돌아오는 처지와 비교해서 여유가 있는 것은 사실이다. 그러나 과거의 우리 사회는 공연한 사회적 낭비로 시민들의 생활을 불필요하게 괴롭히고는 하였다. 무슨 훈련이다 강습이다 해서 들볶고 또 무슨 서류를 내라 신고를 해라 하는 일이 많아서 그로 인한 사회적 낭비와 손실이 이만저만하지 않을 것이다. 교직이라고 해서 그런 일로부터 자유로운 것은 전혀 아니다. 오히려 그러한 등속의 낭비가 많은 곳이라고까지 말할 수 있다. 또 1980년대로 들어서기 이전에는 박봉이어서 지기를 펼 수 없는 처지였다. 그래서 그런지 여유만만한 방학을 보낸 기억이 별로 없다.

그러다가 작년 여름방학에 난생 처음으로 한가하고 자유로운 방학을 보낼 수 있었다. 유학생에게 시집간 막내딸이 해산을 하게 되어 집사람이 해산구완을 위해 도미를 하게 되었다. 여비를 절약한다고 몇 번 갈아타는 노선의 예약을 하였는데 막상 혼자 가기가 불안하다고 해서 동반을 하게 되었다. 로스앤젤레스에서 네 시간을 기다려 미 국내선으로 갈아타고 세인트루이스에서 세 시간을 기다려 다시 갈아타고 아이오 주의 드모인이란 도시에 도착하였다. 이번엔 자동차로 밤길을 한 시간을 달려 엠즈라는 조그마한 대학촌에 당도하였는데 김포를 떠난 지 거의 스물네 시간 만이었다.

가도 가도 옥수수밭밖에 보이는 것이 없는 아이오 주는 세칭 관광 차원에서는 별로 볼 것이 없는 고장이다. 그래서 현지를 소개하는 그림엽서도 옥수수밭 끝자락에 떠 있는 무지개라든가 옥수수밭 한 옆으로 보이는 현대식 가옥이라든가 돼지농장 같은 것이 주종을 이루고 있다. 엠즈라는 대학촌도 이리저리 우회하는 시내버스를 삼십 분만 타면 한쪽 끝에서 다른 쪽 끝까지 갈 수 있는 조그만 동네다. 잔돈이 없다는 노인에게 버스 운전사가 나중에 내라며 아무 말 없이 태워주는 것도 몇 번인가 보았다. 장애인을 태워주기 위해 버스 운전사가 설비를 내려놓고 수선을 떠는 사이 휠체어에 탄 중년 여인은 아무 소리 없이 뜨개질만 하였다. 심심해서 상가인 몰에 가보면 의자에 늘 앉아 있는 낯익은 얼굴이 보이곤 하였다. 토요일 오전마다 슈퍼마켓 옆의 공지에서 열리는 농산물 직판장에서도 시골 냄새가 풍겼다. 이웃 농장에서 생산한 채소나 과일 혹은 꿀 같은 것을 생산자가 직접 가지고 나와 장이 서고 많은 사람들이 몰려들어 북적북적하였다. 어떤 때는 물건이다 팔려 일찌감치 파장이 되기도 하였다. 생활의 템포가 느릿느릿하여 좋았고 무엇보다도 매연 없는 맑은 공기가 좋았다. 은행 재직중에 연수차 가족 동반으로 와서 만 일 년이 된다는 삼십대 후반의 동포는 아이들이 이곳에 온 후부터 감기를 모른다고 좋아하였다. 서울에선 한 달이 멀다고 아이들이 감기에 걸리는 바람에 속상했다고 덧붙이는 것이었다.

근처의 호수를 찾아가보기도 하고 또 야트막한 산에 잘 가꾸어놓은 산책로도 가보았다. 그리고 나서는 더 갈 데도 없었다. 대학가의 구내서점이나 매점을 기웃거리며 소일하다가 성에 안 차 드모인에 가서 보더즈 서점에 들러 한가한 시간을 보내기도 하였다. 보더즈는 미국 전역에 걸쳐 연쇄점을 가지고 있는 대형서점으로 그 안에 커피숍을 갖추고 있고 고객들이 앉아 책을 볼 수 있도록 의자도 갖추어놓고 있다. 없는 책이 없다시피 하고 주문 책 봉사도 신속하고 정확하다. 끝없는 옥수수밭 한가운데 이러한 대형서점이 있다고 생각하면 역시 큰 나라구나 하는 실감이 갔다. 엠즈만 하더라도 정말 조그만 대학촌이지만 공공도서관에 가면 조용한 열람실이 마련되어 있어 쾌적하게 책을 읽을 수 있다. 신착도서를 진열대에 진열해놓았는데 애쉬베리란 현역 시인의 시집에서부터 러시아 작가 고골리의 중단편 새 번역서에 이르기까지 많은 문학서적도 끼어 있었다. 물론 건강 관계 서적이라든가 약용 식물이라든가 컴퓨터 관계 등 일반 수요가 많은 책이 대종을 이루고 있지만 대중적 수요가 적은 서적들도 수두룩하여 부러운 생각이 들었다.

그러나 이러한 아이오와 구경 얘기를 하기 위해서 이 글을 시작한 것은 아니다. 난생 처음으로 아무런 매임이 없는 방학을 보냈다는 기뽐을 얘기하기 위해서 시작하였다. 그 동안 몇 차례 해외 나들이를 다녀온 적이 있다. 장학금을 타고 공부를 간다든가 보조금을 받고 학회를 간다든가 하였기 때문에 경제적인 부담은 없었지만 그 대신 매인 점이 많았다. 그러나 이번만은 처음으로 자비로 갔기 때문에 아무런 의무조항도 부담도 없었다. 경제적인 부담은 있었지만 완전 자유상태로 유유자적한다는 것은 난생 처음이었다. 한정적인 기간이긴 하지만 완전 자유가 주어질 때 무엇을 할 것인가를 실험하기나 하듯이 마음껏 게을러보기로 한 것이다. 그런데 완전 자유라는 생각 그 자체만으로 마음이 편안해지고 쾌적해지는 것이었다. 당분간 잡념이나 잔걱정을 다 몰아내고 마음을 편히 할 수 있다는 생각 자체가 속 시원하게 해방적이었다.

엠즈에 도착해서 처음으로 번쩍 눈에 띈 것이 아파트 한구석 잔디밭에서 흐릿하게 나는 반딧불이었다. 아! 하고 나도 모르게 탄성을 지르고 말았다. 도대체 이것이 몇 해 만인가! 도무지 생각나지 않았다. 반딧불이를 본 것이 아득한 옛일같이만 생각되어 마지막 본 것이 언제인지 도무지 생각나지 않았다. 두어 마리가 나는데 그렇게 신기할 수가 없었다. 나이 사십까지 시골 생활을 했지만 시골에서도 보지 못한 것 같았다. 6·25 사변 전에 흔하게 볼 수 있었던 일만이 기억에 떠올랐다. 너무 감탄하니까 막내딸이 한 사십 분쯤 걸어가면 크리크(작은 운하)가 있는데 거기 가면 반딧불이를 얼마든지 볼 수 있다고 알려주었다.

며칠 후 저녁을 끝내고 크리크를 찾아갔다. 자동차 도로 아닌 조그만 산보로를 따라서 한참을 걸었다. 속보로 조깅을 하는 몇 사람밖에는 아무도 없어서 처음엔 좋았으나 막상 어두워지니까 사람이 좀 있었으면 하는 생각이 들 정도로 으슥하였다. 한참 가다보니 반딧불이가 떼짓듯이 어울려서 이리저리 나는 게 보였다. 크리크가 나타난 것이다. 가까이 가보니 폭은 좁은 크리크인데 버드나무 비슷한 나무들이 많이 서 있었고 그 주위에서 온통 반딧불이가 곡예를 벌이고 있는 것이었다. 그것은 조그만 대로 하나의 장관이었다. 그렇게 많은 반딧불이는 예전에도 본 적이 없었다. 스물네 시간을 날며 기다리며 아이오와에 간 것이 마치 그 반딧불이 구경을 위해서라는 생각이 들었다. 모기에 물리는 것도 아랑곳하지 않고 한참을 서 있었다. 한 곳에 가만히 있지를 못하고 띄엄띄엄 명멸하는 것이 마치 무슨 신호를 주고받는 듯이 보였다. 우리는 다시 한번 오자고 벼르면서 집으로 향하였다. 그때가 8월 20일경이었다.

　막내딸은 예정일을 넘겨서 해산을 하였다. 개학을 앞두고 있었기 때문에 먼저 귀국하기로 하고 떠나기 전에 반딧불이 구경이나 한번 더 한다고 8월 말께 그 크리크를 다시 찾아갔다. 그러나 이럴 수가 있는가! 그 많던 반딧불이가 전혀 보이지 않았다. 어둠 속에서 한참을 기다려보았으나 감감 무소식이었다. 그래도 혹시나 하고 더 기다리고 기다렸다. 그러나 반딧불이는 한 마리도 나타나지 않았다. 아마 그 반딧불이의 한 세상이 끝난 모양이라고 생각하면서 돌아오는 수밖에 없었다. 그렇지만 불과 열흘 사이에 이럴 수가 있는가 하는 아쉬움은 떨쳐 버릴 수가 없었다. 완전 자유 속에서 내가 즐긴 것은 반딧불이와의 만남이었다. 돌아오는 비행기 속에서 나는 「서산이 되고 청노새 되어」란 시를 썼다.

로스앤젤레스에서 네 시간
세인트루이스에서 세 시간 기다려
비행기 갈아타고
다시 밤길 한 시간을 달려
조그만 대학촌에 당도하였다.

가도 가도 옥수수밭인
잠재인 사람이란 뜻의 아이오와에서
기별 없이 마중 나온 것은
아 언젯적 것인가
하릿한 반딧불이! 여름 반딧불이!

주택가 한구석 잔디밭에서
명멸하는 서너 개 추억의 곡예
그것이 성에 안 차
반딧불이 장터라는
크리크 풀섶을 찾아갔다

아 거기서 펼쳐지는 초저녁의 이동 축제(祝祭)!
난만한 존재의 교신(交信)
이 여름 반딧불이를 보기 위해
졸다 깨다 졸다 마다
스물네 시간을 날아온 것이구나

시끌시끌 막가는 아침의 나라에서
시새워 죽을 쑤는 동강난 산하(山河)에서
터벅터벅 육십 년
무슨 반딧불이 보자고
서산이 되고 청노새 되어 숨가빠 온 것인가

알게 뭐냐며
가없는 옥수수밭 한 모퉁이에서
외방 떠돌이의 혼령처럼
이 세상 구겨진 진리의 하소연처럼
띄엄띄엄 명멸하는 여름 반딧불이!

　서산이는 서산나귀인데 청노새처럼 사람들의 짐이나 나르는 짐승이다. 경험한 것을 내용 변경 없이 그대로 적은 시다. 비행기에서 썼던 것에 수정을 가하기는 했지만 내용에 변경을 가하지는 않았다. 완전 자유를 누린 덕분에 비행기 속에서 세 편이나 썼다. 내가 그때 게으름을 피우며 한가히 반딧불이 구경이나 다니고 하지 않았다면 시를 쓰지 못했을 것이다. 그래서 생산적인 게으름 피우기라고 생각하고 앞으로도 틈을 내어 게으름에 골몰해보고자 한다. 소인이 한가하게 지내면 못된 짓을 한다(小人閒居爲不善)는 논어의 옛말은 생활의 리듬이 아주 더디었던 옛날 얘기가 아닌가 생각한다. 세상에는 생산적인 나태란 것이 있는 법이다.

뛰어남에 대한 경의

우리나라에도 들른 적이 있는 영국의 역사가 에릭 홉스봄이 1993년 부다페스트 소재의 중앙 유럽대학에서 1993~94학년도 개강 강의로 '역사에 대한 새 위협'이란 강연을 한 일이 있다. 이 강연 내용은 뒷날 「역사의 안팎」이란 제목으로 게재되어 『역사에 관하여』란 책에 권두 논문으로 수록되었다. 이 글의 끝자락에서 에릭 홉스봄은 대학에서 가르치기 시작하였을 때 자기의 은사가 들려주었다는 충고의 말을 인용하고 있다.

자네가 가르쳐야 할 사람들은 자네처럼 총명한 학생들이 아니네. 그들은 2등급의 바닥에서 학위를 받게 되는 보통 학생들이야. 1등급의 학생들을 가르치면 재미는 있지만 그들은 스스로 잘해낼 수 있네. 자네를 진정 필요로 하는 것은 보통 학생들이란 것을 잊지 말게.

홉스봄은 이러한 생각이 대학만이 아니라 세계 일반에도 적용된다고 역설한다. 정부 경제 학교 등 사회의 모든 것이 스스로 잘해낼 수 있는 특권적인 소수를 위해서 있는 것이 아니라, 특별한 재능을 갖춘 것도 아니고 각별한 혜택을 입은 것도 아닌 보통 사람들을 위해서 있는 것이라는 점을 강조하면서 그 글을 끝맺고 있다. 에릭 홉스봄의 발언은 대범하게 말해서 소망스러운 복지사회의 기본이념을 극명하고도 간명하게 축약하고 있다고 생각된다. '요람에서 무덤까지' 보통 사람들의 삶을 보장해주자는 복지국가의 이념은 근대사회가 낳은 매혹적인 지적 구상물이기도 하다. 또 그의 저작행위도 기본적으로는 그러한 생각에 기초해서 전개되어왔다고 해도 과언이 아니다.

그러나 이러한 생각이 여러 가지 인간적 수월성에 대한 경의나 찬탄과 모순되는 것은 아니다. 우리는 갖가지 위험과 간난을 무릅쓰고 마침내 세계 최고봉인 에베레스트를 정복한 산악인에 대해서 경의와 찬탄을 아끼지 않는다. 우리는 엄격한 훈련과정을 통해서 획득한 자기 신체의 유연성을 마음껏 발휘하는 고난도 체조선수와 시범자에게도 감탄을 아끼지 않는다. 혹은 한 수 한 수에 온 생애의 무게를 걸고 장고 끝에 행보를 전개하는 바둑 고단자에게도 탄복과 경의를 아끼지 않는다. 모두 인간 육체나 정신의 가능성을 그 한계까지 몰고 가면서 극한에서 새로운 경지를 보여주기 때문이다. 그들의 산행이나 신체 구사의 묘기가 그 자체로서 어떤 공리적 실용적 가치를 가지고 있는 것은 아니다. 바둑이나 서양장기가 그 자체로서 어떤 실용적 유용성이나 활용 가능성을 가지고 있는 것도 아니다. 그것은 순수한 승부놀이요 생존경쟁의 유희적 형태일 것이다. 그럼에도 불구하고 우리가 고수에게 경의와 찬탄을 보내는 것은 탁월함 자체와 거기까지 도달하는 데 거쳐야 했던 훈련의 어려움을 이겨낸 정신을 높이 평가하기 때문이다.

문학이나 예술의 경우도 마찬가지다. 문학이나 예술은 그 원초적 단계에서 다분히 실용적인 기능과 목적을 가지고 있었다. 구석기 시대의 동굴 벽화가 가지고 있었다고 추정되는 주술적 실제적 목적은 누구에게나 분명해 보인다. 캄캄한 동굴 암벽에 사다리를 놓고 전문적인 솜씨의 색채 그림을 그려놓은 구석기 시대인이 단순한 놀이나 소일거리로 그 어려운 일을 해냈다고 믿을 사람은 아무도 없을 것이다. 각종 제식(祭式)이나 의식(儀式) 때 쓰인 음악의 실제적 기능과 효용 또한 누구의 눈에나 분명해 보인다. 그러나 모든 예술은 한편으로 당장의 실용적 실제적 기능이나 효용으로부터 독립하여 자족하려는 경향을 보여왔다. 그것을 예술의 타락이나 퇴폐라고 보는 관점도 없지 않지만 바둑이나 고난도 체조나 등산을 퇴폐적 경향이라고 하는 것만큼이나 편향된 관점이라 할 것이다.

예술이나 바둑이나 스포츠에서 요구되는 것은 엄격한 훈련을 통해서 획득한 뛰어남이다. 그 뛰어남은 실용성이나 공리성을 뛰어넘으면서 완성을 지향하는 모든 인간 노력의 모범이 되어주고 있다. 이 뛰어남이 때로 천재라는 모호한 호칭을 남용하게 하기도 한다. 그러나 이 세상에는 천분과 후천적 노력이 결합하여 이루어낸 불후의 업적이란 것이 있는 것이고 그러한 업적을 이루어낸 재능에 대해서 천재란 말을 적용하는 것은 결코 부적절한 일이 아니다.

가령 모차르트의 음악에 매혹되어 그의 전기를 읽어본 사람이면 그를 가리켜 천재라고 하는 것이 너무나 당연한 일로 여겨질 것이다. 피아니스트 알프레트 브렌델은 모차르트의 피아노 협주곡을 가리켜 "지상의 경이(驚異)"라고 부르고 있는데 비단 피아노 협주곡뿐 아니라 그의 거의 모든 작품을 지상의 경이라 해도 과장은 아닐 것이다. 축음기나 백열전등은 에디슨이 아니더라도 누군가가 조만간에 발명하고 개량했을 것이다. 그렇지만 모차르트의 음악은 그가 아니었다면 이루어내지 못했을 것이다. 모차르트가 없었다면 동시대의 다른 누군가가 모차르트의 역할과 위치를 빈약하게 대행하기는 했을 것이다. 그렇지만 모차르트의 "지상의 경이"는 존재하지 못하고 말았을 것이다. 이렇게 뛰어난 갖가지 "지상의 경이"에 대해서 경의를 갖고 탄복하는 것이 평등주의를 부정하는 것도 엘리트주의도 아니다. 그것은 인간의 가능성에 대한 믿음에 기초한 선의의 선망이요 자기 완성에 대한 간구의 표현이기도 하다.

 이 세상이 특권적 소수를 위해서 있는 것도 아니고 인간의 역사는 그러한 특권적 소수의 제패로부터 벗어나서 인간 평등의 이상을 향해 내디딘 줄기찬 행진이기도 하다. 그러한 관점에서 앞서 인용한 에릭 홉스봄의 발언은 적정하고도 합리적이다. 그러나 그러한 발언이 인간 사이에서 발견되는 적성의 편차나 능력의 차이를 부정하는 것은 아니다. 보통 사람들에 대한 각별한 배려 그 자체가 인간 능력의 차이를 인정하고 있다. 하물며 인간의 가능성을 극한적으로 보여주는 재능을 부정하는 것은 더욱 아니다.

 잘못 파악된 평등주의가 간혹 뛰어남이나 뛰어남에 대한 경의를 엘리트주의란 이름으로 폄훼하는 경향이 없지 않다. 민주주의를 위해 누구 못지않게 헌신한 토마스 만이 "거리의 장삼이사(張三李四)가 베토벤의 어깨를 치며 "노형 안녕하시오"라고 말하는 것이 민주주의가 아니"라고 말하고 있는 것은 의미심장하다. 뛰어남에 대한 경의가 사라진 사회에서 뛰어남이 성취되기는 어려울 것이다. 뛰어난 축구선수에 열광하는 사람들이 다른 분야의 뛰어남에 대해서 코방귀를 뀌는 것은 이만저만한 모순이 아니다.

정지용과 채동선
— 시와 서정 가곡의 만남

　해방 이전의 문화적 노력 가운데서 가장 성공적이고 보편화된 것 중에서 김소월의 시와 홍난파의 가곡을 빼놓을 수 없을 것이다. 김소월의 시 한두 편이나 홍난파의 가곡을 알지 못하는 한국인은 아마 없을 것이다. 초등학교 고학년 때 해방을 맞이한 필자에게 홍난파의 〈고향의 봄〉과 같은 동요곡이나 〈봉숭아〉〈성불사의 밤〉〈금강에 살으리랏다〉〈옛 동산에 올라〉와 같은 가곡은 새로운 세계를 열어주었다. 학교에서 밤낮 일본 군가나 배우고 노래하다가 해방 직후 배우고 노래한 홍난파의 가곡은 가히 구원이요 행복의 예감이자 약속이었다. 그러나 얼마가 지나고 나서 우리 근대시를 알게 되면서 늘 그가 작곡한 노랫말에 대해서는 불만스럽게 느껴졌다. 얼마쯤 예스러운 노랫말이 마음에 들지 않았기 때문이다.
　그후 채동선의 〈고향〉을 알게 되고는 과연 노랫말과 곡이 조화를 이룬 빼어난 가곡이라는 생각을 하게 되었다. 난곡인 편이어서 따라 부르기가 어렵다는 것이 아쉬웠다. 해방 이후 한 시절의 정지용의 정치적 행적이 문제가 되어 〈고향〉이 이은상 노랫말의 〈그리워〉로 바뀌어 불리면서 어쩐지 채동선 가곡이 부당하게 훼손되었다는 느낌을 지울 수 없었다. 그러다가 요즘 다시 〈고향〉이 복원되어 조수미씨도 정지용의 노랫말로 부르는 것을 듣고 훼손된 가곡이 소생한 듯이 반가웠다.

정지용의 〈향수〉가 가요로 널리 불리고 박인수씨 같은 성악가가 부르는 것을 보고 정지용 시의 대중화를 위해 참 좋은 일이라는 생각을 하였다. 가요 〈향수〉 때문에 정지용을 알게 된 사람도 꽤 있을 것이라고 생각한다. 그런데 최근에 음악평론가 한상우씨를 통해서 채동선의 정지용 가곡이 더 있다는 것을 알고 놀라운 생각이 들었다. 채동선의 많은 가곡이 깡그리 잊혀져 있다니!

채동선은 독일 유학에서 1929년에 돌아왔고 그후 계정식과 바이올린 이중주 연주회를 가졌고 최호영 이혜구 등과 현악 사중주단을 만들어 슈베르트의 〈죽음과 소녀〉 등을 연주하기도 했다고 한다. 채동선이 남긴 작품들 가운데 가곡으로 분류할 수 있는 작품이 열두 곡인데 대표작인 〈고향〉을 비롯한 아홉 곡의 가곡이 모두 정지용의 시를 사용한 것이라고 한다. 〈향수〉 〈압천(鴨川)〉 〈내 마음〉 〈다른 하늘〉 〈또하나 다른 태양〉 등을 작곡한 것이다. 그러니까 우리가 근자에 가요로 듣는 〈향수〉가 아닌 가곡 〈향수〉가 달리 있는 것이다.

사실 1930년대에 정지용의 시를 노랫말로 쓴다는 것은 적절하지 않은 일로 보였다. 대개 정형시가 선호되었기 때문이다. 그럼에도 채동선이 주로 정지용의 시편을 가곡으로 만들었다는 것은 시를 보는 그의 안목이 높았다는 증좌라고 생각된다. 특히 〈다른 하늘〉과 〈또하나 다른 하늘〉은 경건한 종교 시편으로서 얼핏 작곡의 대상이 되기가 어려웠을 것이다. 〈고향〉 이외에 다른 작품이 알려지지 않은 것은 그 멜로

디가 얼마쯤 친숙하기 어려운 것과 연관된다고 음악 쪽 전문가들은 말한다. 그러나 정지용 시편이 1930년대에 채동선에 의해서 아홉 편이나 작곡되었다는 것은 놀라운 일이면서 일변 우리의 무성의나 나태를 일깨워준다고 생각한다.

내년 2002년은 정지용 탄생 100주년이 되는 해라고 한다. 이 기회에 정지용 시편의 채동선 가곡의 전부를 감상하는 기회를 갖게 되기를 희망한다. 비록 친숙해지기 어려운 가곡이라 하더라도 1930년대의 정지용 수용의 실제와 함께 선각적 음악가였던 채동선의 음악적 노력을 접해보는 것은 뜻깊은 일이라고 생각된다. 전남 벌교의 유복한 집안 출신이었던 채동선은 일제 말기에 수유리에서 고등 채소와 관상 묘목을 기르며 생활했다는데, 많은 동시대인과는 달리 친일의 행적에서 완전히 자유로웠다고 한다. 여러 가지로 고마운 선인인 채동선의 재평가도 이 기회에 대대적으로 이루어지기를 희망한다. 각박한 시대에 더욱 그리워지는 이름들을 우리는 망각의 어둠으로부터 회생시켜야 할 것이다.

서리병아리와 서리가마귀

　1920년대나 1930년대에 발표된 시를 읽어보면 무슨 뜻인지 모를 말이 더러 나온다. 워낙 사회 변화가 심한 시대라서 그 반영으로 언어의 변화도 극심하기 때문에 그러리라고 생각한다. 외래어를 무조건 배격하자는 것은 아니지만, 한자어란 공통성 때문에 외래어라는 의식 없이 일본 한자어를 함부로 쓴 일과도 연관된다고 생각한다. 외래어를 선호하는 바람에 우리 고유의 한자어나 토박이말이 폐어(廢語)가 되고 이내 사장되기 때문이다. 또 당시에 쓰인 말에 대한 유력한 참고인이 되어줄 만한 연배의 사람들이 세상을 뜨고 있어 모를 말에 대한 확실한 정의 찾기는 어려워지는 것이 아닌가 우려되기도 한다. 우리말도 외국어 대하듯이 낱말 하나하나를 엄밀하게 정의하고 그것이 쓰이는 문맥을 엄밀하게 고찰하는 일이 필요하리라고 생각한다.
　그런 의미에서 외국인이 우리의 시어를 면밀하게 검토하고 그 유래나 쓰임새의 사례를 천착하는 노력은 귀하게 여겨진다. 가령 사에구사(三枝壽勝) 교수가 정지용 시편에 나오는 낱말들에 대한 고찰을 면밀하게 보여주는 것은 우리에게도 교시하는 바가 많다. 그렇지만 과도한 천착이 도리어 불모의 결과를 낳을 수도 있다는 우려를 낳게 하는 경우도 있다. 가령 '여쁠 것도 없는' 대목에서 '여쁘다'란 말을 놓고 검토하고 있는데 우리말에서 '어여쁘다' '예쁘다' '여쁘다' '이쁘다'는 뉘앙스를 조금씩 달리하는 동의어이기 때문에 깊은 천착이 불필요한 경우라 생각한다.

사에구사 교수는 또 '서리가마귀'란 말에도 재미있는 천착을 보여준다. 그리하여 이백(李白) 시에 나오는 '상오(霜烏)'와 같은 말에도 우리의 주의를 환기시킨다. 그러면서 '서리가마귀'란 말이 정지용의 「향수」 이외에도 신석정(辛夕汀)의 작품에도 보인다면서 '무리를 이룬 가마귀'란 뜻이 아니겠느냐고 조심스러운 추정을 하고 있다.

> 오월 하늘에 비둘기 멀리 날고
> 오늘처럼 촐촐히 비가 내리면
> 꿩소리도 유난히 한가롭게 들리리다
> 서리가마귀 높이 날아 산국화 더욱 곱고
> 노란 은행잎이 한들한들 푸른 하늘에 날리는
> 가을이면 어머니! 그 나라에서
> 양지밭 과수원에 꿀벌이 잉잉거릴 때
> 나와 함께 고 새빨간 능금을 또옥똑 따지 않으렵니까?
> ―「그 먼 나라를 알으십니까」 중에서

앞의 대목을 인용하고 나서 사에구사 교수는 말한다.

그런데 이 시에서는 오월이란 말이 나오니까 계절이 겨울 아닌 것은 명백하다. 그러니까 신석정의 이 시에 나오는 '서리가마귀'는 '霜鳥'가 아니라 '무리를 이룬 가마귀' 즉 '떼가마귀'를 의미한다고 해야 한다. 이 시의 '서리가마귀'와 「향수」의 '서리가마귀'가 같은 뜻일 가능성도 높다.(김신정 엮음, 『정지용의 문학세계연구』, 깊은샘, 2001, 228쪽)

신석정의 작품에서 '서리가마귀'는 '오월'에 걸리는 것이 아니라 '산국화가 피고 노란 은행잎이 날리는 가을'에 걸리는 말이다. 또 겨울이 아니라고 해서 그것이 '떼가마귀'의 뜻이 되어야 할 까닭은 없다. 사에구사 교수는 또 정지용이 '외가마귀'란 말을 쓰고 있다는 사실을 들어 「향수」에 나오는 '서리가마귀'가 '떼가마귀'일 개연성이 크다고 말하고 있다.

우리말에는 서리병아리란 말이 있다. 이른 가을에 깬 병아리를 말하는데 비유적으로 초라한 모습을 한 사람을 가리키기도 한다. 우리가 어려서 자주 듣던 말로서 "왜 그렇게 서리병아리모양 웅크리고 있느냐"는 맥락에서였다. 정지용의 '서리가마귀'는 이 '서리병아리'의 창조적 변형이라고 보는 것이 타당하다고 생각한다. 즉 서리철의 가마귀인 것이다. 운율상의 고려와 신선한 말 찾기의 과정에서 창의적으로 쓴 것이리라. 신석정은 정지용의 시편에 나오는 말을 따 쓴 것이요 신석정의 정지용 의존의 사례는 허다하다. 「석류」「도연명」같은 시를 보면 알 수 있다. 시의 이해에서 중요한 것은 모국어 사용자의 언어직관이라고 생각한다.

의심의 자발적 정지
―서정시 쓰기가 힘든 시대는 곧 서정시가 필요한 시대이다

꽃 피는 나무조차 공포의 그림자를 모르는 채 꽃구경의 대상이 되는 순간에 거짓말을 한다. '얼마나 아름다운가' 라는 죄 없는 탄성조차도 터무니없이 고약한 생존의 치욕에 대한 변명이 되기도 한다. 지금은 전율할 만한 현실을 직시하고, 그것을 견디어내고, 부정성의 온전한 의식 속에서 보다 나은 세계의 가능성에 집착하는 냉철한 시선 속에서나 아름다움과 위안이 가까스로 존재한다. 온갖 종류의 순진함이나 충동성이나 자유분방함은 불신하는 것이 좋다. 그러한 태도에는 우세한 현실에 대한 순응이 엿보이기 때문이다.

미국 망명 중에 씌어진 아도르노의 「미니마 모랄리아」에 나오는 앞엣대목은 1944년에 쓴 것으로서 "아우슈비츠 이후 서정시는 불가능하다"는 유명한 말을 앞당겨 보여주는 것이다. 동시에 우리는 그의 이러한 생각이 똑같이 인구에 회자되는 브레히트의 「서정시를 쓰기 힘든 시대」와 맥을 같이한다는 것을 알고 있다.

나의 시에 운을 맞춘다면 그것은
내게 거의 오만처럼 생각된다.
꽃 피는 사과나무에 대한 감동과
엉터리 화가에 대한 경악이
나의 가슴속에서 다투고 있다.
그러나 바로 두번째 것이
나로 하여금 시를 쓰게 한다.
― 브레히트, 「서정시를 쓰기 힘든 시대」

  브레히트는 꽃 피는 사과나무에 대한 감동의 자발적 정지를 통해서 그 감동의 표현이 거짓이 될 수밖에 없는 현대의 어처구니없는 상황과 현대인의 난경을 노래하였다. 꽃 피는 사과나무의 거역할 길 없는 매혹과 혹세무민의 폭력적 '엉터리 화가'에 대한 제어할 수 없는 분노는 그러나 하필 아도르노나 브레히트의 것이라고만 할 수는 없다. 강도에 있어서 다를 뿐 말짱한 의식이 그와 같은 상반되는 충동과 요구 앞에서 곤혹감을 느끼지 않는 경우는 드물 것이다. 다양한 종류의 정치적 야만주의가 번갈아가면서 강산을 휩쓸고 지나간 20세기 한국에서도 사정은 다르지 않았을 터이다. 그렇지만 사랑이나 행복뿐 아니라 불행이나 고뇌도 외적 혹은 내적 매개를 통해서 경험하고 내면화하는 것이 보통이다. 따라서 서정시 쓰기가 힘든 시대라는 생각을 어렴풋이 느꼈다 하더라도 그것을 강렬히 의식하고 고뇌하는 것은 교양체험의 결과인 경우가 많을 것이다. 이래 저래 우리는 서정시 쓰기가 참으로 힘든 시대에 살고 있는 셈이다.

그러나 서정시는 과연 쓰기만 힘든 것일까? 서정시의 수용과 음미는 과연 수월한 것일까? 현대는 서정시 쓰기가 어려운 시대인 만큼 의심과 불신의 시대이기도 하다. 가령 현대인의 교양 체험에서 가장 큰 영향력으로 떠오르는 마르크스 니체 혹은 프로이트가 모두 '의심의 대가들'이다. 우리가 자연스러운 소여(所與)라고 받아들였던 모든 것이 실은 개인들이나 공동체가 혹은 선택하고 결정한 것의 결과이고 구성물이란 것을 그들은 공통적으로 지적하고 폭로한다. 마르크스는 자본의 작동을 폭로하고 프로이트는 성의 작동을 폭로한다. 니체의 계보학은 도덕의 기원과 그 작동을 폭로한다. 한 사회학자가 사회학의 기본충동으로 거론한 폭로의 모티프는 모든 인간과학의 기본적 충동이 되어 있다고 해도 과언이 아니다. 외관과 실상이 다르다는 것을 간단없이 설파하는 폭로의 모티프에 향도되는 교양 체험에 감염된 현대인들은 모든 것을 일단 의심과 불신의 눈초리로 바라본다. 19세기 고전소설의 과거시제의 작동이 폭로되고 역사도 허구와 사실상의 차이가 없는 것으로 폭로된다. 정치언어의 허위와 그 폐해에 항상적으로 노출되어온 우리 사회에서 적정 수준의 불신과 의심은 존명(存命)에 연관되는 생존기술의 하나가 되어 있다는 감회조차 안겨준다. 이러한 상황에서 서정시의 진정성조차 의심과 불신의 대상이 되는 것은 어쩌면 자연스러운 일이다.

    차운 산 바위 우에 하늘은 멀어
    산새가 구슬피 울음 운다

구름 흘러가는
물길은 七百里

나그네 긴 소매 꽃잎에 젖어
술 익는 강마을의 저녁 노을이여

이 밤 자면 저 마을에
꽃은 지리라

다정하고 한 많음도 병인 양하여
달빛 아래 고요히 흔들리며 가노니……

    브레히트를 읽고 공감한 독자들에게는 꽃구경의 대상이 되는 순간에 거짓말을 하는 꽃나무처럼 "술 익는 강마을의 저녁 노을"도 거짓말 덩어리로 비쳐지기가 십상이다. 이 또한 '고약한 생존의 치욕에 대한 변명'이 아니냐는 감개로부터 자유롭지 못하게 되는 것이다. 그리하여 동양 시의 전통 속에 배치시켜놓고 볼 때 비로소 드러나는 「완화삼(玩花衫)」의 빼어난 아름다움을 한편으로는 억압하면서 한편으로는 그것에 대해 자발적으로 눈멀어버리는 것이다. 동양 시의 전통 속에 앉혀놓고 볼 때 이 작품은 해묵은 소재 처리와 인생태도의 되풀이의 하나로서 근접해온다. 거기에는 삶에 대한 도전적인 관점도 시에 대한 방법적 회의도 찾아볼 수 없다. 그러나 바로 그러한 편안한 자세 속에서 우리는 결코 새로운 것이 아닌 전통적 심성과 일상으로부터의 탈출

요구가 토박이 일상어의 세련된 조직을 통해서 빼어난 아름다움을 마련해내고 있음을 알게 된다.

직업적 필요에서 얼마쯤 떨어져 있는 순종의 나그네는 의식하건 안 하건 낯선 새 풍물과 경치와 지리의 순례자이며 편력자이다. 그는 한 지점에 구속되어 있지 않으며 마음먹은 대로 걸음과 자리를 옮긴다. 그 점에서 그는 낯선 새 풍경과 경험의 돈 후안(Don Huan)이다. 이 꽃에서 저 꽃으로 옮아다니는 나비와 같고 그런 의미에서 심미적 태도의 원형이기도 하다. 여행을 뜻하는 서구어의 옛 뜻에 고역이란 뜻이 들어 있다는 사실이 시사하듯이 여행은 금리생활자들의 관광처럼 속편한 것만은 아니다. 그럼에도 불구하고 고생스러운 여행과 나그네가 보편적인 심성에 호소하는 것은 일상의 권태로부터의 탈출과 해방의 이미지를 대동하고 있기 때문일 것이다. 술 익는 강마을의 저녁 노을은 '고약한 생존의 치욕에 대한 변명'이기도 하지만 한편으로는 그 치욕으로부터의 자발적 잠정적 탈출의 계기가 되기도 한다. 그리고 그것은 결코 가볍고 소소한 일이 아니다. 직업적 나그네와는 달리 보통 사람들은 일상생활에 참여하고 잔류하면서 해방의 순간을 간접 경험하는 것이다. 인간의 난경은 술 익는 강마을의 저녁 노을을 생존의 치욕을 견디게 할 수 있는 매혹으로 만들어주기도 하는 것이다.

인류의 미래와 세계의 향방에 대해서 관심하는 거대담론의 관점에서 볼 때 가령 서정시의 세계는 하찮게 보일 수도 있다. 인류와 세계의 미래에 대해서 비관적인 전망이 불가피해 보일 때 특권적 순간에 따라서 일희일비하는 서정시는 무한히 가볍고 작아 보인다. 개인적 차원에서 볼 때 개개 인간의 거대서사는 우연한 탄생과 불가피한 죽음으로 구성되고 탕진된다. 그 거대서사의 윤곽만을 의식할 때 우리 삶의 구체와 세목은 하찮고 소소한 것이 되어버린다. 탄생의 우연에서 시작하여 불가피한 종언으로 귀결되는 서사윤곽의 잠정적 망각이나 의식으로부터의 퇴출 없이 우리의 일상생활은 영위될 수 없다. 우리는 종언이 없는 서사를 가정하면서 그러한 가정법 아래서 하루하루를 뜻깊은 것으로 만들어가며 의미를 찾아서 삶을 견디어낸다. 우리는 그러한 가정법을 결코 허망한 자기 기만이라고 치부하지도 않는다. 그럴 수는 없는 것이다.

확실히 우리는 서정시를 쓰기 힘든 시대를 살고 있으며 서정시가 하찮아 보이는 시대에 살고 있다. 그러나 거대서사의 자발적 잠정적 망각을 통해서 우리의 일상을 살아가듯이 우리는 서정시를 위해 의심과 불신의 자발적 정지를 통해서 해방과 탈출의 특권적 순간을 누릴 수 있다. 서정시 쓰기가 힘든 시대라는 것은 역설적으로 서정시가 가장 절실히 요구되는 시대이기도 하다. "모든 것에도 불구하고 삶은 괜찮은 것"이라는 실러의 말이 이제는 바보 같은 소리가 되었다고 아도르노는 정당하게 지적하고 있다. 그러나 그것은 죽음의 위협이 다급하지 않은 상황 속에서의 여유 있는 발언이다. 죽음의 수용소 속에서였다면 그런 말은 나오지 않았을 것이다. 다시 한번 서정시가 쓰기 힘든 시대는 절실히 그것을 필요로 하는 시대이다. 그것을 열렬히 의식하는 것이야말로 시인의 의무일 것이다. 여기서의 서정시가 우리 현대시 고전의 독자 없음을 상기시키기 위해서 인용해본 청록파 흐름의 지나간 연대의 시를 가리키는 것이 아니라 광의의 시 일반을 가리키는 것임은 말할 것도 없다.

문학 교육에 대한 소견
— 지도자부터 공부해야

고려대 이남호 교수의 『교과서에 실린 문학작품을 어떻게 가르칠 것인가』는 현행 문학 교육의 문제점을 충격적으로 보여주고 있다. 이 책은 중고등학교 교과서에 실린 스물여섯 편의 작품을 대상으로 하여 '배우기에 적절한 작품인가' '어떻게 가르치고 있는가' '어떻게 가르칠 것인가' 등 세 가지를 검토하고 있다. 이 책에서 가장 충격적으로 드러나는 심각한 국면은 '어떻게 가르치고 있는가'의 부분이라고 생각한다. 전체적으로 보아 저자의 비판적 지적은 적절하고 타당한 것으로 생각되는데, 대부분의 교과서나 지침서가 작품의 이해에 장애가 되는 설명이나 부적절한 길잡이 구실을 하고 있어 백해무익한 해설이 되어주고 있다는 느낌을 받게 된다. 교육 현장에서 교사들이 이들 교과서나 지침서에 전폭적으로 의존하리라고 생각할 때 정말이지 암담하다는 생각을 금할 수 없다.

우리 사회의 많은 분야에서 그렇듯이 우선 지도부가 솔선해서 잘못을 저지르거나 부적절한 생각을 전파하고 있다는 사실을 새삼 절감하게 된다. 좀더 책임 있고 신뢰할 수 있는 교과서와 지침서가 나와야겠는데 그것이 쉽게 이루어질 성싶지는 않다. 요즘 전문화 추세와 함께 '문학 교육'의 전문성이 강조되기도 하는 모양인데 '문학'에 대한 소양이 실종된 '문학 교육'의 전문성이란 도대체 무엇인가 하는 의문을 금할 수 없다. 문학 교육 지도부의 안목이 현저하게 변화하고 이에 따라 교육 현장의 교사들이 변모하지 않는 한 획기적인 문학 교육의 쇄신이나 개선은 바라기 어려울 것으로 생각된다.

그러나 교육 현장에서 교사의 창의적인 노력이나 개성적인 지도에 기대를 걸어볼 수 없는 것은 아니다. 모든 예술이 그렇듯이 문학에는 사람을 당기는 매혹적인 힘이 있고 거역하기 어려운 이러한 매혹을 체험한 사람들은 그 매혹 경험의 확산에 어떻게든 기여할 수가 있다. 그것은 그 매혹을 설명하는 것과 반드시 동일한 것은 아니다. 여기서 잠시 개인적인 경험을 토로하는 홀가분한 자유를 누리고 싶다. 필자는 궁벽한 시골 초등학교에 입학하였고 그리 크지 못한 소읍에서 중고교를 다녔다. 따라서 세상에서 말하는 소위 우수 교사를 만나기는 상대적으로 어려운 처지에 있었다. 그러나 교실에서의 문학 교육에 관한 한 내가 받은 최선의 교육을 그 시절에 받은 바 있다고 생각하고 있다. 중학 1학년 때 우리는 군정청에서 펴낸 국어 교과서를 쓰고 있었다. 교과서에는 당시 '전위시인'으로 활동하던 이병철(李秉哲)의 「나막신」이란 작품이 실려 있었다.

  은하 푸른 물에 머리 좀 감아 빗고
  달 뜨걸랑 나는 가련다.
  목숨 수자 박힌 정한 그릇으로

체할라 버들잎 띄워 물 좀 먹고
달 뜨걸랑 나는 가련다.
삽살개 앞세우고 좀 쓸쓸하다만
고운 밤에 딸그락 딸그락
달 뜨걸랑 나는 가련다.

이 아름다운 소품에 끝없이 매료되었다. 그러나 그것은 무어라 설명할 수 없는 어떤 것이었다. 당시 국어교사였던 이백하(李栢夏) 선생은 이슥한 시각에 골목길에서 나는 나막신 소리를 듣고 늦은 밤길을 가는 이의 심정을 상상해서 쓴 시라고 설명하였다. 그 얘기를 듣고 나니 시의 비밀을 포착한 것 같은 상쾌한 느낌이 들었고 그러기에 이 작품을 지금껏 기억하고 있다.

선생이 돌아가신 1985년에 이 삽화를 곁들여서 추모의 글을 적은 일이 있다. 유관순과 함께 아우내 장터에서 시위를 주도했다가 체포되어 이 년의 옥고를 치른 선생은 서당에서의 한문 수학 이외엔 학력이 전혀 없는 분이었다. 그러나 우리말과 글 사랑이 대단한 호학의 선비였다. 요즘의 지침서 필자들일 것 같으면 작자가 좌파 시인이라는 전기적 사실을 염두에 두고 "지하활동을 하는 시인이 어떤 결연한 행동으로 나가기 전의 심정" "새출발을 하는 시인의 지사적 결의"를 노래한 것이라고 별별 해괴한 소리를 다 늘어놓았을 것이다. 그런 구접을 떨지 않은 것은 선생이 이 작품의 매력을 충분히 인지하고 그것을 학생들에게 전달하려고 궁리를 했기 때문이었을 것이다. 그리하여 나막신 소리에 의탁한 상상력이란 묘수를 찾아낸 것이었을 터이다. 요컨대 작품의 매력에 끌리고 작품을 좋아했기 때문에 있을 수 있는 부적절한 수다를 피할 수 있었을 것이다. 그러고 보면 요즘 같으면 「나막신」 같은 작품은 교과서에 실리지도 못할 것이란 생각이 든다. 가람 이병기같이 고금의 우리 문학에 조예가 깊고 그 자신 뛰어난 시인이 편수책임을 맡았기 때문에 가능했을 것이다. 어쨌거나 문학을 좋아하고 안목을 갖춘 교사들의 창의성 있는 지도가 그나마 문학 교육의 희망일 수밖에 없다고 생각한다. 그리고 그러한 교사들이 많이 활동하고 있다고 생각한다.

 문학 교육은 분명 파행하고 있다. 문학 교육의 실패는 그러나 교육의 실패라는 전반적 현상의 부분적 표현일 것이다. 이남호 교수의 책에 인용된 지침서 같은 수준 미달의 해괴한 문서가 생산되는 것은 수학이나 사회생활과 같은 분야가 외국의 것을 참조할 수 있음에 반해서 문학 교과서에는 참조 모형이 있을 수 없다는 것과 연관되지 않나 생각한다. 문학 일반론을 아무리 참조해도 작품에 대한 기본적 이해가 없으면 적정성 있는 지도 지침은 나올 수 없다. 구두점 하나라도 소홀히 해서는 안 되는 교과서에 의미가 통하지 않는 무잡한 문장이 자주 보이는 것도 예사로운 일이 아니다. 기본 자질이 의심되는 이들이 지도자로 나서고 있기 때문이다. 교사가 먼저 교육받아야 한다는 옛 급진주의의 명제의 중요성이 실감되는 상황이다. 그러나 따지고 보면 지도자나 지도부도 문학 교육을 제대로 받은 바가 없기 때문에 악순환이 계속되고 있는 것일 터이다. 이남호 교수의 책을 계기로 해서 교육 현장에서의 활발한 의견 교환과 토론으로 새로운 바람이 일어나기를 기대한다. 해괴한 지침서를 도외시하고 창의성 있게 지도하는 교사들의 결집된 노력만이 현시점에서 바라볼 수 있는 타개책이 될것이다.

영원한 마음의 고향
― 문학 속의 산

해방 전에 어떤 유럽인이 한국이 자랑할 만한 것 여섯 가지가 있다며 한글, 푸른 하늘, 석굴암, 고려자기 등을 거명했다는 것을 읽은 기억이 있다. 가을 하늘이 곱기로서니 무어 세계에 자랑까지 할 일인가 하고 막연히 생각하였다. 그러던 중 삼십대 후반에 눈이 많이 오기로 유명한 외국 도시에서 이 년간 체류할 기회를 가졌다. 눈이 많이 오는 것도 문제였지만 10월 중순부터 이듬해 4월까지는 도대체 푸른 하늘을 볼 수가 없었다. 하루도 맑은 날이 없는 것이다. 그 갑갑함이란 이루 말할 수가 없었다. 그때 비로소 기후나 날씨가 우리의 감정생활에 얼마나 큰 영향을 끼치는가 하는 것을 실감하였다. 또 우리의 가을 하늘이 자랑거리리고 말한 외국인 발언이 생각나서 그 진실됨도 실감할 수 있었다. 그 외국인은 아마도 흐린 날씨가 많은 북유럽 출신이었으리라.

푸른 하늘의 고마움을 모르듯이 아기자기한 산이 많은 터전에서 살고 있는 우리들은 대개 산의 고마움도 느끼지 못한다. 서울과 같은 왁자지껄한 대도시에서도 북한산을 넘어서면 완전히 딴 세상이 나타난다. 이 바닥에서만 눌러 있다보면 그 복됨을 실감하지 못하고 만다. 그러나 산을 볼 수 없는 곳에서 얼마를 지나다보면 곧 싫증이 나게 마련이다. 광막한 광야나 몇 시간을 달려도 옥수수밭만 눈에 띄는 들판도 처음엔 시원하고 볼품 있게 여겨지지만 곧 진력이 나고 만다. 산 높고 물 맑은 고려(高麗)땅에서 자란 탓이리라. 크게 말하여 동양 전통에서 산은 항시 그리움의 대상이자 마음의 고향으로 파악되어왔다. 많은 중국 시가 산을 빼고 성립되지 않는다고 말해도 망발은 아닐 것이다. 고려 때 「청산별곡」에서 산은 유토피아의 축도로 노래된다. 그것은 다분히 단순화되고 이상화된 산이지만 산에는 그러한 이상화를 촉발하는 요소가 있는 게 사실이다. 좀더 가까이에서 사례를 들어보아도 사정은 마찬가지이다.

    왜 이렇게 자꾸 나는 산만 찾아 나서는 겔가?—내 영원한 어머니—
내가 죽으면 백골이 이런 양지짝에 묻힌다. 외롭게 묻어라.
    꽃이 피는 때, 내 푸른 무덤엔, 한 포기 하늘빛 도라지꽃이 피고, 거기 하나 하얀 산나비가 날러라. 한 마리 멧새도 와 울어라. 달밤엔 두견(杜鵑)! 두견도 와 울어라.

                                   —박두진, 「설악부」 중에서

이것은 어느 특정한 시인의 개인적인 소회만은 아닐 것이다. 농경사회에서 대지는 늘 어머니 대지로 호칭되어왔지만 산 또한 대지의 일부로서 영원한 어머니로 상상되었다. 또 흙에서 나와 흙으로 돌아간다 하더라도 우리 조상들은 앞의 대목이 보여주듯이 산자락에 묻힐 것을 기대하였다. 그런 의미에서 산은 영원한 어머니일 수밖에 없다. 우리나라에서 유난히 풍수지리설이 숭상되어온 것도 아기자기한 산이 많다는 사실과 연관된 것이다. 명당자리라는 것이 대체로 풍요 혹은 다산(多産)숭배와 연관되어 있다는 것은 국외자의 눈에도 대개 짐작이 가는 터이다. 박제가(朴齊家)가 『북학의(北學議)』에서 풍수설의 근거 없음과 그 폐해를 거론하면서 요동(遼東)의 들녘을 보면 모두 밭에다가 장사를 하였는데 거기 무슨 차이가 있느냐고 말하고 있는 것은 흥미 있고 그럴싸하다. 풍수설을 낳은 것은 이렇게 산의 매력 때문이었을 것이다.

돌아갈 영원한 어머니로서의 산은 그러니까 사람들에게 편안한 안정감을 준다. 유명한 괴테의 「나그네의 밤노래」나 널리 애창되는 슈베르트의 〈보리수〉에도 드러나 있듯이 휴식과 죽음은 늘 긴밀하게 연결되어 있다. 죽음은 사실 중단되지 않는 기나긴 휴식이 아니고 무엇이겠는가. 산은 그래서 피로한 생활인에게 늘 휴식의 이미지로 다가온다. 시집 『청록집』은 여러모로 자연 송가라는 측면을 가지고 있지만 조지훈의 「파초우(芭蕉雨)」에서 우리는 우리의 생활 속에서 산이 갖는 의미를 극명하게 실감하게 된다.

성긴 빗방울
파촛잎에 후두기는 저녁 어스름
창 열고 푸른 산과
마조 앉아라

들어도 싫지 않은
물소리기에
날마다 바라도
그리운 산아

  산을 바라보며 누구나 "날마다 바라도 그리운 산아"라는 감개를 갖는 것은 아니다. 그렇다고 시인이기 때문에 가능한, 시인의 고유한 감상도 아니다. 생각건대 일정한 나이에 도달해야 비로소 이러한 시행에 공감이 가고 산의 고마움을 알게 되는 것이라고 생각한다. 삶의 강제(强制)가 안겨주게 마련인 많은 신산(辛酸)과 우여곡절 끝에 비로소 사람들은 무사한 일상이 얼마나 큰 축복이며 날마다 바라보는 산과 별이 얼마나 고마운 것인가를 절감하게 되는 것이라고 여겨진다.
  앞의 시편이 20세기 시인의 작품이라고 해서 그것을 현대상황에 제한적으로 연결시킬 필요도 없다. 사실 앞의 시행이 보여주는 것은 동양의 보편적 감회라 할 수 있는 것이고 중국 시에서 그러한 사례는 너무나 빈번하게 볼 수 있다. "동쪽 울타리에서 국화를 따며 유유히 남산을 본다"고 도연명이 노래했을 때 그 또한 날마다 바라도 그리운 산을 노래하고 있는 것이다. "온갖 새들은 다 높이 날아가고 / 홀로 가는 외로운 구름 한가로와라. / 둘이 서로 바라보며 싫어하지 않나니 / 오직 이 경정산(敬亭山)이 있을 뿐이네"라고 시인 이백이 노래했을 때 그것은 그대로 비슷한 심경을 노래한 것이다.
  먼발치로 산을 바라보는 것에 만족하지 않고 아주 산속으로 들어가 산 사람들이 있다. 「청산별곡」이 노래하는 것도 단순한 위안의 희구 아닌 청산에서의 삶이지만 그것을 실천해서 산 사람들이 있다. 이른바 동양의 은자(隱者)들이다. 이들은 세상을 버리고 아예 산에서 숨어 산 것이다. 시인 백석의 시에 "산골로 가는 것은 세상한테 지는 것이 아니다/세상 같은 건 더러워 버리는 것이다"란 대목이 있다. 백석은 세상을 버리고 산속으로 들어가지는 않았지만 은자들의 심정을 잘 표현해놓고 있다. 모든 은자들이 그러한 심정으로 산속으로 들어갔을 것이다. 산속에 들어가 산다는 것은 달력 없이 사는 것을 의미한다. 달력 없이 산다는 것은 역사와 무관하게 비켜서서 산다는 뜻이다. "산중이라 책력이 없어/추위 다 갔어도 가신 줄 몰랐네"란 한 중국 시 대목은 그러한 은자의 생활 태도를 잘 드러내고 있다. 누구나 은자가 될 수 있는 것은 아니고 되어서도 안 된다. 그러나 사람들은 때때로 시인 백석이 그랬듯이 세상을 버리고 산골로 가고 싶은 충동을 느낄 것이다. 정지용의 금강산 시편인 「구성동(九城洞)」에서 우리는 은자를 유혹하는 산의 매혹이 무엇인가를 엿보게 된다.

골작에는 흔히
유성(流星)이 묻힌다.

황혼(黃昏)에
누뤼가 소란히 쌓이기도 하고,

꽃도
귀양 사는 곳,

절터뜨랬는데
바람도 모히지 않고

산그림자 설핏하면
사슴이 일어나 등을 넘어간다.

  역사도 정지하고 사회의 소음에서 완잔히 동떨어진 고요와 평화의 세계이다. 우리는 때로 이러한 세계를 꿈꾸며 거기에 몸을 맡기고 싶은 충동을 느낀다. 그러나 그것은 어디까지나 순간적인 충동이요, 행동으로 옮길 수 있는 것은 아니다. 겨우 주말의 산행으로 만족하는 수밖에 없다. 어떤 집계에 의하면 우리나라 사람들의 육십 퍼센트 이상이 살고 싶은 나라로 알프스 산맥에 인접한 스위스를 들었다고 한다. 그러나 스위스는 19세기 중엽 중립국이 되기까지는 유럽에서 가장 가난하고 살기 힘든 나라였다. 이상과 현실의 차이를 잘 드러내는 사례일 것이다. 산이 우리의 마음의 고향인 것도 사실이지만 얼마나 무섭고 위험에 찬 곳인가 하는 것은 소설 속에 잘 드러나 있다. 가령 김동리의 「산화(山火)」나 황순원의 「잃어버린 사람들」에서 그것을 실감할 수 있다. 그러한 소설 속의 산을 유념함으로써 우리는 비로소 산에 대한 균형잡힌 관점을 갖게 될 것이다. 자연은 아름다우면서 동시에 무서운 것이다.

꾀와 힘
—옛 이야기가 시사하는 것

 미 대륙이 발견된 후 얼마 되지 않아서였다. 한 유럽인이 산속에 있는 원주민 마을에 가서 묵은 일이 있다. 새벽녘이 되자 영차영차 소리를 지르는 소리가 났다. 해가 뜨고 있었다. 얼마 지나지 않아서 마을의 장정 한 떼가 산을 내려오고 있었다. 이른 새벽부터 무슨 소동이냐고 했더니 "해를 띄우고 왔다"는 것이었다. 이튿날도 마찬가지였다. 마을 장정 한 떼가 역시 산꼭대기로 달려가더니 이윽고 영차영차 하는 고함 소리가 들려왔고 얼마 안 있어 이들은 씩씩거리며 산을 내려오는 것이었다.
 마을 장정들이 산꼭대기에 올라가서 떠오르는 해를 향해 영차영차 하고 기운을 돋우어주어야 태양이 별 탈 없이 떠올라 온 세상을 환히 비추어줄 수 있는 것이라고 원주민들은 믿고 있었다.
 유럽인은 그런 수고를 하지 않더라도 해를 떠오르게 할 수 있는 길이 있다고 넌지시 말했다. 원주민들의 성화를 못 이긴 유럽인은 수탉을 여러 마리 구해오라고 일렀다. 아마 그 산골마을에선 닭을 기르지 않았던 모양이다. 마을 사람들이 수탉을 여러 마리 구해왔다. 새벽이 되자 수탉이 울기 시작했다. 한 마리가 우니까 연달아 울기 시작하였다. 유럽인은 마을 장정들에게 굳이 산꼭대기로 올라갈 필요가 없다고 말했다. 해가 떠오르기 시작하자 수탉들은 더욱 신이 나서 꼬끼오를 외쳐댔고 기운을 얻은 아침해는 힘차게 솟아올라 변함없이 온 누리를 환히 밝혀주었다. 원주민들은 일제히 즐거움과 신기함의 함성을 질렀다. 그리고 유럽인을 무등태웠다. 새벽마다의 산행(山行)이라는 귀찮음을 덜게 된 마을 사람들은 서로 질세라 아껴두었던 금덩어리들을 유럽인 나그네에게 선사하였다. 원주민들에게 편안한 새벽잠을 선사해준 대가로 그는 큰 부자가 되었다.

누가 지어낸 얘기일 것이다. 혹은 비슷한 얘기가 실제로 있었는지도 모른다. 유럽인 나그네가 비결을 가르쳐주어서 부자가 되었다는 부분은 아마 꾸며낸 얘기일 것이다. 그러나 마을 장정들이 산꼭대기에 올라가 영차영차 하고 기운을 내주어야 아침해가 거뜬히 떠오를 수 있다는 믿음과 이 믿음에 근거한 마을 장정들의 관행은 전혀 허황한 얘기는 아니었을 것이다.

근대과학은 해돋이 현상이 지구의 자전(自轉)의 결과임을 가르쳐주고 있다. 또 계절의 순환이 지구 공전현상의 일부임을 가르쳐주고 있다. 그러나 이러한 근대과학의 정연한 설명이 있기 전 가령 기독교 문명권 안에서는 해돋이 현상이 인간을 위한 신의 은총의 하나라고 생각되었다. 그것은 인간의 소행에 따라서 신이 언제나 철회할 수 있는 '항상적인 기적'의 하나였다.

그러면 이러한 종교적 해석이 퍼지기 이전엔 또 어떻게 그것이 설명되었을 것인가? 미 대륙 산골마을 사람들이 가지고 있던 바와 같은 신화적 혹은 설화적 해석이 퍼져 있었을 것이다. 신화는 물론 천지개벽이나 신들에 관한 얘기지만 세계를 이해하고 설명하려는 옛사람들의 지혜의 소산이었다. 그것은 결코 과학의 정신과 배치되는 것은 아니었다. 우주와 자연의 수수께끼에 대한 설명이요, 해석이라는 점에서는 기본적으로 과학과 평행되는 지적 상상적 소산이다. 천문학이 점성술에서 유래했고 화학이 연금술에서 나왔다는 사실을 보더라도 그 사이의 사정을 넉넉히 짐작할 수 있다.

산꼭대기에 올라서 고함지르는 관행과 해돋이 현상의 인과관계 설정에 원주민들이 의심을 안 가진 것은 아니었을 것이다. 그러나 그것이 부족의 오랜 관습이요 또 그 때문에 부지런한 삶을 영위하게 된다는 사실상의 이점도 물리치지 못했을 것이다. 뿐만 아니라 마을 장정들의 협동을 통한 공동체 의식, 또 자연과 인간의 연속성 의식을 제고해주는 상징적 의식으로서 그 관행은 존중되었을 것이다. 사람들은 눈앞의 실제적 이득에만 정신 팔리는 존재가 아니기 때문이다.

우리들은 최초의 세계해석을 교육을 통해서 전수받는다. 그리고 누구나 아다시피 오늘날의 교육은 학교라는 제도를 통해서 이루어진다. 그러나 학교라는 근대 교육기관이 생기기 이전의 전통사회에서 어린이에 대한 최초의 세계 해석은 '옛날 얘기'의 형태로 주어졌다. 해는 누이요, 달은 남동생이라는 동지 팥죽과 관련된 설화도 어린이에게 주어지는 최초의 세계 해석의 하나였다. 옛 얘기는 따라서 전통사회의 필수적인 교과과정의 일부를 이룬다.

옛날 얘기는 세계 해석의 차원에만 머무르지 않는다. 흥미를 제공해주면서 아울러 삶에 대처하는 지혜까지도 은연중에 시사한다. 동지 팥죽에 얽힌 해와 달의 설화만 하더라도 거짓 훙계에 대한 경각심을 일으켜주면서 동시에 '태산이 무너져도 솟아날 구멍이 있다'든가 '호랑이 굴에 가도 정신만 차리면 산다'든가 하는 속담과 마찬가지로 자구책을 위한 노력의 필요성을 알려준다. 또 스스로 돕는 자를 하늘 또한 도와준다는 것을 시사함으로써 살아남기 능력에 도움이 되어준다. 즉 삶에 대한 일정한 태도를 형성해주는 것이다.

우리나라에 흔한 여우고개 전설 같은 것도 그런 맥락에서 파악할 수 있다. 글방에 다니는 아이를 아리따운 색시가 유혹을 한다. 글방 아이의 변화를 알아챈 글방 선생은 구슬을 주면서 다음번 색시를 만났을 때 삼키라고 이른다. 글방 아이가 이르는 대로 구슬을 삼키자 아리따운 색시는 커다란 구미호가 되어 쓰러져버린다. 이것은 여성을 경계하라는 고루한 유교 흐름의 교훈담이 아니다. 겉보기와 실상이 반드시 같은 것은 아니니 유념해두라는 시사를 담고 있는 얘기다. 삶에 대처하는 방식을 어디까지나 시사하는 것이다. 유혹자의 모티프와 연결되어 그것은 뜻깊은 지혜의 전수가 되는 것이다.

서양 쪽의 옛 얘기를 보면 꼬마 소년이 거인을 꾀로 이겨내는 얘기가 많다. 심리학자들은 이때의 거인이 곧 자기 부모이며 부모에 대해 있을 수 있는 간헐적인 적의(敵意)를 발산시키는 효용이 있다고 설명한다. 그럴 수 있을 것이다. 그러나 그보다 중요한 것은 기운센 거인을 꼬마가 이겨낼 수 있다는 지혜의 전수에 있다. 삶에 대처하는 한 유효한 방식이기 때문이다.

이 세상에 전하는 옛 얘기의 큰 갈래는 주먹과 꾀의 대결에 관한 것이다. 주먹이 약하고 기운이 세지 못하면 우선 불리하지만 종당에 이기는 것은 꾀요 지혜이다. 따라서 기운과 속임수가 막상막하의 싸움을 벌이는 것이다. 그리스 신화에도 나오고 또 서사문학에 나오는 오디세우스가 끝까지 살아남는 것은 힘과 꾀를 겸비하고 있기 때문이다.

앞에서 우리는 설화나 옛 얘기를 말하였다. 그런데 옛 얘기는 민요와 함께 문학의 원형이요 가장 오래된 품목이다. 현대문학의 총아가 되어 있는 소설도 사실은 어른들은 위한 '옛 얘기'에 지나지 않는다.

소설이 주로 하는 일은 세상살이를 보여주는 일이다. 현실의 이모저모를 허황하지 않게 보여주는 것이다. 그것은 세계 해석과 현실 해석의 일환이요 연장이다. 거기에서 그치지 않고 삶에 대처하는 지혜를 시사해준다. 시사란 말을 되풀이하는 데는 이유가 있다. 옛 얘기나 문학이 명시적으로 메시지를 전달하는 것이 아니라 얘기를 통해 넌지시 무엇인가를 암시한다는 특징을 강조하기 위해서이다. 옛 얘기나 문학이 터놓고 메시지를 전달하면 그것은 거부감을 일으키게 마련이다. 어린이조차도 교훈의 낌새에는 민감하게 거부감을 보인다. 철든 어른들에게는 말할 필요조차 없다. 문학은 시사하는 것이지 지시하거나 명령하는 것은 아니다.

뿐만 아니라 옛 얘기는 환상적이고 사람의 의표를 찌르면서 매우 재미있다. 상상력의 놀이로서나 현실적인 것의 추구이거나 간에 좋은 문학은 우선 재미있다. 그러면서 은연중에 삶의 지혜를 내면화시켜준다. 그것이 아주 잘 조화되어 있어 재미와 지혜의 보물창고가 되어주고 있는 것이 이른바 고전이라는 것이다. 되풀이 읽어도 탕진되는 법 없고 재미와 지혜를 간직한 고전을 읽는 것은 따라서 가장 확실한 삶의 선용의 하나인 것이다.

내 삶의 소롯길에서
— 시집에 얽힌 이야기

　가로쓰기 책이건 세로쓰기 책이건 1950년대 이후의 신간본이 대부분인 소장본 가운데 구하기 힘든 책이 몇 권 있다. 그중의 하나가 임화(林和) 시집 『현해탄』이다. 이상(李箱)의 글에도 나오는 장애자 화가 구본웅(具本雄)이 장정을 맡았던 초판본이다. 본문 250쪽에 지질도 좋고 당시로서는 호화판이었던 이 책의 끝장에는 이러한 서지사항이 적혀 있다.

　　소화 13년 2월 23일 인쇄
　　소화 13년 2월 29일 발행
　　정가 1원 50전
　　저작자 임인식 · 경남 마산부 상남동
　　발행자 이정래 · 경성부 제동정 112
　　발행소 동광당서점 · 경성부 제동정 112
　　전화(광) 370번

표제지에는 심(沈)이라는 목도장이 찍혀 있다. 목도장의 주인이 내게 준 것이다. 그러나 책 뒤표지 안쪽에는 다른 사람의 이름 석 자가 보라색으로 찍혀 있다. 심군이 외숙에서 얻은 책을 다시 내게 건네준 것이다. 이 책을 읽는 법은 거의 없지만 어쩌다 대할 때마다 살아남은 자의 별난 감회를 경험하게 된다.

친구는 나와 동급이었으나 나이는 두 살이 위였다. 의무교육이 시행되기 이전에 취학하였던 우리들은 동급생 사이에서도 나이 차이가 많았다. 심한 경우 대여섯 살의 차이가 나는 경우도 시골에서는 드물지 않았다. 그는 똑똑하고 당찼고 승벽이 강한 조달한 소년이었다. 해방 직후의 특수한 정치상황 속에서 그는 일찌감치 정치적으로 '의식화'되어 언변으로 또래를 압도하였다. 동급생 중 키도 제일 작고 당차지도 못했던 최연소자인 내가 그와 가까워진 것은 멀지 않은 이웃에 산다는 지리적 근접성 때문이었다. 의협심이 강했던 그가 전학 와서 어릿어릿하던 내게 보호본능을 발휘했고 알게 모르게 내가 거기 기대었던 것인지도 모른다.

그가 일찌감치 요즘 말로 급진파 소년이 된 것은 외가의 영향 때문이었다. 그의 외가가 있는 곳은 이른바 좌익세력이 강했던 곳이고, 좌우익 투쟁이 비교적 격렬하지 않았던 우리 고장에서는 별난 편이었다. 일제 말기 전문학교를 중퇴했던 그의 외숙은 그쪽의 지도자였다. 군청 직원이었던 그의 부친이 외가 쪽 출입을 못 하게 한다고 불평하는 것을 들은 일이 있다. 그러나 심군에게 결정적인 역할은 끼친 것은 담임교사가 아니었나 생각된다. 해방 직후 교사들의 이동이 빈번해서 이 년 동안에 네 번이나 담임이 바뀌었다. 그중 두 명이 열렬한 '사상가'

들이었고 6·25 전후해서 비명으로 세상을 떴다. 똑똑했던 심군은 그러한 담임의 총애를 받으면서 더욱 이론가가 되어갔다. 친일파 민족반역자는 모조리 처단해야 하며 하루빨리 인민정부가 수립되어야 한다고 또래들에게 역설하였다. 교과시간중에 김순남의 〈농민의 노래〉나 〈적기가〉까지 가르쳐주었으니 그러한 말이 초등학교 고학년의 입에서 나오는 것은 그리 부자연스러운 일도 아니었다. 또 혼란기라고 하는 것은 아이들을 조숙하게 만드는 것도 사실이다.

중학에 들어가서도 그는 여전히 우수학생이었다. 성적도 좋았고 거침없는 달변도 여전하였다. 정부수립 후 그는 그전보다 말수가 적어졌고 그늘진 얼굴을 보이는 경우가 더러 있었다. '사상문제'로 말미암아 외가 쪽이 결딴나다시피 하고 그것이 직접 생활에 와 닿았기 때문이었다. 그러나 그의 신념이나 생각에는 변함이 없었다. 아니 내색하지 않는 속생각으로 굳어갔다. 그가 『현해탄』을 건네준 것도 그 무렵이었다. 그는 문학 같은 것에는 흥미가 없는 경파(硬派) 학생이었다. 따라서 쓸모 없는 책이었을지도 모른다.

"우리 삼촌 — 그는 자기 외숙을 그저 삼촌이라고 불렀다 — 이 그러던데 우리나라에서 제일가는 시인이라더라. 삼촌에게 얻어놓은 책은 또 많으니 이건 너나 갖다가 공부해라."

책을 건네주면서 그가 한 말이다. 시나 소설 읽는 것을 나는 공부라고 생각하지 않았다. 또 교과서에서 본 「우리 오빠와 화로」를 읽고 감동을 받은 적은 있지만 임화를 좋아하지도 않았다. 권환(權煥)이나 조벽암(趙碧岩)처럼 적극적으로 싫어하지는 않았지만 좋아지지 않았다. 다만 귀한 책이라는 생각에서 진심으로 고마운 생각이 들었다. 늘 무서운 소리를 해서 얼마쯤 주눅이 들어 있던 처지라서 더욱 그랬을 것이다. 강경논리가 검증 끝의 현장논리라기보다 사실은 겁을 주어 타인을 제압하려는 지배의 논리라는 것을 간파하기에는 나는 너무나 숫보기였고 또 연파(軟派)였던 것이다.

한참 후에 6·25가 났다. 수복이 된 후 한참 만에 나는 그가 의용군으로 나갔다는 소리를 들었다. 어느 동급생에게 찾아와서 함께 지원하자며 강권하더라는 얘기도 전해들었다. 동급생이 주저하자 누누이 설득을 한 뒤 마지막으로 이렇게 말했다는 것이었다.

"어차피 우리는 모두 가게 될 것이다. 그렇다면 제1차로 가는 게 좋다. 3차나 4차에 가게 되면 돌아와서도 인정을 받지 못할 것이다. 1차로 가야 사상과 충성심을 인정받는다."

이 말을 전해듣고 야속한 생각과 함께 심군다운 언동이라고 생각했다. 한편으로 무섭고 또 한편으로 부러웠다. 그러나 또 싫었다. 그후 그는 여러 가지 우여곡절 끝에 결국 우리 셈으로 열아홉이란 맹랑한 나이로 이승을 떴다. 그뒤 오랫동안 나는 가까운 거리임에도 그의 집 앞을 피해 우회해서 돌아갔고 어쩌다가 길에서 그의 부모 모습이 보이면 도망치듯이 피해다녔다. 시인 김광규씨의 번역으로 널리 알려지게 된 「살아남은 자의 슬픔」에 그전부터 끌린 것은 그 친구의 사단 때문이었다.

    물론 나는 알고 있다. 오직 운이 좋았던 덕택에
    나는 그 많은 친구들보다 오래 살아남았다.
    그러나 지난밤 꿈속에서

이 친구들이 나에 대하여 이야기하는 소리가 들려왔다.
"강한 자는 살아남는다."
그러자 나는 자신이 미워졌다.

"강한 자는 살아남는다"는 대목이 영역(英譯)에서는 '적자생존' 이라는 진화론의 어휘로 옮겨져 있다. 브레히트 시에서와는 달리 심군의 어머니가 나타나서 눈을 흘기는 꿈을 여러 번 꾸기도 하였다. 그러나 다 털어놓지만 그때에도 내 자신이 미워진 적은 없었다. 내가 아니면 누가 나를 위로해줄 것인가. 살아남은 것은 요행의 우연에 지나지 않는다. 먼저 간 자가 예외적 소수파가 아닌가.

모두 다 사십 년 전의 옛날 얘기이다. 불운했고 섬뜩하기도 했고 야속하기조차 했던 철부지 시절의 옛친구에 대해서 지금 나는 아득하게 담담하다. 얼마 전 고향 쪽의 월악산 정상에서 그의 외가가 있던 아래쪽을 내려다보았을 때 참으로 오랜만에 그 친구를 생각했다. 옛날의 붉은 산이 이제 절경으로 변한 것을 바라보며 그 친구야말로 살아남아서 그 절경을 바라보았어야 한다는 느낌이 퍼뜩 들었다. 헛똑똑이 같으니라구! 나는 불운했던 동급생에게 애매한 욕설까지 속으로 내뱉었다. 순간적인 의식의 흐름이었다.

그를 소재로 해서 소설을 쓴다면 어떻게 될까? 관점에 따라서 그는 재주는 있으나 경망하고 성급하고 남보다 앞서가려는 욕망이 남달리 강했던 야심 많은 정치 소년으로 그려질 수도 있을 것이다. 또는 남달리 정의감이 강하며 시대에 앞서 있던 의식화의 순교형 선구자로 그려질 수도 있을 것이다. 그리고 여태까지 대부분의 우리 소설들은 그러한 판에 박힌 유형으로밖에 이러한 격동기의 희생자를 그려내지 못하지 않았는가 생각한다.

　인간에게 가장 어려운 일의 하나는 살아보지 않은 시대를 참으로 진실 육박적으로 상상하는 일이 아닌가 하고 나는 요즘 생각하고 있다. 또 살아보지 않은 미래를 참으로 근접하게 예측하는 일이 아닌가 생각한다. 어렵다기보다 불가능한 일이 아닌가 생각한다. 그 점 상상의 나래를 펴서 살아보지 않은 과거를 적는 것은 문자 그대로 창작이요 왜곡이지 재현은 아니라고 생각된다. 그 점 우리는 모두 살아온 과거를 될수록 정직하게 기록해둘 의무가 있다고 생각된다. 해방 전후를 다룬 대부분의 소설이나 실록이 내게는 모두 황당한 '창작'으로 여겨진다.

　『현해탄』얘기가 나왔으니 말이지 짤막한 일본 체재중 『북의 시인』을 읽은 그곳 지식인들이 대체로 그 책을 사실로 받아들이고 있음을 보고 놀란 바가 있다. 역사와 소설이 다르다는 것쯤은 그들도 알고 있다. 그러나 세목상의 변경은 작가의 자유요 그려진 상황은 대체로 맞는 얘기가 아니냐는 투의 판단을 하고 있었다. 그 소설 속에서는 시인의 전향 사실을 입수한 외국 정보기관이 비밀 유지를 대가로 시인을 정보 제공자로 만드는 것으로 되어 있다. 폐결핵 환자인 시인에게 항생제를 제공하는 것도 미끼가 되어 있다. 그러나 일제 말기 시인의 전향 사실은 알 만한 사람은 모두 알고 있던 공지사항이었다.

　작가적 편의나 매문을 위해서 역사를 왜곡하며 그것을 예술이나 소설이라는 이름으로 합리화하는 것은 가장 타기할 만한 진실에의 반칙 행위이다. 이념의 이름으로 혹은 역사 해석이란 미명하에 일방적으로 역사를 왜곡하는 일이 너무나 공공연히 자행되고 있다. 그것은 이념의 타락이요 예술적 양심의 자승자박이다. 미화나 회화에 앞서서 객관적 사실에 대한 존중이 우리 사이에서는 너무나 홀대되고 있다. 국부적 사실에 함몰되어 전체를 보지 못한다면 그것은 반맹목이다. 그러나 국지적 사실의 진실성에 의존하지 않는 전체적 조망도 갈 데 없는 허위이다. 문학인의 책무는 특정 이념에 대한 충실이 아니라 이념의 그물을 빠져나가는 홀대받는 진실에 대한 경의를 유지하는 일이라고 나는 생각한다. 시인이나 예술가들에게는 고유의 영광과 간난이 따른다. 자기가 앉아 있는 나뭇가지를 베는 한이 있더라도 진실을 전한다는 열정 없이 진실은 재현되지 않는다. '리얼리즘의 승리'란 바로 그런 것이 아닌가.

눈물 젖은 두만강

중앙아시아에 있는 우즈베키스탄이나 카자흐스탄에 대해서 우리 국민이 알게 된 것은 소연방이 해체된 이후부터라고 생각된다. 이곳에 우리 동포들이 살고 있다는 소식과 함께 가령 우즈베키스탄의 수도인 타슈켄트 재래시장에서 배추김치를 팔고 있는 동포 여인들의 모습이 텔레비전 화면에 보도되면서 조금씩 알려지게 된 것이다. 1920년대 말에 소련으로 망명한 『낙동강』의 작가 조명희의 가족이 살고 있다는 얘기를 듣기 이전까지는 필자도 이 나라들에 대하여 아는 바도 관심도 없었다. 국악원장을 지낸 한명희 교수 주도의 '이미시 문화서원' 팀이 중앙아시아 연주회를 여는 데 동행하게 되어 좀처럼 기회가 없을 것 같던 이 지역을 둘러볼 수 있었다. 단시일 내의 강행군이어서 육신의 피로도 만만치 않았지만 보고 듣고 배우는 바가 많았던 유익한 여행이었다. 주 일 회씩 서울과 타슈켄트를 왕복하는 우즈베키스탄 항공사의 항공편이 있다는 것도 이번에 처음 알았다.

인천공항을 출발한 지 일곱 시간이 넘어서 도착한 타슈켄트는 인구 이백이십만의 큰 도시였다. 대지진으로 붕괴되었다는 구시가에서 좀

떨어진 곳에 신시가가 자리잡고 있다. 5월 말이지만 날씨는 벌써 한여름이었다. 거리에서는 심심치 않게 대우 자동차가 눈에 띄었는데 차 이름만은 우리 쪽과 달랐다. '국립중앙전시관'이라는 데서 동포 화가들의 전람회가 있다고 해서 들렀더니 마침 개막식날이었다. 조금은 찌든 얼굴들의 연만한 동포들이 많이 눈에 띄었다. 젊은이들은 옷차림이나 표정에서 활기가 있었다. 그림은 아마추어 솜씨의 인물화나 풍경화가 많았지만 '행복을 찾아서' '눈물 젖은 두만강'과 같은 표제가 시사하듯이 동포 이민의 역사를 다룬 것도 적지 않았다. 논 한가운데서 키 큰 풀을 움켜쥐고 있는 농부의 모습이 보여 저게 무어냐고 했더니 실제로 모 심는 구경을 해본 적이 없는 청년이 상상해서 그린 것이어서 모를 너무 크게 그렸다고 현지의 화가가 설명해주었다. 우리 이름은 '안일'이지만 '안 브라지밀'이란 러시아 이름을 가진 화가였다. 젊은이들은 우리말을 모르고 우리말을 하는 사람들은 대개 칠십이 가까운 노인들이었다.

   안일 화백의 설명에 의하면 우즈베키스탄에는 약 이십만의 동포들이 살고 있다고 한다. 현지에서 '고려인'이라고 하는 동포들은 많은 수가 지방에서 농사에 종사하고 있는데 물어보면 한결같이 '원동(遠東)'에서 왔다고 말한다. 연해주를 이곳에서는 원동이라 부르는데 결국 '극동(極東)'이라는 뜻이 된다. 1937년 연해주에서 중앙아시아로 강제 이주된 고려인들의 존재가 소련 안팎에 널리 알려지게 된 것은 고르바초프의 페레스트로이카 이후의 일이었다. 그전까지는 고려인들이 강제 이주당했다는 것을 공적인 장소에서 언급하는 것은 금기사항이었다. 입 다물고 살아온 것이다. 불과 일 주일의 말미를 주고 가축

운반용 화물차에 올라타게 한 당국은 중앙아시아의 허허벌판에 고려인들을 내려놓았다. 그들은 살아남기 위해 입을 봉하고 살았고 불모지를 개간하여 농사를 짓고 많은 노동영웅을 배출하였다.

그런데 강제 소환의 역사를 거리낌없이 말할 수 있게 된 오늘날 우즈베키스탄의 고려인들은 새로운 어려움에 직면하였다. 우즈베크인이 인구의 팔십 퍼센트를 차지하고 있으며 러시아인이 오점 오 퍼센트를 점하고 있을 뿐인 이 나라에서는, 1991년 독립을 선포한 이후 우즈베크어를 공용어로 채택하여 각급 학교에서 우즈베크어로 수업을 실시하고 있다. 다만 대학교육만은 할 수 없이 러시아어로 하고 있다는데, 이러한 언어정책은 러시아어와 카자흐어, 러시아어와 키르기스어를 다 함께 공용어로 채택하고 있는 이웃 나라와는 크게 다른 것이다. 그만큼 민족주의 감정이 국민 사이에 팽배해 있고 따라서 타지크인이나 고려인과 같은 소수민족에게는 살기가 불편하게 되었다는 것이다. 뿐만 아니라 러시아어조차 배우지 못한다면 가까운 독립국가연합(CIS)의 다른 나라 사람들과의 의사소통도 불가능해지고 그만큼 생존경쟁에서 약세로 몰리게 된다. 그리하여 자녀 교육을 위해서 러시아로 이주해가는 고려인들이 많다고 한다. 러시아라고 해야 많은 경우 선대가 살고 있던 원동으로 떠나는 것인데 그것은 무엇인가 연고지를 찾아가려는 심정과 관련된 것으로 보인다.

사정을 들으면서 진정 착잡한 생각을 금할 수 없었다. 지금 우리 사이에서는 자녀 교육을 위하여 이민을 가고 싶다고 토로하는 사람들이 많다. 또 적지 않은 외화가 외국 유학이나 언어연수를 위해서 소비되고 있다. 물론 그것은 국민 전체를 놓고 볼 때 소수의 중상류층에 한

정된 것이기는 하나 외화 소비라는 면에서는 막대한 액수에 달할 것이다. 강대국이나 다수파의 언어 습득이 소수파에게는 얼마나 큰 부담이 되는 것인가.

우즈베키스탄 이웃 나라인 키르기스스탄의 수도인 비슈케크에서의 공연장에서는 칠십 가까운 고려인 노인들의 모습이 특히 두드러져 보였다. 모두 한결같이 "원동에서 왔수다"고 말하였는데 그중에는 자기 할아버지의 고향이 전북 김제라는 이가 있었고 할아버지 고향을 모른다는 이도 있었다. 그러면서 '한산'이 어드메냐고 묻는데 성이 이씨인 것으로 보아 아마 한산 이씨인 모양이었다. 1949년도에 그루지아에서 키르기스스탄으로 왔다는 이도 있었는데, 어떻게 되어 그 멀리까지 갔느냐는 물음에는 그것을 어떻게 몇 마디로 말할 수 있느냐면서 덧붙이는 말은 잘 알아들을 수가 없었다. 모두 다 파란만장한 드라마를 가지고 있는 기구한 역정의 노인들이었다. 시간을 내어 다만 몇 사람에게 서라도 그 동안의 삶의 역정을 듣고 싶었지만 그럴 시간이 없었다. 초면임에도 덮어놓고 손을 잡고 반가워하는 그들의 초췌한 모습에서 다시 기구하다는 말의 의미를 되새기지 않을 수 없었다.

우즈베키스탄의 고려인 사이에서는 한국 노래로는 〈눈물 젖은 두만강〉이 널리 알려져 있다고 한다. 고려인의 존재가 알려진 이후 우즈베키스탄의 시골 구석까지 찾아오는 한국인이 더러 있었다. 연구를 위해 찾아오는 문화인류학도도 있고 선교사도 있고 사업차 찾아온 사람들도 있었다. 이들이 고려인에게 가르쳐준 노래가 〈눈물 젖은 두만강〉을 위시한 식민지 시절의 흘러간 노래였다. 그러나 그것은 우연만은 아닐 것이다. 연해주로 동포들이 이주해간 것은 19세기 중엽부터라고 한다. 나라 안에서 먹고살 길이 없는 사람들이 두만강을 건너간 것이다. 그들의 자손이 구소련으로 흩어져 현재 대략 육십만에 이른다는 고려인이 탄생한 것이다. 안타까운 것은 지금도 두만강을 몰래 건너가는 사람들이 그치지 않는다는 것이다. 지도자들이 해야 할 일이 무엇인가를 심각하게 생각게 하는 대목이다. 두만강이나 현해탄을 한을 품고 건너간 동포들의 후일담을 우리는 우리 자신의 일로 받아들여야 할 것이 아닌가.

내 글이 걸어온 길

어릴 적에 책을 좋아했던 것은 놀잇감이 별로 없었던 시대환경과 관련된 우연이었다고 생각한다. 의무교육이 시행되기 이전에 시골 국민학교에 취학했기 때문에 동급생들과 나이 차이가 많았고 따라서 그들과 어울려 놀러다니는 일이 비교적 드물었다는 사정도 그러한 우연에 가세하지 않았나 생각된다. 국민학교 5학년 때 해방을 맞았고 이때 한글을 처음 깨쳤다. 곧이어 방정환의 동화집, 이원수와 박목월의 동요집을 읽은 기억이 난다. 중학교 1학년 때 정지용의 시집을 접하고 우리말에 매료되었다. 구할 수 있는 한에서 문학책을 읽었고 또 그맘때 많이들 그러듯이 시랍시고 끄적여보기도 하였다. 그 전후해서 김동석의 평론집을 읽고 그 거침없는 패기에 끌리었다. 그렇다고 그가 하는 말이 다 옳다고 생각한 것은 아니다. 그가 기회 있을 때마다 모질게 비판했던 김동리의 「황토기」를 좋아했고 그가 추장해 마지않던 안회남의 『농민의 비애』 같은 것은 재미가 없어 중간에 팽개치고 말았다.

중학 4학년이 되자마자 6·25가 터졌다. 남들이 겪는 것을 다 겪고 1951년 9월에 복학을 했다. 희망 없는 암울한 나날이었다. 책을 많이 읽자면 외국어를 공부해야 할 것이 아닌가 막연히 생각하고 영문과를 택하였다. 정지용이나 김동석 같은 좋아하는 문인들이 영문과 출신이라는 것도 어느 정도는 작용하지 않았나 생각한다. 대학은 실망스러운 곳이었고 서투른 번역을 해주는 것이 고작이었다. 돈이 궁하던 시절이라 이것저것 아르바이트로 번역 같은 것을 했다. 누군가가 하청을 맡아오면 동급생끼리 쪼개어서 나누어 하는 것이었으니 그 물건됨은 보나마나이다. 그러다가 『문학예술』이라는 잡지에서 번역 모집 광고를 보고 응모해서 이른바 추천을 받았다. 그러니까 번역이란 것으로 추천이란 것을 받았으니 내 원적지는 번역문학인 셈이다. 공부도 되고 용돈도 생길 것이라고 기대했는데 두 가지 모두 별로였다.

그러다가 대학신문에 쓴 글이 연이 되어서 시평(詩評)이나 에세이를 쓰게 되었다. 학교를 나오기 전후의 일이다. 당시만 하더라도 환도 직후의 황무지 시절이라 그냥 읽히는 글만 되어도 여기저기서 글을 쓰라는 주문이 왔다. 구차하던 시절이라 주문이 오면 겁없이 원고지 칸을 메워 납품을 하고는 하였다. 전쟁을 겪은 처지요 현실의 가혹함을 경험했던 터라 문학인이 사회 현실을 직시하고 문학 속에 반영해야 한다고 생각하고 그런 취지의 글을 쓰기도 하였다. 그러는 한편 현실 반영 지향이기는 하되 문학적 성취가 미흡한 작품에 대해서는 거부감을 느끼고 있었다.

그 점 요즘에도 좋든 궂든 많은 화제를 제공하는 미당 같은 시인은 고민스러운 존재였다. 시 됨됨이로는 늘 매혹되었지만 당시의 그는 한참 신라 운운하면서 딴전을 피우는 것 같아 난감하였다. 소설은 김동리를 좋아하고 평론은 김동석을 좋아했던 중학 때의 자기 분열적인 버릇이 계속되지 않았나 싶다. 뒷날 가령 에드먼드 윌슨의 『액셀의 성』 같은 데서 그런 태도가 보이는 것을 보고 사실은 그것이 정직한 것이 아닌가 하는 생각도 들었다. 그는 사회적으로 진보적 전향적인 관점의 중요성을 강조했지만 문학적으로 평가하면서 다룬 시인 작가는 이와 반대되는 성향이었기 때문이다.

  1962년에 첫 평론집 『비순수의 선언』이 나왔다. 시인 신동문씨가 발설하여 주인의 호의로 신구문화사에서 나오게 된 것이다. 경의를 품고 있던 여석기 김수영 정명환 서기원 같은 분들이 호의적인 서평을 써주어 얼마쯤 고무되었다. 그러나 이내 이립(而立)의 나이가 되었고 앞길을 곰곰이 생각해보아야 할 처지가 되었다. 그때 그때의 주문에 응해 납품하면서 저널리즘의 부평초로 표류한다는 것에 대한 회의감과 불안감이 생기면서 무슨 전기를 마련해야겠다는 생각도 했다. 지적 자본의 본원적 축적이 미흡하다는 자의식과 함께 문학 위주의 편향된 독서에 대한 반성도 들었다. 필독서 구하기가 어려웠던 시절이어서 편향된 독서도 당사자의 태만 때문만은 아니었다. 애써 역사와 사회과학 쪽의 책도 구해보았다. 때마침 직장도 옮기게 되어 그것을 계기로 해서 한동안은 의도적으로 글을 쓰지 않았다.

  젖먹은 힘이 얼추 빠진다는 삼십대 후반에 장학금으로 미국에서 공부할 기회를 가졌다. 눈이 유난히 많이 오는 북위 사십삼 도의 외국 도시에서 가족과 떨어진 채 공부를 한다는 것도 쉬운 일은 아니었다. 요즘처럼 방학에 일시 귀국한다는 것은 꿈도 못 꿀 일이었다. 그러나 난생 처음으로 책 읽기에 전념할 수 있었던 것은 행운이었다. 그때의 만 이 년이 말의 엄밀한 의미에서 내 평생의 유일한 학생 생활이 아니었나 생각된다. 벤야민, 곰브리치, 아우어르바흐, 피터 버거, 배링튼 무어, 이언 왓, 마르케스 등을 이때 접했다. 조금은 혼란스러운 지적 계보였다. 당시는 학생들 사이에 반전(反戰) 무드가 고조되고 카운터컬처가 대세를 이루고 있던 시절이었다. 문과 대학생들 사이에서는 마르쿠제나 루카치가 필독서가 되어 있었다. 국내에서 볼 수 없었던 책을 읽는 것도 적지 않은 위안이 되었다.

마흔이 넘어 서울로 올라오게 되고 다시 글을 쓰게 되었다. 1982년 초에 나온 『동시대의 시와 진실』의 머리말에는 다음과 같은 대목이 보인다.

> 문학과 교화된 문명의 가치 사이의 연관이 의심스러워져가는 추세를 부정할 수는 없다. 이성과 상상의 언어는 무력해만 보인다. 그러나 궁극적으로 문학이 사람의 위엄에 어울리는 인간화된 사회공간을 이룩하는 데 기여할 수 있다고 나는 믿는다. 그것은 언어를 사실에 맞게 또 사실을 사람의 위엄에 맞게 마련함으로써 가능할 것이다. 사실을 사람의 위엄에 맞게 마련하는 일은 더욱 그렇지만 언어를 사실에 맞게 마련하는 일만 해도 아득하게 힘드는 일이다. 그때 말과 사실의 터울은 사라지고 시와 진실은 분리할 수 없는 하나로 어우러질 것이다. 그것은 모든 글이 지향해야 할 지복의 경지이기도 하다.

문학과 사회 현실의 관계에 대한 생각을 요약한 것인데 큰 테두리에서는 지금도 변한 것은 없다. 다만 그릇 큰 문학과 왜소한 문학을 가르는 척도는 문학적인 것만 가지고는 안 되지만 문학과 문학 아닌 것을 가르는 척도는 문학적인 것이라는 생각만은 확고하게 가지고 있다.

1987년 가을 대통령 선거로 사회가 들떠 있던 시기에 『사회역사적 상상력』이 나왔다. 대부분 1980년대에 쓴 글이었다. 머리말에 이런 대목이 보인다.

그 어느 때보다도 글쓰기에 곤혹스러운 시기였다. 종교를 가지고 있지 않은 처지에서 민족의 좌절과 인간에 대한 믿음의 흔들림은 계속적인 충격이었다. "캄캄한 밤에도 노래는 있는가? 아무렴, 캄캄한 밤에는 어둠의 노래가 있지 않은가"라고 스스로 번안한 시구로 겨우 노여운 무력감을 달래었다.

80년에 받은 충격을 적은 것이고 시구는 브레히트의 소품에서 딴 것이다. 글쓰기가 당당하고 의연한 실천과는 먼 거리에서 이루어지며 기껏 이차적 실천에 지나지 않는다는 생각을 하게 되었다. 문학이 감당할 수 있는 몫의 과도한 자임에는 유보감을 갖게 되었으며 미적 차원의 상대적 자율성을 인정하지 않는 관점에 대해서도 거리감을 느꼈다. 또 라이오넬 트릴링이나 조지 슈타이너와 같은 자유주의적 인문주의자의 글에 공감을 하게 되었다. 그런 연장선상에서 씌어진 것이 1995년에 나온 『문학의 즐거움』이다.

그보다 앞서 1980년대 후반에 교육방송의 〈문학이란 무엇인가〉란 교양강좌를 맡은 적이 있다. 당시엔 교육방송이 독립해 있지 않고 KBS 제3방송으로 되어 있었다. 일 주일에 삼십 분씩 근 반년 가까이 계속되어 모두 이십사 회인가를 출연하였다. 조금 쉽게 얘기해달라는 선의의 압력을 많이 받았다. 이때의 강연 초안을 기초로 해서 씌어진 것이 『문학이란 무엇인가』이다. 당시 해금된 시인에 관한 언급 등은 조금 시사성 있게 해달라는 종용 때문에 끼어든 것이다. 종래의 문학개론 흐름과 달리 예를 많이 들면서 파격적으로 썼다는 것 때문에 호의적 반응을 얻어 여러분이 교재로 채택도 하고 해서 뒷날 나온 『시란 무엇인가』와 함께 이른바 스테디셀러라는 것이 되었다.

『시란 무엇인가』는 1984년 현대문학사 주간이었던 최동호 교수의 제의로 『현대문학』에 일 년 동안 연재한 것이다. 책이 되어 나온 후 독자의 격려와 편지를 제법 받아서 이런 재미로 시인 작가들이 어려운 가운데서 글을 쓰는구나 하는 생각도 들었다. 두 권 모두 앞에 적은 계기가 없었다면 쓸 엄두를 내지 못했을 것이다.

1996년도에 연세대로 직장을 옮겼고 이때 처음으로 교실에서 학생들과 함께 우리 근대시를 읽는 경험을 갖게 되었다. 예상했던 바지만 예외적인 소수를 빼고서는 학생들의 시 읽기는 기초가 안 되어 있었고 그것은 각급 학교의 시 교육 부실의 결과라고 생각하게 되었다. 그러한 현장 경험을 첨가해서 쓴 것이 2001년에 나온 『서정적 진실을 찾아서』이다. 그리고 현재 계간 『문학동네』에 '다시 읽는 한국시인'을 삼 년째 연재하고 있다. 기초 독법(讀法)을 갖추지 못한 채 작품의 구체와 무관한 '큰소리'를 생산하는 비평과 연구에 대한 반성으로 시작한 것이다. 그래서 개개 작품의 분석에 주력하고 있다. 이것이 끝나면 간결한 '20세기 한국시사'를 쓰고 싶다. 또 근대성이라든가 상호 텍스트성이라든가 하는 주제의 글을 쓰고자 한다. 거대담론을 하지 않은 것은 역사나 사회 등 잘 모르는 분야에 대한 주제넘은 발언을 스스로 억제했기 때문이다. 뚜렷한 경륜 없이 대통령을 하겠다는 풍조나 지적 역량에 대한 명료한 자각 없이 남의 시각에 기대어 거대담론을 일삼는 것이 문제라고 생각한다.

고전연구는 별개지만 문학연구가 과연 학문인가 하는 점에 대해 여전히 회의적이다. 문체 없는 소설이나 무슨 소리인지 분명치 않은 산문은 읽지 않는다. 내 삶을 정당화하는 책을 쓰지 못했다는 자괴감에 때로 속이 쓰리기도 하지만 열받게 마련인 난세에 책을 읽고 음악을 들으며 젊은 학생들과 살 수 있었던 것에 감사하고 있다. 늙어가는 징조다. 모차르트도 상전에게 뒷발질을 당했다는 고사를 상기하며 삶이 안겨주는 강제를 견디며 살아왔고 앞으로도 살아갈 것이다.

제3부 **행복의 얼굴**

행복의 슬픈 얼굴
— 내가 읽은 가장 짤막한 행복론

이 세상의 모든 사람들이 한결같이 갈망하는 것의 하나는 행복의 성취일 것이다. 물론 모든 사람들이 그것을 의식하거나 바깥으로 표방하는 것은 아니다. 스탕달처럼 행복의 추구를 삶의 목표라고 정의하고 그것을 서슴없이 토로하는 사람은 예외적인 경우일 것이다. 그리고 역사의 여러 단계에서 인류가 줄곧 행복을 삶의 목표로 설정해왔다고 생각하기도 어렵다. 여러 가지 정황증거로 보아 크나큰 재앙의 회피가 인류 대다수의 초급한 나날의 과제였을 공산이 크다.

행복에 대한 논의는 예로부터 있어왔지만 그것은 소수 특권층들의 예외적인 경우였다고 보는 것이 옳다. 행복이 많은 사람들의 구체적인 추구나 염원의 대상이 된 것은 근대 이후의 일일 것이다. 산을 곁에 두고서도 사람들은 산에 오를 생각을 하지 않았다. 등산이 널리 유포되기 시작한 것은 근대 르네상스 이후의 일이다. 지금에 있어서도 일삼아 산에 오르는 일은 소수에게나 열려 있다. 행복 추구가 개인의 당당한 권리로 인정되기 시작한 것도 근대 이후의 일이다.

행복 추구의 권리가 공공연히 인정되기 시작한 근대사회에 있어서도 그 성취가 균등하게 약속되어 있는 것은 아니다. 아무리 개개인의 것이라고 하더라도 행복은 사회적 조건에 의해서 제약되게 마련이다. 행복을 어떻게 정의하건 가난이나 질병과 같은 것이 만성적인 일상의 상황으로 굳어진 터전에서 그것이 기약될 수는 없다. 또 전쟁과 같이 개인을 넘어서는 사회적 차원에서의 잔학행위가 사람의 행복에 대한 중대한 위협이 될 것임은 말할 것도 없다. 이렇게 개개인의 행복이 대개는 개인이 놓여 있는 사회상황에 의해서 크게 규정된다는 사실은 행복 추구에 있어서 개개인의 노력의 한계성을 말해주는 것이다.

개개인에게 열려 있는 행복 추구의 가능성은 다시 개인이 처한 특수한 여건에 의해서 제한되게 마련이다. 신체적 결함을 타고난 사람이나 질병이나 사고로 말미암아 신체의 자유를 빼앗긴 사람도 있다. 그런가 하면 인종적 편견이 극심한 사회에서 소수민족에 속하는 것과 같이 불리점을 가지고 있는 사람도 있다. 금력이 막강한 위력을 발휘하고 있는 사회에서 없는 사람으로 태어나는 사람들도 많다. 이러한 가지가지 제약은 개개인의 행복 추구의 가능성 속에서 커다란 장애적 요소로 작동하게 마련이다.

이렇듯 개개인의 행복이 크게 규제되는 사회적 상황, 처음부터 선택에 의해서가 아니라 하나의 여건으로서 주어진 상황 등을 고려한다면 개개인이 스스로의 행복 추구를 위해서 발휘할 수 있는 행동의 반경은 그렇게 큰 것이 되지 못한다. 사르트르가 강조하는 인간의 자유는 그가 정열적으로 설파했듯이 그렇게 유연한 것은 못 되는 것이다.

행복의 사회적 제약성은 이렇게 그 주어진 성격에 한정되는 것은 아니다. 한 사회가 가지고 있는 가치관에 의해서 다시 제약될 수밖에 없다. 가령 서양문학에서 오래된 고전으로 으레 인용되는 서사시인 『일리아드』를 들어보자. 『일리아드』의 세계는 싸움과 잔학행위의 세계이다. 물론 적에게 가할 수 있는 잔학행위의 능력은 용맹이라는 아름다운 이름으로 미화되어 있지만 그 실상을 보면 잔학행위임에 틀림없다. 여기에서 아킬레스와 같은 영웅이 등장한다. 그에게 있어서는 전공(戰功)과 명예가 가장 중요한 가치로 되어 있다. 그러나 이와 같은 가치는 그가 여러 가능한 가치체계 중에서 선택해서 지향하는 것이 아니라 처음부터 사회의 기풍과 교육에 의해서 내면화된 것이다. 그러므로 전공이나 명예의 유지와 관계없이 그의 행복이 성취될 수는 없다. 따라서 그의 행복은 그가 그 속에 태어난 사회의 가치관에 의해서 다시 제약되는 것이다. 『일리아드』처럼 전공과 용맹이 숭상되고, 군인사회에서처럼 단일한 가치관이 지배적인 사회는 점점 복잡하고 다원적인 가치가 얽혀 있는 사회로 변화해왔다. 근대사회는 어느 모로는 사회의 분화와 함께 가치관의 추구가 다양화된 사회라 할 수 있다. 그것은 행복의 얼굴과 모습이 그만큼 다양해진 사회라고 할 수 있다. 그러나 이것은 어디까지나 외관상의 인상일 뿐 반드시 현실과 일치하는 것은 아니다.

교환가치가 독점적으로 떨치고 있는 사회에서 교환가치를 구현하고 있는 금력은 사람들의 가치체계에 있어서 우선적인 지위를 누릴 수밖에 없다. 개인적으로 이러한 가치체계에 저항할 수는 있다. 그러나 그것을 통째로 부정할 수는 없다. 전면적 부정을 무릅쓰고 자기가 설정한 가치관을 추구한 예외적인 영웅들이 있기는 있다. 그러나 이러한

'절대의 탐구자'들은 대체로 인간을 고양시키는 비극적 차원을 얻었을지는 모르지만 아무래도 그것은 행복과는 거리가 먼 것일 수밖에 없었다.

행복이 사회의 가치관에 크게 의존할 수밖에 없다는 것은 행복의 통속성을 말해주는 것이기도 하다. 즉 사회의 가치관을 완전히 외면한 행복의 추구는 매우 어려운 것이 된다. 이것은 인간이 사회적 동물이며 이웃과 가치관을 어느 정도 공유할 수밖에 없다는 것을 시사해준다.

남보다 뛰어나야 한다는 우수성이 특히 강조되는 원리가 지배하는 사회에서 경쟁에 뒤지고서 행복해질 수는 없다. 그러한 경쟁의 세계에서는 소수의 승리자와 다수의 열패자가 있을 뿐이다. 열패한 다수자가 행복해질 수 없다는 것은 행복이 그만큼 성취하기 어려운 것임을 시사해준다. 이렇게 생각해본다면 경쟁의 원리가 지배하는 사회에서는 행복이 거의 불가능한 것이 아니냐는 생각이 들기도 한다. 그리고 행복 추구의 권리가 명목상으로 숭상되고 있는 근대사회가 시사하고 있는 것은 바로 행복의 불가능성이라고 말할 수도 있다. 다시 말해서 행복이 불가능하기 때문에 그것을 야단스럽게 내세우는 것일지도 모른다. 뿐만 아니라 경쟁의 원리가 지배적인 사회에서는 행복이 타인의 불행을 디디고 서서 비로소 가능한 사디즘에 기초해 있다고 말할 수도 있다. 여기서 우리는 행복의 사회 제약성을 다시 통감하게 된다. 그렇다면 우리는 행복이라는 이념을 통째로 포기해야 할 것인가.

경쟁의 원리가 독점적으로 지배하고 있는 사회에서 행복의 성취는 많은 사람들에게 닫혀 있게 마련들이다. 사회적 동물인 인간은 이웃과 동료들의 인정을 받아야 어느 정도의 고립감과 불행감을 극복할 수 있기 때문이다. 그런데 여기서 사태를 고약하게 하는 것은 과장된 거짓 행복의 이념이다. 행복이란 그렇게 흔하게 널려 있는 것도 또 그렇게 쉽게 얻어질 수 있는 것도 아니다. 앞에서 시사했듯이 사회의 가치관에 의존하고 있는 이상 사회적 통념을 전혀 도외시해도 안 되고 또 거기에 지나치게 의존해서도 안 된다. 여기서 중요하게 떠오르는 것은 행복의 이념 정리이다. 즉 적절한 행복관의 설정이야말로 행복 추구와 그 성취에 필수적인 것이 된다.

그 누구도 행복에 대한 최종적 유권 해석을 내릴 수는 없다. 세상에서 얘기하는 행복의 조건을 두루 갖추었다고 얘기되는, 가령 괴테 같은 르네상스적 만능의 인간도 자기를 행복인이라고 생각하지는 않았다. 만년의 그는 자기의 삶을 돌아보면서 생애 중에서 참으로 행복했던 날은 손으로 꼽을 수 있을 정도밖에 되지 않는다고 비관적인 기록을 남겨놓고 있다. 우리는 그의 과욕을 탓할 수도 있지만 행복이 반드시 세속적 관점에서 측정될 수 없는 것임을 인정해야 할 것이다. 그렇다고 행복을 순전히 '내면의 행복'으로 정의하여 '인간만사 생각하기 나름'으로 정의한다면 유아 사망률이 높던 시절에 아무것도 모르고 무구(無垢)의 상태에서 세상을 뜬 어린 영혼을 두고 행복하다고 말해야 하는 절대적 상대주의에 빠지고 만다.

여기서 한 가지 분명한 것은 있지 않은 거짓 이념을 유포시키는 멜로 드라마적인 행복이 행복의 참모습일 수는 없다는 것이다. 이성간의 애정이나 결혼과 같은 사회제도의 지나친 낭만적 미화가 많은 사람들에게 불필요한 불행의식을 심어주고 있다는 점을 유념해두는 것은 따라서 필수적이다.

이제쯤 우리는 많은 사람들에게 열려 있는 평범한 행복의 얼굴을 조심스럽게 그려볼 필요가 있다. 행복에 관한 일반적 합의의 하나는 그것이 어디까지나 어떤 지향과 노력의 부산물이라는 것이다. 즉 그것 자체를 목표로 설정하여 맹렬히 추구해서 손에 넣을 수 있는 어떤 것이라기보다는 자기 완성이나 사랑의 실천과 같은 목표의 부산물로서 주어진다는 것이다. 또다른 일반적 합의의 하나는 그것이 조그만 것의 축적으로 이루어지는 것이지 일거에 횡재처럼 주어지는 것이 아니라는 것이다. 그것은 나날의 삶에 대한 외경에 가까운 경의에 의해서 이룩되는 어떤 것이라는 것이다.

필자가 주변에서 발견할 수 있는 행복인 중의 한 분은 생물학자이시다. 그분은 자신의 직분에 충실하시면서 그 직분 수행에서 끝없는 희열을 발견한다. 배낭을 메고 산야를 다니며 채집을 한다. 그럼에 건강하고 연세보다 훨씬 정정하시다. 스스로도 행복인으로 자처하신다. 세속적인 욕망에 대한 집착을 나타내는 법도 없다.

대개의 행복론은 금욕적인 교훈으로 끝나는 수가 많다. 금욕주의 자체가 행복으로 이어지기는 어려울 것이다. 다만 욕구의 조정에 의한 실망과 불만의 미연 방지 없이 마음의 평화의 성취는 어려운 게 사실이다. 또 마음의 평화 없이 행복의 성취가 불가능하다는 것도 분명하다.

이 점 내가 읽은 가장 인상적인 행복론은 아이리스 머독이란 현존 여류 작가가 한 소설 지문에서 적고 있는 다음과 같은 구절이다.

"나의 행복은 슬픈 얼굴을 하고 있다. 너무 슬퍼서 오랫동안 나는 그것을 불행인 줄 알고 내던졌었다."

평범하지만 음미하면 음미할수록 깊은 뜻이 우러나오는 짤막한 행복론이라고 할 것이다. 행복을 희구하는 사람들에게 권하고 싶은 것이 이 짤막한 행복론의 음미이다. 그것은 표제 없이, 또 소리없이 적어놓은 행복론의 정수(精髓)이다.

명일 만들기
―일상으로부터의 탈출

별것 아니면서도 막상 잃고 나면 몹시 허전한 것들이 있다. 꽤 오래 쓴 볼펜이라든가 주머니에 넣고 다니던 구두칼 같은 것이 그러하다. 다시 읽을 필요도 또 그러한 충동도 있을 성싶지 않은 헌책 같은 것도 있던 것이 눈에 안 띄면 허전해지게 마련이다. 그런대로 정이 들었기 때문일 것이다.

사사로운 차원에서 느끼는 허전함을 공적인 차원에서 겪게 되는 경우도 있다. 길가에 늘어선 미루나무가 현사시나무로 바뀌었을 때도 서운한 느낌이 들었다. 미관상으로 보아서 미루나무가 훨씬 빼어나다는 것이 나의 느낌이지만 그것이 얼마만큼의 공감을 얻을 것인지는 분명치 않다. 요즘 시골길에 늘어선 현사시나무에서 미루나무를 떠올리고 아쉬워하는 것은 아무래도 어린 시절에 친숙했던 것에 대한 애착심의 발로이겠기 때문이다.

사라져가는 것에 대한 애착에는 우리가 일상 쓰는 말에 관한 것도 있다. 불과 한 세대 사이에 거의 폐기되다시피 한 죽은 말이 많이 있다. 그중에서도 요즘 도시에서는 거의 쓰이지 않는 '명일(名日)'이란 말에 대해 나는 각별한 애착을 가지고 있다. 다시 쓰일 공산이 희박하기 때문에 더 애착이 가는 것인지도 모른다. 비슷한 명절(名節)보다 훨씬 은근하고 또 소박해서 좋다.

확실하게 고증한 것은 아니나 명일이나 명절이 모두 우리가 만들어 쓴 말이 아닌가 생각한다. '명절'이란 말은 중국 고전이나 일본 말에서 '명예와 절조'란 뜻으로 쓰인다고 알고 있다. 축제일과 같은 뜻은 없는 것이 아닌가 생각한다.

명일이란 말은 추석과 같이 우리나라에서만 고유한 뜻으로 쓰인다고 생각한다(추석은 글자 그대로 가을 저녁이란 뜻으로 중국이나 일본에서 쓰인다). 그러니까 정월 대보름이나 팔월 한가위처럼 이름이 있는 날이라고 해서 마련한 말일 것이다. 어린 시절에 있어 명일은 기다려지는 날이었다. 무슨 커다란 선물이나 즐거움이 기다리고 있는 것은 아니었으나 그래도 기다려지는 날이었다. 하다못해 밥상에 오르는 반찬에라도 변화가 있기를 기다린 탓인지도 몰랐다.

그러나 무엇보다도 나날의 삶의 단조로움을 깨뜨려줄 그 무엇을 기다렸던 것이 아닌가 한다. 사실 어른들에게 있어 명일은 성가신 날이었을 것이다. "명일날은 돌아오는데 준비는 고사하고 양식이 달랑달랑한다"는 말은 우리 어머니의 상투어구의 하나였다.

그럼에도 불구하고 이름 달린 명일에 대해서 우리는 늘 조그마한 희망을 가졌었다. 무엇인가를 기다리지 않으면 너무 갑갑해서였을 것이다. 그러니까 반공일이나 공일 말고 덤처럼 묻어 있는 명일을 기억하고 달력에 동그라미를 쳐놓았던 것이다.

기다리던 명일은 이름만 그럴듯할 뿐 여느 나날과 다를 바가 없었다. 그러나 번번이 속으면서도 우리는 알면서 속고 들어간 것이다. 이렇다 할 놀이문화가 없었던 시절에 명일은 그저 따분한 일상으로부터의 탈출 가능성을 시사하는 것만으로도 우리에게 설레임 비슷한 울림을 가질 수 있게 해준 것이다.

삶의 충만감이 희석된 나날의 삶에서 그 충만의 기쁨을 어렴풋이 약속함으로써 명일은 우리에게 기다림의 대상이 된 것이다. 그것은 조그만 대로 삶의 잔치에 대한 약속이었다. 약속이 깨어진다 하더라도 큰 문제가 없었다. 또 한번 기다리면 명일은 다시 오게 마련이었으니까.

명일 같은 것은 벌써 기다리지 않는 나이가 되면서부터 나는 내 달력을 내 자신의 명일로 바꿔놓는 일을 구상하게 되었다. 보름에 한 번, 아니 한 달에 한 번이라도 좋으니 어느 하루를 이름 있는 날로 정해서 그날을 사사로운 명일로 만들자는 것이다. 그래서 그날만은 고리타분하고 반복적인 나날의 가락을 깨뜨리고 보람 있는 기념일로 만들자는 것이다.

물론 그러한 사사로운 명일이 없었던 것은 아니다. 가족의 생일이라든가 선조의 기일이라든가 그런 날이 소홀찮게 있다. 그 밖에 아이들 입학식날도 있고 가족 나들이날도 있다. 그러한 가족 명일 말고 그야말로 사사로운 또 고정되지 않은 날을 정해서 단조로움을 깨뜨려보자는 것이다.

사사로운 명일 행사로 제일 먼저 떠오르는 것은 말할 것도 없이 여행이다. 일정한 목표 없이 마음 내키는 대로 길을 나서보자는 것이다. 길지 않은 시간의 시한부이긴 하지만 떠돌이가 되어서 표박의 심정에 몸을 맡겨보자는 것이다. 떠돌이의 기본 충동은 물론 낯익은 일상으로부터 벗어나보는 것이다. 그리고 낯선 미지의 세계에 몸을 던져보자는 것이다. 거기에 모험에 대한 기대와 아울러 새로움에 대한 갈망이 있다.

길을 나서면서부터 우리의 눈과 마음은 변화한다. 범상한 모든 것에 대해서 우리는 보다 민감하게 반응한다. 우리의 눈은 보다 밝아지고 우리의 귀도 더욱 예민해진다. 산모퉁이를 돌아가는 차창에서 우리는 푸른 하늘의 청결함에 새로운 감동을 받는다. 고개 하나를 넘으면 여태껏 보지 못했던 잔설(殘雪)이 덮인 산꼭대기를 보게 되고 그것이 신묘한 놀라움으로 다가오기도 한다. 그리고 도회지에서 막혀 있던 귀가 트이면서 여태껏 못 듣던 소리를 듣게 된다. 종착지의 방천둑을 걸으면 한가하게 흐르는 물소리조차 경이롭게 느껴지는 것이다. 일상으로부터의 탈출은 우리로 하여금 자연과의 관계를 새롭게 정립시켜준다.

그러나 여행이 허용하는 것은 고작 평면적 이동일 뿐이다. 이에 반해서 산행은 평면 이동 이상의 것을 제공해준다. 자연의 한복판에 있다는 감회와 함께 별이나 구름으로 가까워져간다는 감개를 준다. 사사로운 경험에 따르면 산행은 높은 곳으로 간 것에 비례해서 산행 후 심신이 상쾌해진다. 이만한 높이까지 올라갔다 왔다는 충족감이 심신의 상쾌감에 기여한다는 부분도 있을 것이다.

운동량이 많은 만큼 상쾌감이 증가하는 것도 사실일 것이다. 그러나 그것만은 아닌 것 같다. 대체로 높은 산을 오를수록 힘이 많이 든다. 힘이 드는 만큼 잡념도 없어진다. 나중에는 앞에 가는 동행의 발뒤꿈치만을 보며 따라간다. 딴 생각이 있을 리 없다. 이쯤 되면 산행은 단순한 운동일 뿐 아니라 지속적인 정신의 통일 혹은 무념(無念)의 경지에서의 소요가 된다. 이러한 무념의 경지가 심신의 상쾌감으로 이어지는 것은 자연스러운 일이다.

여행이라는 것은 그러나 육체적인 이동만 있는 것이 아니다. 책 읽기나 음악 감상도 일상공간의 틀을 벗어난 지적 혹은 정서적 탈출이라는 점에서 내적인 여행이라 할 수 있다. 비록 한정된 실내공간에 갇혀 있다 하더라도 우리의 내면은 마음놓고 자유롭게 미지의 세계로 옮겨갈 수 있다. 이 자유로운 넘나듦이 지적 정서적인 내적 여행을 한결 다채롭고 한결 풍부하게 해준다. 그리고 이 여행의 특색은 또 마음 내키는 데 따라 순간적으로 우리의 일상으로 되돌아갈 수 있다는 점에 있다. 이 넘나듦의 자유가 우리를 아주 편하게 해주는 것이기도 하다.

신체의 공간적 이동이건 한정된 일상공간에서 내적 이동이건 간에 여행은 우리의 평범한 나날을 사사로운 명일로 만들 수 있다. 어찌 여행이나 산행에 한정시킬 것인가. 사사로운 기념일은 얼마든지 책정할 수 있는 것이다. 화초 모종하는 날, 새 난을 구해오는 날, 달마중을 가는 날, 흥허물 없이 친구를 만나는 날들이 모두 우리의 명일이 될 수 있다.

또 소급해서 명일을 정할 수도 있다. 한글 반포일을 양력으로 계산해서 한글날을 책정했듯이 사사로운 기념일을 소급 계산해서 책정하지 못하란 법도 없다. 살구나무 가지에 걸려 있는 초사흘달을 본 순간 눈가가 시원해졌던 어린 날을 회상해서 삼월 삼짓날을 내 명일로 책정할 수 있다. 그런가 하면 첫눈에 알지 못할 가슴 설레임을 체험했던 아득히 먼 날을 회상해서 첫사랑의 날로 정하지 못하란 법도 없다. 그러고 보면 어느새 우리들의 달력은 그립고 소중한 명일로 가득하게 되리라.

  보람 있고 행복한 삶이 있다면 그것은 나날의 삶을 온통 소중한 명일로 바꿔놓은 삶이리라. 그리하여 얼핏 갑갑한 일상을 은근히 잔칫날의 연속으로 돌려놓는 삶이리라.

쇠잔해가는 덕목

우리들의 나날의 삶을 보람 있게 하고 혹은 고단하게 하는 것은 대개 조그마한 일들이다. 큰일이 벌어져서 온통 정신을 없게 하는 일이 없는 것은 아니나 그런 일은 실질상 매우 드물다. 잣달고 사소한 일로 해서 우리들은 혹은 노여워하고 혹은 아득하고 삭막한 기분이 되곤 하는 것이다.

우리의 사사로운 삶이 우리 자신의 직접적인 관여사가 아닌 공적(公的)인 일로 고양되는 경우가 있다. 가령 8·15 당시의 감격을 떠올릴 수 있다. 겪은 사람들은 모두 기억하겠지만 일본 항복의 소식이 전해지자마자 모두들 거리로 쏟아져나와 만세를 부르고 잔치 기분을 내었다. 어느새 만들었는지 태극기가 손에 들려 있었고 또 한글로 된 격문이 곳곳에 나붙었다.

모두들 들뜬 기분으로 흥겨워하였고 모두들 내 일처럼 기뻐하였다. 비슷한 경험을 4·19 때도 겪었다. 조금 감격의 질은 얕았지만 1985년도의 선거 때와 1987년의 6월에도 비슷한 경험을 하였다. '나'와 '너'를 잊어버리고 '우리'라는 연대감 속에서 모두가 나날의 삶의 따분함에서 벗어나 고양된 해방감과 후련한 카타르시스를 경험하게 되는 경우이다.

그러나 어김없이 상기하게 되는 것은 이러한 탈일상(脫日常)의 환희 경험은 십 년에 한 번 꼴로 나오게 된다는 점이다. 그리고 이러한 환희 경험이 오랜 고통 경험의 반작용(反作用)이라는 점에서 어쩌면 우리의 불행의 농도를 시사해주는 것이기도 하다.

오랜 고통 경험의 결과이게 마련이지만 우리에게는 큰 것에 대한 기대가 너무 많고 그러한 사이에 우리 나날의 삶에서 가장 중요한 조그마한 것들을 소홀히 하는 경우가 많은 것 같다. 8·15 이후 줄곧 들어온 애국심의 고취, 또 최근에 있어서 사회정의 실현을 위한 투쟁이 야기하는 사회문제의 강조는 정당한 것이고 그건 자체로서 매우 뜻있는 것이다. 또 앞으로도 계속적으로 강조되고 추진되어야 할 덕목임에 틀림은 없다. 그러나 이렇게 큰 것들이 강조되고 사회적 풍토 속에서 우리의 삶을 진정 보람있게 하고 땅 위에서의 고단한 삶을 그래도 견딜 만한 것으로 만드는 여러 덕목들이 소홀히 되고 등한시되는 것은 고려해볼 만한 문제이다.

큰 정의를 위해서 조그마한 정의는 정말 홀대받아도 좋은 것인가. 조그마한 정의를 소홀히 하는 마음가짐이 과연 큰 정의를 제대로 다룰 수 있는 것인가. 우리가 심각하게 고려해보아야 할 국면이 아닌가 생각한다. 큰 일을 위해선 많은 희생이 따라야 하고 이 희생 가운데는 조그마한 정의의 무시도 포함된다고 생각하는 것이 과연 올바른 것인가. 상호 배제적인 두 개의 선(善) 가운데서 하나를 선택하는 고뇌가 곧 비극의 갈등이라고 말한 이가 있다. 큰 정의를 위해서 작은 정의를 희생시키는 것은 어떤 비장미(悲壯美)마저 느끼게 한다. 그러나 우리의 삶은, 특히 나날의 삶은 조그마한 사단으로 이어진 작은 것의 연쇄이다. 조그마한 것이 우리 나날의 삶의 희로애락과 결을 형성한다. 그러므로 작은 것의 존중을 얘기하는 것은 결코 큰 정의의 홀대를 얘기하는 것은 아니다. 조그마한 것을 빼고 우리의 나날은 성립되지 않는다는 것을 서로 상기하고 확인하자는 것이다.

발전과 성장의 음지에서 우리가 보게 되는 우리 사회의 도덕적 위기와 각종 범죄의 창궐은 큰 것만 숭상하고 작은 것을 홀대하는 사회풍토와도 연관되는 것일 터이다. 이른바 '한탕주의'라는 것도 큰 것 숭상의 일환이라 할 수 있다. 우리가 나날의 삶을 돌아볼 때 정말로 고마움과 보람을 느끼는 것은 조그마한 친절, 조그마한 선의를 접했을 때이다. 어려울 때의 조그마한 도움, 삭막한 상황에서 접한 따뜻한 인사, 곤란에 빠졌을 때 받는 조그만 친절이 우리의 삶을 견딜 수 있게 해주는 것이다. 우리는 누구나 그러한 경험을 가지고 있다. 사사로운 일이기 때문에 자주 얘기하지 않을 뿐일 것이다. 나도 그러한 사례를 많이 가지고 있다.

차를 몰기 시작한 사람들이 누구나 치르게 된다는 실수가 있다. 열쇠를 차 안에 넣고 밖에서 문을 잠그는 경우가 그것이다. 필자도 외국에 나가서 하는 수 없이 차를 몰게 되었을 때 어처구니없게도 그러한 실수를 저질렀다. 삼천 마일의 주행 기록밖에 없는 새 차를 빌려 근처의 호수를 찾아간 일이 있다. 이렇게 좋은 곳이 있는 것을 몰랐구나 하고 감탄하다가 그만 문을 잠가버린 것이다. 시동도 끄지 않은 채였다. 다짜고짜로 도움을 청하였다. 낚시질을 온 흑인 청년이 양복걸이의 갈고리를 구해오면 열어주겠다고 한다. 여기저기 뛰어다녔으나 인가가 없는 곳이었다. 겨우 관리사무소에 가서 두 개를 구했다. 양복걸이를 구한다고 하니까 고개를 저으면서 "열쇠 둔 채로 바깥에서 잠갔군요" 하며 두 개나 갖다주었다.

양복걸이를 구하니 낚시질을 온 흑인 청년은 보이지 않았다. 아무나 붙들고 도와달랬다. 동부에서 왔다는 백인 청년이 자기도 몇 번 겪은 일이라며 갈고리를 가지고 유리창 틈으로 부벼넣기를 시작했다. 몇 번 그러더니 새 차가 되어 틈사이가 나지 않아 안 되겠다며 고개를 설레설레 흔들었다.

아까의 흑인 청년이 나타났다. 낚시터를 잡고 나서 궁금해져 다시 와본 모양이었다. 그는 양복걸이의 갈고리를 아까의 백인 청년처럼 부벼넣기 시작하였다. 잘 안 되었다. 그러나 쉽게 단념하지 않고 이리저리 돌려가며 열심히 시험해보는 것이었다. 시동이 걸려 있어 나는 점점 초조해지기 시작하였다. 사태를 관망하던 중년의 백인이 저래가지고는 차만 긁고 성사는 안 될 테니 열쇠장이를 부르는 게 낫다고 내게 말하였다. 얼마나 드느냐니까 잘은 모르지만 큰돈은 안 들 것이라는 것이었다.

흑인 청년에게 그만두고 열쇠장이를 불러야겠다고 하니 그러면 적어도 오십 불은 들 것이라는 것이었다. 그러면서 여전히 이리저리 쑤시고 있었다. 나는 점점 초조해졌다. 삼사십 분이 경과되어 있었다.

중년 백인에게 도와달라고 했더니 자기가 알고 있는 열쇠장이가 있다며 한참 호주머니를 뒤지더니 명함을 하나 꺼내었다. 공중전화에 가서 전화를 거니 받지를 않았다. 그러고 보니 그날은 일요일이었다.

문을 닫은 모양이었다. 점점 난감해졌다. 자동차 쪽에서는 또 중국계 미국인 청년이 끼어들어 갈고리를 이리저리 쑤셔보고 있었다. 이제 구경꾼도 열 명쯤 되었다. 중년 백인에게 무슨 수가 없느냐니까 견인차를 부르면 무슨 수가 있을 것이라는 것이었다. 당신이 아주 전화해서 불러달라고 했더니 공중전화 쪽으로 가서 한참 만에 돌아왔다. 이제 거의 한 시간이나 되었고 흑인 청년마저도 억지 시도를 단념하고 있었다.

중년 백인이 돌아와 견인차가 오면 여는 장치가 있다며 장소를 가르쳐주었으니 이십 분 후쯤에는 들이닥칠 것이라는 것이었다. 과연 십오 분쯤 지나 견인차가 왔다. 내린 사람은 얄팍한 자석판 같은 것을 틈사이로 집어넣었다. 눈 깜짝할 사이에 문이 열렸다. 너무 순간적이어서 자세히 눈여겨볼 틈도 없었다. 견인차 부른 값으로 이십 불을 치렀다.

처음부터 합리적인 충고를 해주고 전화로 견인차를 불러준 중년 백인에게 진정 고마움을 느꼈다. 한 시간 넘게 이리저리 뛰고 초조해했던 참이라 더욱 그랬다. 그래서 고맙다는 말을 연발했다. 그러나 당사자는 천만의 말씀이라며 이렇게 덧붙이는 것이었다.

"만일 내가 당신의 입장에 있었다면 당신도 나를 도와주었을 것이오."

이 말에 나는 적이 감동하였다. 도와주는 것을 당연시하는 담담함이 인상적이었다.

별것 아니라면 별것 아니다. 그러나 이러한 별것 아닌 것이 우리 나날의 삶을 견딜 만하게 해주는 것이 아닌가. 우리들은 이 사실은 너무

등한히 하고 있다. 우리 사회의 각박함을 넘어서는 길은 이러한 조그마한 선의와 친절과 도움의 복권일 것이다. 그것이 나날이 쇠잔해가는 덕목인 것 같아 씁쓰레한 심정이 된다.

우리 모두 단벌 신사

전해오는 옛말에 "내려다보면서 살라"는 말이 있다. 자기보다 처지가 나은 사람들만을 올려다보며 산다면 부러움과 속상함에 한량이 없을 것이라는 얘기다. 그러니 아예 처음부터 처지가 어려운 사람들 생각을 하며 살아가라는 뜻이다. 겸손함도 배우게 되고 위안도 받게 되리라는 것이다. 대개 전해오는 옛말이란 것은 누대의 지혜가 배어 있는 만큼 아주 황당한 것은 없다. 다들 새겨들을 만한 것이다. 위에 든 말만 하더라도 당장의 맥락을 떠나서, 사람이란 타인과의 비교를 통해서 자기를 정의하게 마련이라는 것을 시사한다. 특히 행복이나 불행 같은 삶의 평가가 타인과의 비교를 통해서 구해진다는 것은 널리 목격되는 사실이다.

개개인의 경우에만 그런 것이 아니다. 세대간에도 앞선 세대나 뒤에 오는 세대와의 비교를 통해서 한 세대의 행운 혹은 불운이 정의되는 것이다. 그리고 사람들은 자기 세대가 유난히 불운한 세대이고 자기가 각별히 불운한 인간이라고 생각하는 경향을 가지고 있다. 현대인들은 현대가 가장 고난에 찬 세기라고 생각하는 경향이 짙다. 기술공학의 발달로 생활이 한결 편해졌지만 그를 위해 치러야 할 대가가 너무 비싸다는 생각도 많이 갖고 있다.

도시에서의 짜증스러운 생활에 시달리는 젊은 세대들은 가끔 옛날이 더 좋았던 것이 아닌가 하는 의문이 생기기도 할 것이다. 사실 산업혁명이 빈부의 차이를 현격하게 만들어준 오늘날보다도 전근대 시절이 생활환경으로는 더 좋았다고 생각하는 사람들도 있다. 이렇게 과거를 그리움의 눈으로 바라보게 되면 지금 이곳의 오늘이 한결 못마땅하게 느껴지는 경우도 많을 것이다.

우리는 지난날을 상상을 통해서밖에 알 수 없다. 혹은 역사소설과 같은 매개를 통해서 지난날을 추측해볼 수는 있다. 그러나 그것 또한 작가와 독자가 합작으로 벌이는 상상놀음에 지나지 않는다. 더욱이 역사소설에서는 대개 지난날이 미화되게 마련이다. 작가 편에서 그런 의향이 없더라도 거기 전개되는 예스러운 일들이 아름답게 여겨질 공산이 크기 때문이다.

그러면 일부의 사람들이 멋대로 상상하듯이 지난날은 과연 살기 좋았던 시절이었을까? 우리가 이러한 물음에 현명하게 대답한다는 것은 지금 이곳의 오늘은 정확히 파악하는 일이 되기도 한다. 과연 옛사람들은 우리보다도 행복한 처지에 있었는가? 설사 옛날 특권층의 삶을 참조하더라도 우리는 그렇지 않다고 해야 할 것이다.

불과 백여 년 전만 하더라도 태어난 어린이들의 과반수는 어른이 되기 전에 세상을 떴다. 이것은 서양의 귀족들 경우도 마찬가지였다. 질병과 병고는 삶의 큰 고통의 하나이다. 그것은 겪어본 사람이면 다 안다. 그중에서도 가령 치통 같은 것은 견디기 어려운 것 중의 하나이며 잠시라도 의식에서 몰아낼 수가 없는 것이다. 치과 치료에 마취제가 처음 사용된 것은 1880년대라고 한다. 그전까지 인류는 치통의 횡포에 대해 대체로 무방비한 상태로 있었다.

굶주림과 허기만 하더라도 예사 문제는 아니었다. 더구나 균형잡힌 영양 섭취는 보통 사람들에겐 엄두도 못 내는 일이었다. 불과 한 세대 전만 하더라도 입가 양쪽 끝이 허는 것은 대개 모든 어린이들이 지니고 있던 증상이었다. 아이들이 증상을 호소하면 "입이 크느라고 그런다"는 것이 어른들의 반응이었다. 그것은 높은 곳에서 떨어지는 꿈을 꾸었다고 하면 "키 크느라 그런다"는 것과 함께 어른들의 상투적인 반응이었다. 다 자라면 저절로 없어지는 증상이거니 생각했다. 오늘날 영양 지식의 보급은 양쪽 입가가 트는 것은 비타민 D의 부족 현상임을 알려주고 있다. 어린이 사이의 영양 부족은 흔하디 흔한 현상이었던 것이 겨우 최근에 와서야 극복이 된 것이다.

거기다가 의식주에 있어서의 기본적인 결핍을 첨가하면 옛날의 삶은 더욱더 황량해진다. 지금의 기성세대들은 지난날의 겨울이 한결 모질었다고 기억하고 있다. 날씨가 훨씬 추워서 고생했다고 기억하고 있다. 이것은 어느 정도 사실일 수도 있다. 온실효과에 따른 지구의 온난현상을 누구나 거론하고 있으니 말이다. 그러나 사실 사십 년 전만 하더라도 겨울 의복이 매우 부실하였다. 체육시간에 웃통을 벗고 보면 한겨울인데도 홑내의만 입은 아이들이 수두룩하였고 아예 내의를 입지 못한 경우도 더러 있었다. 그만큼 가난하고 빈한하였다. 이렇게 빈약한 옷차림이고 보니 추위에 오들오들 떨 수밖에 없었다.

최근 화학섬유제품의 싼값 보급으로 의생활 혁명이 일어나서 평준화 현상이 일어났다. 그래서 농촌 변두리 지방을 가더라도 어린이 옷차림이 대체로 화려하고 궁기를 면하게 되었다. 역시 근래에 일어난 변화인 것이다. 주택 또한 근대의 사회변화가 우리의 주거환경을 크게 개선시켜놓은 것은 틀림이 없다. 19세기 말엽에 서울을 방문했던 외국인은 하수처리가 제대로 되지 않은 서울에서는 시내 도처에서 악취가 코를 찔렀다고 기록해놓고 있다. 이해심 없는 이방인의 악의에 찬 중상이라고 처리해버릴 수 없는 사안이라고 해야 할 것이다.

이렇게 생각해본다면 '옛날이 그래도 살기 좋았다'는 막연한 느낌이 얼마나 비현실적인 과거 미화인가 하는 것은 분명해지리라고 생각한다. 우리의 오늘이 아무리 고단하고 짜증스럽고 때로는 험악한 것이라 하더라도 옛날과 비긴다면 양질의 것이라 하지 않을 수 없다.

특히나 옛날 여성들이 감당해야 했던 지독할 정도의 가사노동을 생각한다면 여성의 지난날은 각별히 혹독한 것이었다고 할 수밖에 없다. 뭐니뭐니 해도 근대화가 가져다준 삶의 편리와 여유는 엄청난 것이다. 따라서 지난날과 비교해서 펼치는 오늘의 비하와 하대는 근거 없는 것임이 분명하다. 현대인은 근대의 기술공학 발달이 가져다준 편이와 여가 앞에서 삶의 선용을 곰곰이 보아야 할 처지에 있다.

삶의 본질은 그 시간 속에 있다. 우리 모두에게 주어진 백 년이 못 되는 시간 속에 그 본질이 있는 것이다. 따라서 자기에게 주어진 삶에 충실하다는 것은 주어진 시간에 충실하다는 것과 같은 뜻이 된다. 그렇다면 시간을 헛되이 보내고 낭비하는 것처럼 삶에 대한 커다란 불경은 없는 것이다. 시간의 선용이야말로 삶에 임해서의 우리들의 첫번째 의무라고 해야 할 것이다.

삶은 또한 일회성에 그 특징이 있다. 단 한 번 주어진 삶이라는 것이 이승의 삶의 피할 수도 없고 거역할 수도 없는 특성이다. 만약 이승의 삶이 두 번이나 세 번쯤 주어진 것이라면 우리는 한두 번은 연습 삼아 아무렇게나 살 수도 있을 것이다. 그리하여 이러한 예행연습을 기초로 해서 마지막 삶을 진지하고 충실하고 또 기막히도록 알뜰하게 살 수도 있을 것이다. 그러나 이것은 어림도 없는 일이다. 이승의 삶은 단 한 번뿐이다. 삶에 관한 한 우리는 누구나 예외 없이 단벌 신사요 단벌 숙녀이다. 바꿔입을 여벌이 없기 때문에 아끼고 아껴서 조심스럽게 고이 입어야 할 것이다. 험하게 입다보면 찢어지게 마련이고 쉬이 닳아지게 마련이다. 그리고 꿰맨 자국이나 닳은 자국은 쉽게 눈에 띄고 보기 흉한 법이다.

삶에 관한 한 우리 모두가 단벌 신사요 단벌 숙녀란 생각은 우리의 마음을 그만큼 엄숙하게 해주고 경건하게 해준다. 삶 앞에서의 엄숙함과 경건함은 우리로 하여금 자연에 대해서 또 우리 주위의 이웃에 대해서도 경건함을 갖게 한다. 그리하여 자연의 아름다움과 인정의 아름다움을 새삼 확인시켜준다. 여름밤의 은하수, 겨울철의 함박눈과 같은 예사로운 자연현상도 더없이 아름답게 느껴질 것이다. 오다가다 만난 사람의 무심한 눈인사나 조그마한 친절도 눈물겹도록 고맙고 아름답게 느껴질 것이다. 이승에 와서 단 한 번 걷는 길이라고 생각하면 예사로운 시골길조차도 순간 어떤 의미로 가득 차게 되는 것이다. 이렇게 삶의 일회성의 의식은 우리의 삶을 알뜰하고 경건한 것으로 만들어 준다.

조그만 행복

　이 세상에서 가장 간절하고 아름다운 사랑의 시는 볼품없는 건달 사내가 누추한 여관방에서 역시 볼품없는 하녀를 기다리며 쓴 것이라는 취지의 말을 푸르스트가 하고 있다. 물론 반어적(反語的)인 우스개가 섞인 농 반 진 반의 말이다. 볼품없는 소재에서 아름다움이 만들어진다는 것으로 읽을 수도 있고 시와 현실의 괴리에 대한 비유담으로 읽을 수도 있다. 혹은 충족되지 못한 갈구에서 시가 나온다는 것으로 읽어도 무방할 것이다. 성공적인 사랑의 실천자는 사랑에 관해서 얘기를 않는다는 말도 있으니 말이다.
　마찬가지로, 참으로 행복을 성취한 사람들은 행복에 관해서 얘기하지 않는다고 한다. 행복 성취에서 멀리 떨어져 있는 사람들이 행복에 관해서 수다로워지고 궁금증을 표시한다고 한다. 이러한 세상의 소문을 확인한 바는 없지만 행복에 대한 관심이 유난히 많아지는 것이 반드시 행복 주체의 증가를 의미하지 않는 것만은 사실인 것 같다.
　사람이 행복해지기 위해 태어나는 것은 아니라고 한다. 그럼에도 행복해지고 싶은 사람들이 너무나 많다. 그래서 행복은 가장 많이 씌어지는 낱말의 하나가 되어 있다. 옛날 사람들은 행복을 늘그막에나 어렵사리 누릴 수 있는 어떤 것이라고 생각했다. 그래서 그것을 위해 평생을 바치고 기다리는 것이라고 생각했다. 그런데 성급한 현대인들은 그렇지가 않은 것 같다. 마음먹으면 곧 손에 와 닿아야 할 어떤 것으로 생각하는 것 같다. 그래서 즉시적 성취의 인스턴트 행복이 추구되고 있다. 또 이에 대응하는 짤막한 인스턴트 행복론에 대한 수요도 많아지고 있다.

지금은 그렇지도 않지만 독일 흐름의 교양주의가 번지고 있던 시절 흔히 행복의 얼굴로 지목된 것은 괴테였다. 천재적인 시인에다가 일급의 자연과학자, 비록 조그마한 공국(公國)이기는 했으나 재상 자리에 이른 이력과 평생 끊이지 않고 지속된 사랑, 창조적 작업과 번잡한 일상적 실무를 균형 있게 실천한 조화로운 삶과 원숙한 인품, 이 모든 것이 괴테를 행복의 실체로 보이도록 하였다. 그것은 과부족이 없는 행복의 모형이기도 하였다.

놀라운 것은 그러나 괴테 자신이 그렇게 생각하지 않았다는 점이다. 자기 고백의 명수인 이 선망할 만한 행복자는 자기 삶 속에서 진정으로 행복했던 나날은 불과 며칠밖에 되지 않았다고 실토하고 있다. 우리는 그것을 욕심 많은 노인의 과욕이라고 물리칠 수도 있다. 또 고통받고 있는 많은 사람들에 대한 연민에서 나온 겸사라고 말할 수도 있다. 그러나 그것으로 얘기가 끝나는 것은 아니다. 우리 모두가 알고 있듯이 행복의 규정은 극히 주관적이고 자의적인 것이기 때문이다. 지속적으로 무엇인가에 몰두하였던 그에게 슬퍼할 시간은 없었겠지만 바쁜 꿀벌이 가장 행복하다는 것은 타인의 눈길이지 꿀벌 자신의 실감은 아닐 것이다.

 행복에 관해서 우리가 확인할 수 있는 것은 그것이 매우 획득하기 어려운 어떤 것이라는 점이다. 불교의 팔고(八苦)까지 가지 않더라도 우리가 헤엄쳐야 할 터전은 즐거움의 바다가 아니라 괴로움의 바다이다. 역설적이지만 행복은 내던지고 단념할 때 비로소 근접 가능한 것이 되는 어떤 것일지도 모른다.

 행복에 대한 간구를 줄이고 타자의 시선에서 벗어날 때 필경 그것은 주관적으로 정의될 수밖에 없다. 즉 행복의 세목(細目)을 스스로 마련하고 조달하는 것이다. 그리고 이러한 세목은 자기 분수에 맞게 마련되고 조달될 수밖에 없을 것이다. 나날이 늘어나는 예금액수든 마셔서 비워버린 맥주병의 증가이든 그 세목은 사람마다 다를 수밖에 없을 것이다.

 정신성 존중 취향의 교양주의가 권고한 것은 타인이 엿볼 수 없는 내면의 행복을 마련하라는 것이었다. 결함 많은 대로 내면 행복의 추구는 행복의 물질적 토대를 축소시킴으로써 가난과 궁핍 속에서도 행복의 가능성이 있다는 것을 보여주었다. 그것이 현실의 비참을 외면함으로써 현실의 부정의(不正義)를 방조했다손치더라도 행복의 실감은 불행의 실감보다 몇 갑절 귀중하고 삶에 긍정적으로 기여했을 것이다. 개인의 힘으로는 어쩔 수 없는 물질적 토대를 고려할 때 한 개인에게 남겨진 행복은 내면의 행복일 수밖에 없다.

 핑계 없는 무덤이 없다지만 담배 피우는 사유로 들은 얘기 가운데 가장 설득력 있는 것은 "보기 싫은 놈 있는 데서 담배도 안 피운다면 어떻게 견딜 수가 있단 말인가"라는 실토였다. 그렇다. 행복은 물질적 토대만 가지고는 안 되는 것이다. 고약스러운 타인의 문제가 등장하게 마련이다. 고약하다고 생각되는 타인은 실상 유치한 타인일 뿐이라는 말로써 문제 해결을 시사하는 사람들도 있다. 고약한 짓을 하는 것으로 보이는 사람은 실상 연민에 값하는 유치한 위인들이라는 것이다. 그러나 그것은 고약함에 대한 과소평가에 지나지 않는다. 세상에는 분명 고약한 사람들이 있는 것이다.

그리하여 내면적 행복의 권유자들이 즐겨 시사하는 것의 하나는 어떤 사람들을 열심히 좋아하라는 것이다. 속된 말로 하면 사랑을 하라는 것이다. 보답받지 않더라도 아니 보답받지 못하기 때문에 더욱 열심히 좋아함으로써 자기 충일과 자기 고양의 계기로 삼으라는 것이다. 가령 독일 낭만주의에 흔히 나오는 짝사랑의 영웅들이 이렇게 해서 태어나는 것이다.

이들은 어떻게 보면 내면적 행복의 자기 모순을 극명하게 드러내 보여주고 있다. 그러나 타인의 시선에 의연할 수 있는 것이 내면적 행복의 전제조건이다. 그것은 고집스럽고 오만한 것일지도 모른다. 그러나 물질적 토대도 고약한 타인도 개인의 힘을 넘어서는 사회적인 것이라면 개인에게 남겨진 행복 영역은 지극히 협소할 수밖에 없는 것이다.

열심히 좋아할 수 있는 사람과 산행(山行)을 한다든지 감동적인 음악을 듣는다든지 하는 세목의 구상으로 우리의 행복은 축소된다. 이른바 소시민적 행복이다. 그러나 그런 것을 빼고 남아나는 것에 무엇이 있는가. 삶은 조그마한 나날의 연속인 것이다.

내가 지금 사십대라면

가끔 취미가 무어냐는 질문을 받을 때가 있다. 또 인사서류 같은 데 취미란이란 것이 있어서 무엇이고 적어놓을 필요가 있을 때도 있다. 사실 생각해보면 별 취미가 없는 건조한 생활이지만 음악 감상이나 하이킹이라 대답하기도 하고 그렇게 적어놓기도 한다. 실제로 음악은 많이 듣는 편이고, CD가 나오면서 한결 편하게 듣게 된 것도 사실이다. 북한산이나 근교의 가까운 산을 찾는 일도 안 하는 것은 아니지만 연말에 돌아보면 주 1회의 산행도 못 한 것을 후회하면서 새해를 벼르곤 하는 형편이다. 핑계가 많고 게으른 탓이다.

중학 시절에 나는 조금은 별난 취미를 가지고 있었다. 책목록과 지리부도를 열심히 들여다보는 취미였다. 사실 책 읽기가 취미였으나 책이 귀한 시절이어서 책을 구해 읽기가 어려웠다. 그래서 대리만족으로 택한 것이 책목록 읽기가 아니었나 생각된다. 가령 일본의 이와나미(岩波) 문고판 책 뒤에는 문고판 목록이 쭉 나와 있어 이렇게 많은 책이 있는데 구경도 못 하는구나 하는 느낌을 촉발시켰다. 그러한 목록을 훑어가면서 책 내용을 상상해보는 것이 한동안 나의 취미였다. 가령 투르게네프의 작품으로는 『첫사랑』 『아버지와 아들』 『처녀지』 『루딘』 『그 전날 밤』 『연기』 『귀족의 집』 『봄철의 급류』 등의 책 제목이 나열되어 있었다. 어찌어찌해서 『첫사랑』을 읽었던 터여서 그것을 대본으로 해서 마음대로 책 내용을 상상해보는 것이다. 대체로 황당무계한 상상이었지만 그러한 놀음은 한동안 계속되었다. 격렬한 낭만적 사랑을 다룬 『봄철의 급류』란 소설을 영국의 펭귄 문고로 읽은 것은 사십에 들어서였는데 옛날 멋대로 상상하던 일이 생각나서 혼자 쓴웃음을 지었다. 러시아의 볼가 강 연변의 홍수를 다룬 소설일 것이라고 멋대로 상상했었기 때문이다.

한성도서주식회사란 출판사의 목록에 보이던 이효석의 『노령근해(露領近海)』란 책도 나의 상상력을 자극한 표제의 책이었다. 함경도 북쪽의 바다에서 벌어지는 사랑과 삶을 다룬 시적인 작품일 것이라고 막연히 상상했던 것이다. 역시 사십대가 되어 겨우 읽어보았는데 이번엔 작품 자체가 너무나 치졸하고 황당해서 쓴웃음을 지었다. 그러나 지금도 참 멋있는 제목이라는 생각에는 변함이 없다.

책목록 훑어보기가 독서의 대리만족과 연관된 것이라면 지리부도 읽기는 여행의 대리만족과 관련되어 있었다고 생각된다. 이탈리아의 지도를 보면서 로마 베니스 나폴리 플로렌스 마리노 등의 도시를 확인하고 그러한 도시를 멋대로 상상해보는 것이다. 라인 강 엘베 강 다뉴브 강 돈 강 볼가 강 등의 상류에서 하류로 연필로 되풀이 선상여행을 하였다. 아시아 지역의 지도도 열심히 보았는데 고향 쪽의 충주나 청주라는 지명이 중국에도 그대로 있다는 것을 알고 적지 아니 실망스러웠던 기억이 난다. 한국의 부전고원(赴戰高原)이 어쩐지 매력 있게 생각되어 기회가 있으면 제일 먼저 가보고 싶다는 생각을 하였다. 아마도 그것은 어디에선가 본 사진이나 그림엽서 탓이 아니었나 생각되는데 고원이란 말이 풍기는 매력이 겹친 때문이기도 할 것이다.

그래서 그런지 요즘 내게 제일 부럽게 생각되는 사람은 공항 탑승구의 대합실 같은 곳에서 보게 되는 외국의 젊은 나그네이다. 백 하나를 옆에다 덜렁 내려놓고 허름한 청바지 차림으로 골똘히 책을 읽으며 탑승을 기다리고 있는 젊은이를 보면 그렇게 부러울 수가 없다. 우리가 젊은 시절에 갖지 못한 모든 것을 갖춘 듯이 생각되기 때문이다. 요즘은 우리나라에도 수많은 책이 나와 있어 책을 구하지 못해 읽지 못하는 일은 없게 되었다. 오히려 책이 너무 많고 흔해서 무엇을 골라 잡아야 할지가 문제가 되다시피 되었다. 실로 격세지감을 금할 수 없다. 한편 여행하기도 쉬운 세상이 되어서 웬만한 처지면 세계 어느 곳에나 갈 수 있게 되었다. 물론 외국 여행에는 돈이 많이 들지만 젊은이들의 배낭여행은 그렇게 큰 부담이 아니라고 한다. 그러니 요즘 젊은이들이 부럽게 느껴지는 것이고 특히 우리보다 잘사는 나라 젊은이들의 나그네 모습이 부럽게 느껴지는 것이다.

그렇다고 늘 상황과 환경 탓만 하면서 책임 회피를 하거나 자기 연민에 빠지는 것은 실속이 없는 일이다. 어려운 조건에서도 하고 싶은 일을 시도하는 것이 온당하고 자기에게 충실해지는 길이다. 지리부도를 보면서 공상만 할 것이 아니라 그 시간에 하다못해 거주지 근처의 야산이라도 두루 돌아다녔다면 얼마나 좋았을까 하는 생각을 해보는 것이다. 산행이랍시고 그나마 다닌 것이 사십이 넘어서였는데 차근차근 계획을 세워서 다녔다면 전국의 명산을 그래도 많이 오를 수 있었을 것이 아닌가 후회가 된다. '대동여지도'의 김정호처럼 전국 방방곡곡을 찾아다닐 필요야 없지만 그래도 가볼 만한 산들이 우리나라에는 얼마나 많은가. 내가 정상까지 올라가본 명산이라고는 한라산 소백산 계룡산 월악산 정도이다. 그나마 백록담을 두 번 본 것이 큰 성과인데 1980년대 첫번째 등반 때는 가뭄 때문에 백록담이 말라붙어 있어서 크게 실망하였다. 그래서 언젠가 꼭 다시 와서 백록담 본연의 모습을 보리라고 다짐했었다.

내가 만약 사십대라면 만사 제쳐놓고 규칙적인 산행을 할 것이다. 어떤 일이 있더라도 평균 주 일 회의 산행을 해서 가보지 못한 전국의 많은 산을 둘러볼 것이다. 건강에도 좋고 정신력을 기르는 데도 그만한 방책이 없다.

주어진 여건에서 최선을 다하는 것이 우리들의 의무일 것이다. 천연자원이 풍부하지 못하고 인구밀도가 극히 높은 우리나라는 객관적으로 살기 좋은 호조건 속에 놓여 있다고 하기는 어렵다. 그런 가운데서도 뚜렷한 변화를 보여주는 사계절과 조금만 땀을 흘리면 그 속에서 위안을 찾을 수 있는 산맥은 우리에게 주어진 커다란 은혜이다. 그러한 은혜를 소중히 알고 활용하는 것이야말로 궁핍 속의 축복이라고 생각한다.

민들레 이야기

학생 시절 어떤 교수분이 얘기 끝에 "영화는 통 보지 않는다"고 해서 참 무취미한 양반이구나 하고 우리끼리 얘기한 적이 있었다. 1950년대 말의 황량한 시절에 영화 관람은 우리에게 열려 있던 매우 희귀한 향락 품목의 하나였다. 당시엔 서울 시내에서도 개봉극장이라고는 단성사와 수도극장 두 곳뿐이었고 호주머니 사정이 넉넉지 못한 학생들은 변두리 극장을 이용하는 것이 고작이었다. 우리 사회가 아직 생기를 얻지 못한 시절이어서 일간신문의 광고란을 채우고 있는 것도 대부분이 영화 광고 아니면 약 광고였다. 모든 것이 갑갑하고 곤궁한 시절에 캄캄한 암실 속에 들어앉아 장 가뱅이나 미셸 몰간 등이 펼쳐 보이는 부자 나라의 슬프나 아름다운 얘기에 시간 가는 줄을 모른다는 것은 확실히 매혹적인 일이었다. 그런데 그런 재미와 완전히 담을 쌓고 살다니 하는 것이 그분의 얘길 듣고 우리 모두가 느낀 소감이었다.

그런 말씀을 하셨을 때 그분은 오십대 초반으로 접어드신 참이었다. 그런데 그만 나이가 되기 전부터 내 자신 영화 구경은 통 가지 않게 되었다. 그렇게 보고 싶은 영화도 없고 또 일부러 시간을 내어 시내에 나가 표를 사서 영화관에 들어간다는 것 자체가 너무 번거롭게 생각되는 것이다. 지난 십오 년 동안 표를 사고 구경한 것은 〈지옥의 묵시록〉 한 편뿐이다. 하도 야단스럽게 선전된 것이고 또 유수한 작가의 명작을 월남전쟁으로 옮겨서 영화화했대서 벼르고 가본 것이다. 음향효과를 극대화해서 상영했기 때문에 헬리콥터 소리에 질렸고 거리로 나오니 머리가 지끈지끈 아파와서 별로 뒷맛이 좋지 않았다. 시사회 초대권을 받고 예의 삼아 가본 경우와 옛날의 명화라고 해서 프랑스 문화원에서 〈안개 낀 부두〉와 〈북호텔〉을 구경한 것 말고는 따라서 한 편만을 돈 내고 구경한 셈이다. 더러 안방극장에서 영화를 안 본 것은 아니나 처음부터 끝까지 버틴 것은 한두 편 정도밖에 안되는 것 같다.

그러다가 작년에 외국에 나가서 비교적 한가한 시간을 갖게 되었다. 마침 동구권에서 극적인 변화가 일어나는 바람에 TV 뉴스 시청을 많이 하게 되었고 그러는 사이 시간에 맞추어서 TV 영화를 보게 되었다. 많이 선전되던 〈마지막 황제〉도 거기서 보았고 영화의 고전이라는 옛 영화나 국내에서는 기회가 없던 동구권이나 일본 영화도 몇 편씩 볼 기회가 있었다.

미국 영화에서 고전이라고 하는 〈시민 케인〉도 처음으로 보았다. 오슨 웰스의 재주는 전달되지만 역시 옛날 것이라 감동에는 이르지 못했다. 서머셋 몸의 소설을 영화로 만든 〈면도날〉도 보았는데 문학작품의 영화화란 별 성과 없는 것이라는 통념을 재확인한 것뿐이다. 원작은 자기 나름대로 원하는 삶을 추구하는 젊은이의 모색과정이 성장소설 비슷하게 전개되지만 영화는 단순한 삼각관계 비슷한 것으로 끝나고 있었다. 영화는 정신적 고뇌나 내적 갈등의 묘사에는 부적당한 것이고 따라서 시각적으로 호소하는 스펙터클이나 극적인 모험담에서 그 본령이 드러나는 것이라는 상식적인 생각을 다시 하게 되었다. 문학성이 짙은 작품보다 엷은 작품이 영화로서 성공하는 것은 그 때문이다.

일본 영화도 몇 편 보았지만 1950년대나 1960년대 때의 수작보다 못하다는 인상을 받았다. 그 가운데서 재미있게 본 것이 〈민들레〉라는 것이다. '민들레'라는 제목 자체는 서정적이고 향토적인 것이지만 내용은 그렇지가 않다. 라면집 이름이기 때문이다. 어떤 미망인이 생계를 위해서 라면집을 연다. 그러나 경험도 없고 별 연구도 없었기 때문에 영업이 잘 되지 않는다. 우연히 점심을 먹으러 들렀던 화물차 운전수와 조수는 라면 맛이 없다고 짜증을 낸다. 그러나 풋내기 미망인 주인의 어려운 사정을 알고는 도와주고 싶어한다. 이들은 번창하는 국수집이나 라면집에 들러서 숙수들에게 접근하며 국물맛내기의 비결을 수소문한다. 어르고 달래고 빌고 해서 비결의 일단을 얻어듣기도 하고 몰래 뒤켠에 숨어서 국물맛내는 과정을 지켜보기도 한다. 이 과정에 많은 좌절과 실패를 경험하지만 결국은 국물맛내기에 성공을 하고 또 환경미화에도 신경을 써서 조그마한 라면집을 그 나름대로 번창하는 집으로 키워낸다는 얘기다.

한 편의 영화로 만들기에는 너무나 궁색한 소재를 가지고 그런대로 재미있는 영화를 만들었다는 점에 이 작품의 특색이 있다. 그러니까 많은 삽화를 집어넣고 있다. 사람들이 음식을 먹을 때의 갖가지 표정이나 동작, 라면 음미를 제대로 하기 위해서 지켜야 할 수칙과 순서 등을 보여주는가 하면 화물차 운전수를 별거중인 남편으로 설정하여 관중에게 어떤 기대감을 갖게 하다가 마지막에 아무 일 없이 두 사람을 헤어지게 하는 기대 역전 등의 장치를 통해서 시종 유머러스한 분위기를 유지하고 있다.

이 영화를 보면서 나는 영화 자체보다도 거기 드러나 있는 일본 사람들의 생활태도랄까 성취의욕 같은 것에 더 관심이 갔다. 라면이라는 지극히 간단한 속성음식 만들기를 하나의 세련된 기술 아니 예술로 만들고 있는 그들의 정성은 단순한 상혼으로만 간주할 수는 없을 것 같다. 동기는 물론 이윤동기에서 나왔지만 잘 팔리는 라면을 만들기 위해서 라면 만들기를 고도의 기술로 변화시켜놓고 있다. 무수한 모방과 실험과 조정을 통해서, 또 오랜 기간을 거쳐서 맛있는 라면 기술을 개발하게 되는 것이다. 그리고 재미있는 것은 고객들의 미묘한 차이에 민감하게 반응하고 그 진가를 인정하는 것이다.

또 라면 맛을 제대로 보기 위해서 양념 치기나 먹는 순서를 정해서 권하고 있다. 여기에는 까다로운 미식가들을 풍자한 요소가 없는 것은 아니다. 그러나 녹차 한 잔 마시는 것도 하나의 도(道)로 승화시킨 저들이라 단순히 유머러스한 풍자로 끝나 있는 것은 아니다. 그것은 조그마한 대로 식사의 의식화(儀式化)이기도 하다.

일본의 적령기 여성들이 받은 전통적 신부교육에는 다도(茶道) 교육도 있었다. 녹차 한 잔 마시는데 공연한 까다로움을 피우는 것은 귀족적 속물근성의 발로라고 비판할 수도 있다. 다도를 까다롭고 복잡하게 발전시킨 것은 다도 교육 담당자들이 그것을 가르쳐 생계를 유지하려는 직업적 동기에서 나온 것이라고 지적하는 냉소주의자들도 있기는 하다. 그런 면이 없지는 않았을 것이다. 그러나 일상적 삶을 의식화하고 엄격히 그 의식을 지키는 것은 일종의 극기훈련이고 자기 삶을 통어하는 방식이기도 하다. 그렇게 함으로 무의미해 보이는 나날의 삶에 위엄을 부여하고 또 먹고 마시기와 같이 기본적으로 동물적인 행위를 심미적 행위로 변화시키는 것이라 할 수 있다. 〈민들레〉에서는 라면 먹기도 하나의 의젓한 심미행위로 승화되어 있는 것이다.

저들의 청결 강조도 그러한 관점에서 이해되어야 할 것이다. 일본의 청결 숭상은 유별나다. 짤막한 일본 체재 경험중에서 가장 인상적인 것은 음식의 정결함과 음식점의 청결성이었다. 최하층 생활자들이 드나드는 싸구려 음식점을 일부러 찾아간 일이 있다. 공기밥, 된장국, 계란 반쪽, 단무지 두 쪽과 김 석 장이 고정 메뉴의 전부였다. 그러나 식당 안은 고급 호텔 못지않게 깨끗했다. 등급에 따라서 청결도가 달라지는 우리나라의 경우와는 딴판이다. 청결이 위생적인 관점에서 강조된 것은 근대 서양에 와서의 일이다. 일본의 청결 숭상은 저들의 고유 신앙과 연관되는 다분히 의식적(儀式的)인 것임이 분명하다. 그것이 정성과 연관됨도 분명하다. 라면 국물맛내기를 하나의 고도기술로 추구하여 그것을 마침내 성취하는 끈기와 정성, 그리고 나면 맛보기도 다도처럼 하나의 극기행위 또는 심미행위로 전화시키는 〈민들레〉를 보고 나서 나는 다시 한번 저들의 정성이라는 것을 생각해보았다.

우리에게 곤혹스러운 이웃인 일본은 여러 가지로 만만치 않은 상대이다. 일본 상품의 세계적인 석권의 비밀을 〈민들레〉란 희극영화가 다시 한번 드러내고 있는 것 같았다. 간교하다고 욕만 할 것이 아니라 우리 자신을 겸허하게 돌아보아야 할 것이란 생각도 다시 하였다.

생각나는 일

　요즈음 어떻게 보면 몰개성의 시대이다. 개성이 뚜렷하고 별난 고집을 가진 사람들을 주변에서 찾아보기가 힘들게 된다. 대인관계가 외관상으로 매끄러워지고 또 그만큼 부드러워진 탓인지도 모른다. 어쨌건 한 세대 전보다는 훨씬 그러하다는 것이 내 느낌이다. 적어도 표면적인 수준에서는 그런 것 같다.
　우리의 중학 시절만 하더라도 지금 생각하면 참으로 개성적인 교사들이 많았다. 또 별난 의견을 가진 분들도 많았던 것 같았다. 8·15 이후 인물난이던 시절에 다양한 배경과 이력을 가진 인사들이 교육계로 진출했던 사정과 관련된 것인지도 모른다.
　학생들에게 신문을 보지 말라고 입버릇처럼 얘기하던 수학교사도, 그런 이 중의 한 분이 아니었던가 한다. 입학은 쉬워도 졸업이 어렵기로 소문난 일본의 학교를 나오신 그분은 소문에 걸맞게 단단한 실력을 가지신 분이었다. 나중에 중학 교과서 저자로 널리 알려진 분이다. 학생이 뭐 하러 신문을 보느냐는 것이었다. 공부에만 전념해야 할 나이에 공연히 잡된 것에 정신을 팔고 시간을 낭비하게 된다는 것이다. 대체로 이과 과목의 교사들이 무취미한 이가 많았던 터라 별 설득력이 없었던 것으로 기억한다. 저러니까 저렇게 무취미하고 건조한 인물이 된 것이 아니냐며 당신이나 계속 그런 사람으로 남아 있을 것이지 왜 우리한테까지 옮겨놓으려 하느냐는 제법 냉소적인 반응까지 보이는 학생들도 있었다.

사실 당시의 신문은 대체로 지면도 적어서 거기에 많은 시간이 소비되는 것도 아닌 터였다. 그러니까 좌우익 싸움으로 혼란스러운 시기에 정치에 대해서 중학생의 신분으로 쓸데없는 호기심을 갖지 말라는 말이었다. 당시의 나도 그분의 얘기에 내심으로 시큰둥한 반응을 보인 쪽이었다. 일정한 소견도 견식도 없는 자신에 대한 변명같이만 생각되었다.

지금에 있어서도 신문을 보지 말라는 말의 효용을 믿지는 않는다. 오늘의 고등학생들은 신문 읽을 시간도 없을 것이다. 따라가야 할 교과목도 너무 많고 또 신문 면수도 너무 많아 어디를 읽어야 할지 정신을 차릴 수가 없을 것이다. 그렇기는 하면서도 한쪽 옛 수학교사의 입버릇은 새겨볼 가치가 있는 것이 아닌가 하고 요즘 가끔 생각할 때가 있다. 전면적으로 수용은 할 수 없지만 그 절제된 수용은 권장할 만한 것이 아닌가 하고 생각하게 되는 것이다.

많은 세월이 흘렀지만 그사이 가까운 거리에서 정치적 관심으로 말미암아 어렵게 된 사람들을 너무나 많이 목격하게 되었기 때문이다. 그리고 결과적으로 부질없게 된 개인적 희생의 사례가 너무 안쓰럽게 여겨지기 때문이다.

신문기사는 그 속성상 과대포장을 하는 수가 많다. 금방 세상이 뒤집히고 세계의 종말이 올 것 같은 느낌을 주는 소식이 너무 많다. 사실상 제3차 세계대전이 일어난 셈이라는 주먹만한 크기의 제1면 톱기사에 공포감을 느꼈던 고3 시절의 일은 지금도 생생하게 기억한다. 정치적 무관심은 좋은 것도 아니고 현대의 생활에서 불가능하기도 하다. 그러나 지나친 정치적 관심이 시간과 정력의 공허한 낭비에 지나지 않고 미래에 대한 공연한 불안감을 조성시켜준다는 것도 사실인 것 같다. 매사에 그렇듯이 이 분야에서도 절제가 필요할 것 같다.

일상에서의 도망

 사랑을 잃고 상심이 된 사람은 새벽녘에 남대문 시장을 가보아야 한다고 적은 시인이 있다. 시 자체는 빼어난 작품이 아니지만 전갈만은 효과적인 것이라는 생각이 든다. 이른 새벽부터 열심히 또는 악착같이 사는 사람들의 모습이 분명 삶에 대한 의욕을 돌려줄 것이라는 전갈이다. 열심히 또 치열하게 사는 사람들의 모습은 그것이 남을 해치지 않는 한 감동을 주게 마련이다. 또 미적지근하게 사는 사람들에게는 자신을 돌아보게 하는 힘도 가지고 있다.
 다람쥐 쳇바퀴 돌듯 하는 따분한 일상생활에서 벗어나는 가장 비근한 길은 여행을 떠나는 것이다. 판에 박은 되풀이에서 벗어난다는 해방감과 함께 평소의 따분한 되풀이가 사실은 소중한 것이라는 것을 확인케 하는 계기가 되어준다. 여행을 떠날 물질적 정신적 여유가 없는 사람들은 하다못해 가벼운 병이라도 생겨야 일상의 되풀이에서 벗어날 수 있다. 그래서 어떤 외국의 작가는 '병은 가난한 사람들의 여행'이라고 적어놓고 있다. 여행이랍시고 사람들이 법석대는 관광지나 휴가지를 가보아야 심신의 피로를 더하게 할 뿐이다. 따라서 사람들이 많이 모이지 않는 한적한 시골 같은 곳을 택하는 것이 좋다. 내가 개발한 것은 시골 야산을 오르는 것이다. 표고 육백 미터 전후의 야산은 전국 도처에 깔려 있다. 그런 곳을 아무렇게나 골라서 올라가는 것이다. 큰 준비도 필요 없다. 고산준령을 찾는 본격적인 등산이 아니기 때문에 가벼운 마음으로 떠나는 것이다.

젊을 적에 젊음의 소중함이 별로 느껴지지 않듯이 자연의 고마움도 자연의 한복판에서는 실감되지 않는다. 자연과 떨어져 살고 또 젊음도 어지간히 지나가야 비로소 실감되는 것이다. 산자락이나 들길에 아무렇게나 피어 있는 들꽃이 아름답게 느껴지는 것 자체가 삶의 신산(辛酸)에 어지간히 익숙해져 있다는 증거일지도 모른다. 조그마한 보랏빛 제비꽃이나 외지게 피어 있는 말나리꽃이 더없이 예쁘게 보이는 것은 거기서 자기 삶의 기호를 찾게 되기 때문인지도 모른다.

얼마 전에 몇몇 친구와 함께 고향 쪽의 야산을 오른 적이 있다. 뻘건 사태 자국들이 말끔히 없어지고 제법 울창해진 정상이 육백오십 미터 정도밖에 안 되는 야산이었다. 그런데 우리는 능선을 따라가면서 몇 번 길을 잃기까지 하였다. 그만큼 깊은 산이 되어버린 것이다. 능선에 오른 우리는 산 뒤쪽으로 펼쳐져 있는 새 인공 호수의 아름다움에 탄성을 발했다. 강을 막아 이루어진 호수는 능선에서 바라볼 때 주변의 산과 어우러져 한 장의 아름다운 그림엽서가 되어 있었다. 소위 명산이라고 해서 사람들이 장터를 이루고 있는 곳에 비해서 전혀 손색이 없었다. 새삼스레 국토의 아름다움에 뻐근한 감동까지 느꼈다.

야산을 오르면서 나무 이름이나 꽃 이름을 익히는 것도 하나의 낙이다. 그러자면 시골 출신의 친구와 함께 간다거나 꽃 모습 같은 것을 잘 알아두었다가 식물도감을 참조하는 것도 한 방법이다. 이름을 알아서 무엇 하느냐고 할지 모르지만 그래야 낱낱의 나무나 들꽃을 세세히 관찰할 수 있는 것이다. 비슷하면서 다른 많은 나무와 들꽃도 그것을 인지하려고 하면 묘한 감동을 준다. 또 저마다의 아름다움을 가지고 있다.

  삼천리 금수강산이란 말을 공허한 수사이며 우물 안 개구리의 자기만족의 표현이라고 옛날엔 생각했었다. 그러나 요즘에 와서 이 말을 믿게 되었다. 자연의 아름다움을 우리의 인사(人事)는 도저히 따르지 못한다.

세 사람 있는 곳에

　시인이자 행정가, 자연과학자이자 큰 인문학자이기도 했던 만능 천재 괴테는 그림까지 그렸다. 어느 때인가 그는 그림을 그리는 것이 그 자체를 위해서가 아니라 사물을 잘 관찰하기 위해서라고 토로한 적이 있다. 이를테면 장미꽃을 그리기 위해서는 장미꽃을 우선 정확히 관찰하지 않으면 안 되기 때문이라고 말하고 있는 것이다. 일정한 동기가 없으면 우리의 주의력이나 관찰력은 느슨해지기 쉬운 것이 상례이다. 가령 수많이 지나다녀본 거리에서 은행이 어디에 있느냐는 것을 그냥 머릿속에 그려놓고 있는 사람은 그렇게 많지 않다. 은행 찾을 일이 생겨야 비로소 평소 많이 다녀본 거리 어느 지점에 있다는 것을 확인하게 되는 것이다.
　우리는 살아가면서 수많은 사람들을 만나게 되고 알게 된다. 깊이 알게 되건 그냥 스치고 지나듯이 알게 되건 많은 사람과 접하게 된다. 특히 도회생활에서는 피상적인 수준에서의 만남이 빈번하게 마련이다. 일정한 동기나 목적이 없다면 대개의 만남이나 앎은 피상적인 수준에서 끝나고 만다. 그런데 만나는 사람의 장점을 찾아본다든가 소설 속의 인물과 비교해본다든가 하면 세상에서 가장 소중하고 흥미 있는 존재가 역시 사람이란 것을 다시 깨우치게 된다. 사람에 따라서는 생활수칙이라는 것을 마련해서 꼭 지켜가는 이들도 있다. 직장에서 절대 가불을 안 한다든가, 아침에 일어나서 꼭 냉수마찰을 한다든가, 만사 제쳐놓고 일요일엔 산행을 한다든가 하는 긍정적인 생활습관을 실천하는 사람들이 있다. 그런가 하면 다방이나 음식점에 가서 꼭 성냥갑을 달래서 수집하는 이도 있고 시골 각지로 번갈아 다니면서 열리는 '전국노래자랑' 프로를 어김없이 본다는 이도 있다. 노래 자체보다도 모여든 사람들의 표정을 보면서 저게 '우리의 얼굴이다' 라고 생각하는 재미가 각별하다는 것이다.

자기 나름의 생활의 지혜를 은연중 토로하는 이들이 연만한 인사 중에는 많다. 귀 기울여보면 본받고 싶어지는 경우도 많다. 그리고 토로하는 생활의 지혜와 그분의 인품이 어울린다고 느껴지는 경우도 많다. 자기는 평생 '전력투구' 를 하지 않고 살아왔다는 분도 있었다. 늘 육 할이나 칠 할 정도의 힘만 쏟고 나머지는 비축해두는 기분으로 살아왔다면서 지금껏 큰 탈없이 유지해온 것은 그 덕일지도 모른다고 토로하는 것이었다. 그러면서 늘 남보다 조금 손해를 본다는 기분으로 살면 마음이 편안해진다고 덧붙이기도 하였다. 결국 과욕을 부리지 말라는 것이다.

'세 사람 가는 곳에 스승이 있게 마련' 이라는 논어의 구절은 참으로 명언이라고 생각한다. 재미있거나 기품 있거나 재주 있는 사람들을 만나게 될 때마다 이 말의 진실됨을 되풀이 음미하게 된다. 하다못해 '반면교사' 라도 있게 마련이라는 것은 세상을 그만큼 살 만한 곳으로 만들어준다.

광야의 셰익스피어

유타 주는 마흔다섯번째로 미합중국에 편입된 주로서 로키 산맥이 지나가는 주의 하나이다. 넓이는 남북을 합친 우리나라보다 약간 적지만, 인구는 이백육십만밖에 되지 않는다. 몰몬교도들이 개척하다시피 한 이 주의 이름은 원주민을 가리키는 인디언 부족의 이름에서 따온 것인데, 대체로 해발 일 마일이 되는 고지대이다. 지하자원이 풍부한 반면 비가 부족하고 낮과 밤의 기온차가 심한 곳이다.

지난 여름 유타 주에 있는 브리갬 영 대학을 방문할 기회를 가졌었다. 오만 인구의 조그만 대학도시 프로보는 산 밑에 자리잡은 아담한 도시이다. 미국 대학 중 사립대학으로는 학생 수가 제일 많다는 이 대학 구내에서는 맥주는 물론 커피도 팔지 않는다. 카페인 성분을 뺀 콜라나 소다수가 고작이다. 종교의 영향이겠지만 학생들 옷차림이 단정하고 소수민족의 모습이 잘 띄지 않는다. 몰몬교인들은 이 년간의 해외 선교활동이 의무화되어 있어 이 대학에서는 외국어 강좌가 다양하게 개설되어 있는 것으로 알려져 있다.

로키 산맥이 지나가는데다가 불규칙하게 파인 고원지대여서 대협

곡을 낀 국립공원이 서너 개나 된다. 이왕 들렀으니 국립공원은 구경해야 할 것이 아니냐고 해서 친구와 함께 유타 주를 종주하였다. 프로보에서 남쪽으로 가는 고속도로는 콘크리트 포장이었다. 나무 없는 붉은 산을 먼발치에 둔 채 도로는 황야를 질러간다. 곳곳에서 건초에 물을 주는 살수기가 열심히 물을 뿜어대고 있었다. 마주치는 차량도 뜸하였고, 둘러보아야 이렇다 할 소읍(小邑)도 보이지 않았다. 주유소 간판이 서 있는 곳에 겨우 조그만 매점과 간이음식점 정도가 보일 뿐이었다. 역시 넓은 땅임을 새삼스레 느꼈다.

주유소가 있는 필모어란 곳에서 잠시 쉬었는데, 주유소 벽에는 마치 서부영화에서 보는 것과 같이 수배중인 사나이의 사진이 붙어 있었다. 일행 중의 한 사람이 영자(英字)로 '유타' 란 글씨가 수놓여 있는 챙모자를 주유소 매점에서 샀다. 나중에 속을 뒤집어보니 한국제 표시가 되어 있는 게 아닌가. 유타 주의 오지에까지 파고든 국산품의 위력을 느꼈다. 말이 났으니 말이지 유타 주의 수도인 솔트레이크시티 근처에 있는 즈네바 강철공장이 얼마 전 문을 닫아 삼천 명의 실업자를 내었는데 이것이 한국산 강철의 수입 때문이라고 해서 현지인들의 한국인에 대한 감정을 긴장시키고 있다는 얘기를 들은 바도 있었다.

프로보를 떠난 지 네 시간 만에 시다 시티에 도착하였다. 말이 좋아 '시티' 이지 인구 만삼천밖에 되지 않는 소읍이다. 그럼에도 도시를 뜻하는 '시티' 라 부르는 것은 워낙 텅 빈 광야 한 끝에 자리잡고 있는 탓인지도 몰랐다. 저녁때가 되어 도착한 우리는 값싼 모텔로 숙소를 정하였다.

이 읍은 관광지를 끼고 있어서인지 숙박업소가 눈에 띄게 많았다.

거리는 한산하고 조용하기 짝이 없었다. 오천오백 달러짜리 집터 두 개를 광고하는 부동산 중개업자의 커다란 입간판이 길가에 서 있어 과연 시골이라는 느낌을 주었다. R.C.A 칼라 TV를 비치해두었다는 모텔의 입간판도 인상적이었다. 도회지 같으면 1960년대에나 볼 수 있던 객실 선전인 것이다. 황무지 광야와 초현대식 고층건물을 함께 거느리고 있는 나라의 넓이를 실감케 했다.

  숙소로 돌아와서 모텔 카운터에 꽂혀 있는 광고 소책자들을 이것저것 훑어보았다. 근처에 있는 브라이즈 캐넌이나 자이언 파크의 관광 선전 책자들이었다. 유타 주의 명소를 두루 소개하는 꽤 부피 큰 소책자도 있었다. 그 가운데서 특히 이채를 띠고 있는 것은 셰익스피어 연극제에 관한 홍보책이었다. 7월 10일에서 8월 30일까지 해마다 열리는 이 셰익스피어 연극제는 벌써 이십오 회째를 맞는 큰 연극제이다. 시다 시티에 소재하는 남유타 주립대학에서 열리는데 올해에는 〈한여름밤의 꿈〉 〈줄리어스 시저〉 〈사랑의 헛수고〉 등 세 편을 각각 십오 회에 걸쳐 상연한다.

  이 연극제에는 셰익스피어 극 말고도 문학과 연출에 관한 세미나가 있고, 또 엘리자베스 시대의 음악 연주도 있고, 당시의 음식을 재연해서 대접하면서 옛날 어릿광대 놀이를 보여주는 프로도 마련되어 있었다. 요컨대 셰익스피어 연극 세 편을 중심으로 해서 당시의 생활과 관습과 잔치를 재현해서 영국 르네상스를 참가자에게 하나의 총체적 생활경험으로 안겨주는 기획인 것이다. 또 배우들의 연극 준비과정을 보여주는 기획도 있어 셰익스피어의 모든 것을 보여주자는 기획이었다.

  인근 도시 주민과 부동인구까지 합치면 십만이라지만 시다 시티 인구는 고작 만오천이다. 유타 주 고원 황야의 한 끝에 있는 이 소도시에서 이렇듯 거창한 문화축제가 해마다 열리고 있다는 것은 놀라운 일이었다. 우리가 알고 있는 통속적인 이미지와 다른 또하나 미국의 모습이다. 역시 넓고 다양한 나라인 것만은 사실인 것 같다.

일본에 와서

현장감이라는 것이 있다. 아무리 얘기를 많이 들어서 익숙하게 생각된다 하더라도 막상 현장에 가보면 상상만으로는 감득하기 어려운 국면이 있게 마련이다. 이농현상이 심하여서 도무지 농촌에서 일손 구하기가 힘들다는 얘기를 흔히 듣는다.

얼마 전 친족 장례에 참여했다가 도무지 상여꾼을 구하지 못하는 것을 목격하였다. 사방으로 손을 써서 겨우 사람을 모았지만 모두 환갑을 넘긴 노인들뿐이었다. 멀지는 않지만 꽤 가파른 곳에 산소를 모셔서 이 할아버지들이 도무지 발을 옮기지 못하는 것이었다. 몇 발짝 가다가는 쉬고 또 쉬고 해서 여간 애를 먹지 않았다. 엄살만이 아니었던 것이다. 시골에 사람이 없다는 말을 새삼 실감하였다. 이런 것이 이를테면 실제 경험만이 안겨주는 현장감이라는 것이다. 누구나 이와 비슷한 경험을 가지고 있을 것이다.

상상한 것과 실제 현장감의 차이는 외국의 경우에 각별하다. 사람의 상상력이란 자기 체험을 바탕으로 한 것이기 때문에 아무래도 한계가 있게 마련이다. 상황과 조건이 전혀 다른 외국에 대해 상상한 것은 현지에 가보면 역시 실제와 다르다는 것을 알게 된다. 우리에게 곤혹스러운 이웃인 일본에 대해선 누구나 들은 바가 많을 것이다. 또 가까운 동양문화권이기 때문에 현장감이라는 것도 가령 서양 쪽과는 달리 크게 차이나지 않는 것도 사실이다. '과연 듣던 대로구나'라는 생각을 할 때가 많다.

일본에 와서 느낀 것 중의 하나는 소문난 부자이긴 하지만 그 생활이 그렇게 윤택한 것은 아니라는 점이다. 모두들 근근이 살아가고 있다는 느낌을 준다. 지난해도 거의 외화 천억 달러를 벌어들여 일본 역사상 최고치를 기록하고 전 세계의 눈총을 받고 있다. 그래서 불경기라 수입이 줄어서 이렇게 외화를 벌어들인 것이라고 변명을 하고 있다. 그러나 경제가 아주 어렵다는 미국인들 일반의 삶과 비교할 때 일본인들이 아주 잘산다고 할 수는 없다. 아직도 미국의 연간 개인소득이 굉장히 높다는 사실 이외에도 공간적으로도 탁 트인 곳에서 기활 좋게 살아가는 탓에 미국인들이 훨씬 부자로 사는 것 같은 느낌을 주는 것인지도 모른다.

사실 미국의 넓고 넓은 슈퍼마켓과 대체로 공간적으로 비좁은 곳에 물건을 옹색하게 진열하고 있는 일본의 그것을 비교해보면 그것만으로도 일본은 넉넉하다는 인상을 주지 못하는 게 사실이다. 거기다가 비좁고 옹색한 주택을 비교해보면 그 차이는 점점 두드러진다. 이러한 표면상의 외관 말고도 일인들의 생활은 대체로 크게 부자 티가 나지 않는다. 학교 주변이라는 것은 어느 나라에서나 궁기가 흐르게 마련이며 돈 씀씀이가 헤프지 못한 곳이다. 따라서 학교 주변의 관찰만 가지고 일반화하는 것은 사태를 잘못 짚기가 쉽다. 그런 점을 참작하면서의 얘기지만 교수들도 대개 싸가지고 온 도시락이나 간단한 샌드위치로 점심을 때운다(지금 일본서 제일 인기 있고 잘 팔리는 것이 점심으로 파는 오백원짜리 주먹밥이다). 또 연구실이라는 것도 아주 비좁은 방을 두어 사람이 함께 쓴다. 무슨 회합이 있어도 각자가 제 몫을 낸다. 왁자지껄한 호화판은 있는 것 같지가 않다.

화이트칼라들이 많이 모여 있는 거리에서도 점심시간이면 비교적 싼 음식점 앞에 줄지어 서서 기다리다가 돈 천원이 밑도는 점심을 먹는다. 또 대부분의 시민들이 이용하는 지하철을 타거나 버스를 타보아도 우리나라와 별 차이가 없다. 옷차림이 각별히 야단스럽거나 화려한 것도 아니다. 사실 섬유혁명으로 말미암아 옷차림이 대체로 상향 평준화된 것은 범세계적인 현상이기는 하다. 그러나 소문난 부자나라치고는 이들의 옷차림은 대체로 범상한 편이다. 뒷골목에서 몇 대째 목욕탕을 하고 있거나 두부집을 하고 있는 사람들의 생활이 그리 윤택하지 않으리라는 것은 짐작하기 어렵지 않다. 또 버스값이나 기찻삯과 같은 생활상의 기본요금이 굉장히 비싼 이 나라에서 호화판 여행을 시도하기도 어려울 것이다.

언뜻 보아 옛날 우리 시골에 있던 구두쇠 부자처럼 수수하나 실속있게 산다는 느낌이다. 그리고 그 실속이란 것도 미국과 같은 나라에 비하면 아주 쫀쫀하고 옹색하다는 느낌을 준다. 그렇다고 이 사람들이 정말 허술하냐하면 그렇지는 않다. 여기서도 육십대 이상의 사람들은 자기들의 어려웠던 시절을 얘기한다. 전쟁중의 쌀배급 때 비로소 쌀을 먹어보았다는 산간지방 할머니의 역설적인 얘기가 방송에서 흘러나온다. 밥풀을 흘리면 주워먹어야 했던 어린 시절 얘기는 방송에서도 여러 번 들었다. 옛날 생각해서 아껴 써야 한다든가 낭비는 죄라는 생각이 연만한 사람들에겐 아주 보편적이다.

그러니까 모두들 실속 있는 주머니를 차고 있는 셈이다. 일본인들이 자기들의 경제대국 건설을 툭하면 고도의 기술과 국민들의 저축열로 돌리곤 한다. 그들의 전후 경제성장에서 큰 기폭제 구실을 한 미국 핵우산 아래서 군사비를 들일 필요가 없었다든가 한국전쟁의 군수경기 때문에 톡톡히 재미를 보았다는 사정 등은 애써 외면하고 도외시하려는 것이다.

그러나 이들이 놀랄 만큼 높은 저축률을 보여주었다는 것이 거짓말은 아니다. 전쟁 기간, 그리고 특히 전후에 겪은 고난의 경험이 이들의 저축열을 촉진시킨 것도 사실일 것이다. 그리고 그 다음엔 돈이 많아서 더욱 저축한 것도 사실일 것이다.

일본이 부자 되는 데 적지 않은 기여를 해왔고, 지금도 하고 있는 우리 처지에서는 밤낮 안에서 편싸움만을 벌일 것이 아니라 눈을 밖으로 돌려 우리의 앞날을 도모해야 할 것이다. '근면하며 머리가 좋다'는 유럽 쪽의 일본인관을 크게 내세우며 지금 기고만장해 있는 일본에 와보면 누구나 애국자가 되지 않을 수 없을 것이다. 아끼고 쫀쫀히 살아가면서 실속을 차리는 무서운 사람들을 이웃으로 하고 있는 우리들은 너무 허황하고 태평하지 않은가 하는 생각을 갖게 된다. 미워만 할 것이 아니라 이겨낼 궁리를 해야 할 것이 아닌가.

바깥에서 들은 얘기

근자에 기회가 있어 한 학기 동안 일본에 체류한 일이 있다. 학교란 곳은 어디서나 세상 한복판이나 삶의 주류에서 얼마쯤 떨어진 곳이다. 따라서 근처에서 몇 달 배회한 경험을 가지고 외국 경험에 대한 일반론을 전개한다는 것은 위험한 일이다. 다만 우연한 만남이나 사소한 경험 속에도 보다 크고 일반적인 것의 일단이 반영되어 있다고 본다면 조그만 일이라도 시사하는 바가 있다고 해야 할 것이다.

다른 나라와 달라 일본은 우리 한국 사람이 가서 지내기에는 적지 아니 신경이 쓰이는 곳이다. 말 한마디, 몸가짐 하나에도 마음이 쓰인다. 저들과의 특수한 관계 때문에 우리 편에서도 대범할 수 없고 그편에서도 물론 그러하다. 서구에 대한 저자세와 아시아 여러 나라에 대한 고자세는 저들 무의식의 심층구조로 내면화되어 있다는 느낌을 강렬하게 촉발받게 된다. 그러기 때문에 늘 저들의 '속셈'이 무엇일까하고 생각하게 되는 측면이 있다. 적어도 필자의 경우엔 그러하였다. 또 이웃인 처지에 늘 피해를 보는 쪽이었다는 역사적 인과가 예사로운 일도 그냥 넘기지 못하게 하는 측면이 있다.

그럴수록 우리가 이 곤혹스러운 이웃보다 여러 가지 면에서 우월성을 확보해나가야 한다는 생각을 떨쳐버릴 수가 없다. 도덕적으로 사회적으로 우위성을 확보하는 것이 저들에 대한 최선의 우리 쪽 응답이라는 생각을 하게 되는 것이다. 그러한 면에서 우리 쪽의 허술한 점을 깨우치게 되는 경우도 많았다. 현지에서 만난 한 연구생이 들려준 얘기도 기억에 남아 있다. 일본에서 유학한 일이 있는 우리 작가에 관한 자료를 수집하러 그쪽의 대학을 찾아간 적이 있었다 한다. 그쪽 학적 관계자에게 성적표를 복사해달라고 부탁하기 위해서였다. 학적 관계자는 탐탁하지 않은 투로 응대하다가 R이란 이름을 대면서 혹시 아느냐고 물어왔다. 모르는 이름이어서 모른다고 대답했다. 그랬더니 미국 대학에 있는 R씨로부터 역시 그 한국 작가에 관한 자료를 보내달라는 간곡한 편지를 받은 얘기를 하더라는 것이다.

성의껏 관계자료를 복사해서 보내주었는데 그후 아무런 답장이 없다는 것이었다. 혹 중도 분실되었는지도 모르지만 어쨌든 서운한 마음을 가지고 있는 게 사실이고 마침 비슷한 부탁을 받으니 생각나서 이야기한다는 것이었다. 한국 작가를 연구하는 R씨가 한국인인 것은 분명하고 주소라도 알면 자기가 연락해서 늦었더라도 고맙다는 인사장을 보내라고 당부하고 싶다는 것이 현지 연구생의 말이었다.

그후 얼마 안 되어 현지 유학생에게 들은 얘기도 비슷한 것이 있었다. 일본인 교수가 한국 학생들의 장점을 이야기하다가 단점으로 '편지할 줄 모른다'는 것을 내비치더라는 것이다. 일인들은 대체로 인사성이 깍듯한 편이지만 특히 편지로 예장(禮狀)이나 감사장을 잘 보낸다. 편지 쓰기가 아주 드문 일이 되어가기 때문에 우리 쪽 학생들이 그런 일에 무심한 편이 아닌가 생각된다.
　어쨌든 어려운 부탁을 했거나 특별한 호의를 받았을 경우 그로써 사의를 표명하는 관습이 우리 쪽에서 부족한 편이고 그것이 일본 교수에게도 상당한 허물로 비쳤던 모양이다. 나라마다 관습이 다르고 사람마다 버릇이 다르다. 우리가 중요시하는 것을 대수롭게 여기지 않는 관점도 있고 그 반대의 경우도 있다. 문화란 이렇게 다른 것이다.
　그러나 고마움의 표시나 사례의 편지는 적어도 외국에서 오랫동안 체재하는 동안은 체재지의 관행을 따르는 것이 좋을 것이다. "로마에 가서는 로마인들 하듯이 하라"는 말은 유효성을 잃지 않은 격언이다. 감사의 표시나 인사장 같은 것은 자칫 허례허식이라 생각될 소지가 많다. 연말이나 특정 휴일에 무더기로 살포하듯 하는 규격화된 양식의 예장의 경우에 그러하다. 그러나 일 년 동안의 격조를 그런 기회에 해소한다는 것은 결코 무의미한 일이 아니다. 더구나 특별한 호의나 배려를 받았을 경우 적절한 인사의 편지는 삶을 포근하게 만드는 사소하나 뜻깊은 계기가 되어준다.
　일본인들은 친절하고 예의 바르다는 정평이 있다. 특히 일인들이 저자세로 대하는 서구인들 사이에서 이러한 정평은 확고하게 굳어 있어 일본에게 유리하게 작용한다. 헤어질 때 세 번이나 허리를 숙이는 '예의 바름'의 적정성 여부를 따질 수도 있을 것이다. 또 그 진실성이나 '속셈'을 의심해볼 수도 있을 것이다. 그러나 그것이 '무례' 하다는 느낌을 주는 것보다는 나은 것이 아니겠는가.
　우리 스스로의 허물이라고 꼬집어 단정할 수는 없다. 그러나 호의에 대한 인사는 그야말로 세상의 예의범절에 속하는 것이다. 우리가 편지 쓰기나 인사의 글을 쓰는 일에 너무 소홀하지 않은가 하는 것은 한번쯤 생각해보아야 할 것 같다. 물론 이 말은 스스로에게 던지는 말이기도 하다.

시간에 대하여

'시간이 돈'이란 말이 있다. 천둥번개가 요란한 때 연을 올려 번개가 전기현상임을 증명한 사진 그림에 나오는 벤자민 프랭클린의 말이라고 알려져 있다. 돈과 시간이 특별히 중요시되는 근대사회만이 낳을 수 있는 금언이다. 근대사회에서 주요 가치로 떠오른 효율성이란 개념에는 단축된 시간의 관념이 들어서지 않을 수 없다.

국민의 대부분이 농업에 종사하던 시대에는 시간이 그리 중요시되지 않았다. 대체로 농경사회의 리듬은 해가 뜨고 지는 자연의 리듬과 일치되어 있었다. 해돋이와 정오 그리고 해 지는 시간을 기준으로 해서 하루의 일과를 책정하면 별 문제가 없었다. 동네 친구와 방문약속을 할 때도 땅거미 질 때라든가 점심나절에라고 하면 그것으로 족하였다. 조금 이르나 조금 늦거나 그것이 큰 문제는 아니었다. 별 차이가 나지 않기 때문이다. 우리나라 사람들이 시간관념이 부족하여 약속시간을 지킬 줄 모른다는 얘기가 있었다. 그래서 자랑스럽지 못한 새 말까지 생겨났다고도 했다. '시간은 돈이다' 하는 금언이 실감 있게 울리는 사회에서 온 외국인이 농경사회의 관행을 그대로 유지하고 있는 사람들을 보게 되면 그들이 누구이건 시간관념이 없다고 말할 수밖에 없을 것이다.

불과 한 세대 사이에 우리 사회도 급격하게 변하였다. 산업화 도시화 근대화라 명명되는 사회 변화가 확실하게 이루어졌다. 이에 따라 농촌에 잔류하고 있는 사람들은 압도적인 소수파가 되어버리고 말았다. 능률과 효율성이 강조되면서 시간의 가치도 그만큼 올라갔다. 치열한 국제경쟁 시대를 만나 시간의 효율적인 활용은 그 필요성과 절실성이 어느 때보다도 다급하게 느껴지고 있다. '바쁘다, 바빠'라는 유행어가 퍼지는 것도 사실은 시간의 중요성이 실감되고 있는 것의 반영이라 할 수 있다.

그런데 우리 사회에는 금쪽 같은 시간을 낭비하는 현상이 너무나 많다. 대표적인 것이 대도시의 교통체증이다. 잘못 길을 나섰다가는 반나절을 길 위에서 버리게 된다. 그렇다고 길 위에서 보내는 시간을 유효하게 해주는 장치가 있는 것도 아니다. 버스나 지하철 객차에서 시간을 활용할 방법은 없다. 무한한 인내심 훈련이 고작이라고 할 것이다. 뿐만 아니라 아직도 우리 주변에는 불필요하게 시간을 낭비하게 하는 제도와 관행이 많다. 우리의 공문서 서류에는 도장이 너무 많다. 가령 한 사람의 서명으로 족한 외국 대학의 초청장이나 장학금 증서를 생각해보라. 도장이 많이 찍혀야 한다는 것은 결국 책임질 사람이 없다는 뜻도 된다. 현대사회가 복잡해짐에 따라 모든 것이 복잡해지는 것은 당연하다. 그러나 우리가 진정 국제화시대에 대처하기 위해서는 시간 낭비적 요소를 과감하게 제거하도록 노력해야 할 것이다.

독일의 시인 괴테는 그 자신이 낭비 없는 삶을 살다 간 사람이다.

여러 분야에 걸친 탁월한 업적이 그것을 증명한다. 늘그막에 그는 자신의 어린 손자를 위해서 다음과 같은 짤막한 시를 적어주었다.

한 시간에는 일 분이 육십이 있다.
하루에는 천이 넘게 있다.
어린 아가야, 잊지 말아라.
사람은 무슨 일이라도 할 수 있음을.

시간을 아끼고 소중히 여기는 사람은 무슨 일이라도 성취할 수 있다는 것을 간결하게 적고 있다. 우리 사회가 가장 필요로 하고 재확인할 필요가 있는 지혜라 하지 않을 수 없다.

잊지 않기

"왼뺨을 맞거든 오른뺨을 내밀라"는 옛 성인의 말이 있다. 성인이 되는 지름길인지는 몰라도 범인들이 예사롭게 따를 수가 없는 가르침이다. 이 말이 자주 오르내리는 것은 도저히 지켜지지 않는 실천의 어려움 때문인지도 모른다. 남의 죄를 용서하고 허물을 덮어주는 것은 분명히 인간의 미덕에 속한다. 이 세상을 적어도 한번쯤 살 만한 곳으로 만들어주고 있는 것은 사람의 미덕들 때문이기도 할 것이다.

그러나 덮어주고 용서할 만한 가치가 있는 과오나 죄과라고 하는 것은 당사자 쪽의 속죄 의사나 과오 시인에 대한 의지가 보일 때의 얘기이다. 그러한 가능성이 전혀 보이지 않을 때 무작정 용서하고 덮어주고 잊어준다는 것은 당초의 것과 비슷한 죄과나 과오를 조장하고 부추기는 셈밖에 되지 않는다.

같은 사람에게 연거푸 세 번을 속아서 억울한 꼴을 당한 피해자가 있다고 치자. 첫번째 당했을 때는 가해자가 비난받아 마땅하다. 어떤 경우이고 간에 이 사실을 번복시킬 수는 없다. 두번째 당했을 때는 좀 가혹하게 들릴지 모르지만 피해자나 가해자가 피장파장이다. 세번째 당했을 때는 피해자가 더 비난받아 마땅하다. 이렇게 맥없고 속없는 피해자가 있기 때문에 이 세상에는 뻔뻔스러운 가해자들이 횡행할 수가 있는 것이다. 계속 당하고도 그것을 내색하지 않고 발설하지 않는다면 모르지만 이런 사람은 불평할 자격도 없을 것이다. 또 특정 목적을 위해 알고도 속아준 것이라면 문제가 달라지기는 한다.

사람이란 부서지기 쉬운 허약한 존재이다. 허약한 존재이기 때문에 허물도 많고 오다가다 떳떳치 못한 짓거리도 저지르게 되는 법이다. 그러나 처음부터 두 눈 부릅뜨고 말똥말똥한 정신으로 속임수를 쓰거나 남의 마음을 아프게 하는 언동을 다반사로 아는 것은 어떠한 말로도 변호될 길 없는 악덕임에 틀림없다.

공적인 차원에서도 마찬가지이다. 몇몇 특정인이나 혹은 특정집단의 이해관계 때문에 상대방을 겁주고 기만하고 오도하여 도덕적 허무주의나 냉소주의로 세상을 가득 차게 하는 것은 어떤 명목으로도 정당화될 수 없다. 그것은 몇몇 특정인 탓으로 돌릴 수 없는 복잡한 문제이지만 도덕적 허무주의와 냉소주의가 판을 치고도 지속적으로 잘되어가는 사회란 있을 수 없는 것이다.

우리 주변에는 '어떻게 그가 저런 말을 할 수 있을까' 싶을 정도로 낯 두꺼운 사람들이 많다. 모든 언동의 노출도가 높기 때문이겠지만 지도급 인사들의 경우에 특히 그러하다. 분명하게 밝혀져 있는 지난날의 과오나 행적을 딱 잡아떼는 경우가 많다. 시인하는 경우에도 그 속셈이 너무나 뻔하고 또 회개의 빛은 전혀 없다. 저런 사람들이 힘을 쥐었을 때 또 무슨 짓은 못 할 것인가 하고 겁이 난다.

이 세상의 온갖 폭행이나 폭거는 자의든 타의든 피해자의 부득이한

'방조'에 힘입은 바가 많다. 모두 다 힘을 기를 수는 없다. 그러나 최소한 옛일을 잊지 않고 야바위놀음에 대처하는 정도의 슬기는 발휘할 수 있다. 그러한 뜻에서 우리 모두 '잊지 않기 운동'이라도 일었으면 좋겠다. 그래야 뻔뻔스러운 사람들이 그나마 조심을 할 게 아닌가.

세 살 적 버릇

모처럼 만에 새마을열차를 타고 지방 여행을 다녀온 일이 있었다. 안락한 의자에 등을 기대고 차창 밖을 내다보는 것은 참으로 즐거운 일이다. 차창 밖으로 전개되는 풍경은 낯익은 것이지만 일상에서 벗어났다는 후련함만으로도 모든 것이 새롭게 보인다. 나무가 꽉 들어선 산자락을 바라보는 것은 언제나 즐겁다.

옛적 붉은 산의 기억이 중첩되어서 그렇게 흐뭇할 수가 없다. 차례차례 지나가는 기찻길 옆 마을들도 옛날의 궁기를 벗어나서 든든한 느낌이 들었다. 그러나 이러한 쾌적한 마음상태도 곧 깨어지고 말았다. 건너편 자리에서 큰 소리로 떠드는 청년들의 말소리가 귀 따갑게 들려왔기 때문이다.

그것뿐이 아니었다. 대여섯 살배기 꼬마들이 마구 소리치면서 차 안을 놀이터 삼아 사방을 뛰어다니는 것이었다. 한쪽 끝에서 다른 쪽 끝까지 쉬지 않고 소란을 피우고 있었다. 아무도 말리는 사람이 없었다. 아이들의 부모조차도. 때마침 차내방송에서는 다칠 염려가 있으니 어린이들이 차내를 뛰어다니지 않게 해달라는 안내방송이 흘러나왔다. 그러나 어린이들의 달리기 운동은 계속되었다. 한참이나 지난 뒤 여객 전무가 객차를 지나갈 때야 겨우 끝났다. 그러나 그것도 잠시일 뿐 아이들의 달리기 놀이는 끊이지 않고 계속되었다.

이젠 새마을열차도 대중화되어서 그런지 조용한 분위기가 아니다. 특히 중앙선 같은 데선 특실이 아니면 일반열차나 다를 게 없다. 단체 손님들이라도 만나면 이건 완전히 시장바닥이나 진배없다. 소음공해에서 벗어나고 싶은 잠시 동안의 소망마저 어처구니없이 깨어지고 만다.

한가롭게 호강스러운 얘기를 하자는 것이 아니다. 우리 사이에 질서의식 교육이나 그 훈련이 아주 사라진 것이 아니냐 하는 느낌을 토로하기 위해서이다. 가까운 쇼핑센터 같은 데서 보더라도 좁은 공간에서 아이들이 뜀박질을 하듯이 왔다갔다하는데, 데리고 나온 어른들이 전혀 말리지를 않는다. 좁은 승강기에서 크게 소리치고 장난을 해도 부모들이 도무지 말릴 줄을 모른다. 놀이터 하나 변변한 게 없어서 이렇게 기회만 생기면 기분을 내보는 어린이들의 답답한 심정을 모르는 바 아니다. 그러나 어린이들의 안쓰러움을 이해하는 것과 질서훈련은 별개의 것이다.

사람이 많이 있는 곳에서 타인들의 존재를 생각하고 이를 위해 자신을 억제하는 것은 사람으로서 익혀두어야 할 기본훈련의 하나이다. 그런데 그것이 전혀 등한시되고 있는 것이다. 이러한 화제가 나왔을 때, 미국에 영주하고 있는 사려 깊은 한 노교수는 갓난아이 우는 소리를 공개장소에서 듣는 일이 거의 없는 것이 그쪽 사정이라고 말하는 것이었다. 우리의 터가 드센 모양이라고 말하는 저명한 여류 작가도 있었다. 로스앤젤레스에서는 울지 않던 아이가 서울만 오면 좌석버스에서건 백화점에서건 마구 울어대서 의아스러웠다는 손녀딸에 관한 친구의 얘기를 들은 적이 있다는 것이다. 그러고 보면 귀 따갑게 울어대는 갓난아이들을 버스 속에서 자주 보게 된다.

　노교수의 관찰은, 그분이 미국 중산계급의 주거환경이나 행동반경 속에서 살고 있다는 것과 관련된 것인지도 모른다. 여류 작가 친구 손녀딸의 경우는 낯익은 고장을 떠나 잠시 체류하는 낯선 서울에서 갓난아이가 경험하는 어떤 환경 변화에 대한 반응일지도 모른다. 따라서 일반화해서 얘기하기는 어려운 것일 수도 있다.

　그러나 우리 사회도 대다수가 중산층을 자처하는 사회이다. 새마을호를 타고, 백화점에 몰려오는 사람들을 중산층이 아니라고 하면 당사자들이 화를 낼 것이다. 뿐만 아니라 그 교육열의가 세계적으로 이름나서 공인받고 있는 것이 우리 사회이다. 그런데 규율과 질서나 공중도덕교육은 전혀 이루어지지 않고 있다는 느낌이다.

　어떤 반일론자(反日論者)라 하더라도 일본을 다녀온 사람이 이구동성으로 지적하는 것은 그들의 청결성과 예의 바름이다. 아무리 싸구려 음식점에 가더라도 나오는 음식이나 식당 안에 보여지는 모든 것이 깨끗하고 깔끔하다. 속마음이야 어떻든 일단 평균적으로 깍듯하고 예의 바르다. 적어도 대다수가 그렇다. 예의 바른 편이 소수인 우리 쪽과는 대조가 된다. 또 비싼 음식점과 싸구려 음식점이 판이하게 구분되는 우리 쪽과 영 다르다. 제3자의 눈에 어떻게 비칠 것인가 생각할 때 이 점에서도 우리는 일본과의 경쟁력에서 지고 들어가는 것이다.

　세 살 적 버릇이 여든까지 간다는 옛말은 현대의 심리학의 뒷받침을 받고 있는 지혜이다. 사람의 입맛이나 성향도 어릴 적에 형성된다는 것이 널리 인정되고 있다. 그렇다면 질서의식 교육이나 훈련이 거의 없이 자란 어린이들의 미래는 어떻게 될 것인가. 초등교육이나 중등교육의 현장에서 수고하고 있는 분들의 얘기를 들어보면 요즘 아이들은 도무지 선생님들의 말을 듣지 않아서 고충이 이만저만이 아니라고들 한다. 그렇다고 함부로 야단을 칠 수도 없다. 걸핏하면 학부모의 항의전화가 걸려오기 때문이라 한다. 어른을 두려워하지 않는 무서운 세대들이 자라나고 있는 것이다.

아이들에게 과도한 규율을 부과하거나 벌주는 것은 분명히 바람직한 일이 아니다. 그리고 지나치게 엄격한 일을 일상적으로 경험한 사람들이 자라서 그 자신이 너그럽거나 부드럽지 못한 성격을 지니게 된다는 것은 쉽게 상상할 수 있다. 그러나 규율과 자기 억제를 전혀 훈련받지 않은 어린이들의 미래는 그 못지않게 위태로울 것이다. 난폭운전이나 즉흥성, 폭력행위가 규율훈련의 부족과 연관된 것이라고 추정할 수 있는 근거는 많은 것이다.

어릴 적에 굳은 관습이나 성향은 뒷날 교정하기가 어렵다. 구김살 없이 또 주눅드는 법 없이 밝고 발랄하게 기르는 것은 물론 중요하다. 그러나 질서의식과 규율훈련을 통해서 타인에 대한 고려와 자기 억제를 실천할 수 있는 품성과 태도를 길러주는 것도 이 못지않게 중요한 일이다. 학교에 모든 것을 맡겨서는 안 된다. 젊은 부모들이 경험 부족으로 간과하는 것이 바로 이러한 국면이 아닐까 한다. 이렇게 사소한 일도 살기 좋은 사회를 만들어가는 데 더없이 중요하다는 인식이 널리 수용되어야 할 것이다.

담배 끊기의 비결

팬레터라는 것이 있다. 배우나 가수와 같은 이른바 인기 직업인에게 따라붙어 즐거운 비명을 올리게 해주는 것이다. 글쓰는 사람에게도 심심찮게 배달되어 적지않은 낙(樂)이나 격려가 되어준다. 딱딱하고 재미없는 글쓰기에 종사하다보니 그러한 고무적인 격려와는 인연이 없는 처지이다. 그러나 단 한 번 열댓 장 정도의 글을 쓰고 나서 꽤 많은 독자의 편지를 받은 적이 있다. 물론 세상에서 말하는 팬레터와는 거리가 먼 것이다.

'담배 안 피우는 재미'라는 제목으로, 담배를 끊었다는 사실과 담배 끊는 비결을 찾아내었다는 다소 허풍스러운 가벼운 필치의 글이었다. 발행부수도 많고 역사도 긴 종합지의 수필란에 발표되었던 탓인지 담배 끊는 비결을 가르쳐달라는 요지의 편지가 날아들어왔다.

멀리 서독에서 온 것도 있었다. 대부분 여성의 편지라는 것도 흥미 있었다. 본인이 끊으려고 해서가 아니라 남편을 위해서, 혹은 약혼자를 위해서 꼭 알고 싶으니 답장을 해달라는 것이었다. 하루에도 두 갑씩 태우는 남편, 끊는다 끊는다 하면서 끊지 못하는 심신 허약한 남편이나 약혼자를 위해서 보내온 편지를 보면서 여성의 갸륵한 마음씨를 엿보는 것은 별난 경험이 되어주었다.

꼭 한 통 답장을 쓴 것이 있다. 본인 자신이 끊겠다며 비결을 호소해온 어떤 남성 약국 주인에게 대답을 했던 것이다. 요지는 간단하였다. 많은 사람들이 심층적으로는 '담배도 안 태우고 무슨 재미로 살겠느냐' 는 생각을 가지고 있으면서 한번쯤 끊어볼까 시험해보는 것이 예사인데 그래가지고는 끊을 수 없다는 내용이었다.

그러니까 담배 하나 자기 의지대로 관리하지 못하면서 사람으로서의 체면이 서겠느냐는 생각과 함께 당장 끊고 보라는 권고였다. 답장을 받은 사람은 이게 무슨 비결이냐고 낙담했을 것이다. 그러나 내가 아는 한 담배 끊기의 비결이 따로 있을 리가 없다. 사실 처음 수필에서도 담배 끊는 비결이 따로 없다는 것을 반어(反語)적으로 시사했던 터였다. 그런데 반어를 고지식하게 받아들여 무슨 뾰족한 수가 있는가 하고 문의해온 것이었다.

요즘 외국 담배의 소비가 점점 늘어나고 있다고 한다. 국민 감정의 눈치를 보던 판매 당사자측에서도 적극적으로 광고 선전에 임하고 있으며 처음 눈치보며 피우던 소비자측에서도 서슴없이 피워문다는 얘기이다. 기호품이라는 것은 그야말로 기호의 문제이니 옆에서 제3자가 왈가왈부할 성질의 것이 아니다. 누구나 한두 가지 '호사'를 할 권리는 있는 법이고 외국 담배가 '호사' 의 품목이 되는 경우도 있을 것이다.

국산 담배든 외국 담배든 담배의 문제점은 그것이 스스로에게 과하는 습관적인 자해행위라는 사실이다.

가령 폐암과 흡연의 상관관계는 아주 뚜렷한 것으로 설명하는 사람들이 많아 어차피 한번 죽을 목숨인데 사는 동안 취미나 기호품은 살려야 한다는 의견도 있다. 그러나 전문가의 말을 들어보면 이것은 암이라는 병이 주는 유별난 고통을 모르기 때문에 하는 소리라 한다.

서울과 같은 대도시에서 건강을 위해 담배를 끊는다는 것은 의미가 없다는 의견도 있다. 워낙 대기오염이 심하기 때문에 흡연에서 오는 피해는 별 문제가 안 된다는 것이다.

한동안 뉴욕의 대기오염이 크게 화제가 된 적이 있었다. 여러 해 전의 얘기다. 그 당시 뉴욕의 대기오염은 하루에 담배 이백 개비를 태우는 것만큼 심각하다는 것이었다. 그러한 최악의 시기에도 뉴욕의 대기오염은 서울의 그것에 비하면 아주 순한 것이었다 한다. 그러니 설사 서울의 대기오염을 최악 시기의 뉴욕의 그것과 같은 수준이라 치더라도 담배의 유해도는 문제가 안 된다는 것이다. 담배를 안 피워도 이백 개비 피우는 것과 같다면 200＋0이나 200＋20이나 오십 보 백 보이니 별 차이가 없는 것이다.

그럴듯한 얘기다. 또 사리에 맞는 논리이다. 그러나 이것이 담배 태우기의 유해성을 부정해주지는 않는다. 대기오염 방지를 위한 획기적인 노력의 당위성을 강조해주고 있을 뿐임을 명심할 필요가 있다. 더구나 담배 피우기는 당사자뿐 아니라 옆사람에게까지 피해를 준다고 하지 않는가. 앞서 말했듯이 담배 끊기는 전혀 심리적 자세의 문제이다. '이 재미도 없이 무슨 낙으로 살 것인가' 라고 생각한다면 굳이 끊을 필요가 없을 것이다. 또 그러한 생각을 고쳐먹지 않는 한 담배는 끊어지지 않는다. 그리고 끊기로 생각했다면 작심한 즉시 착수해야 한다.

금연에 앞서 줄이기부터 먼저 하는 사람들이 있다. 성공할 가능성이 가장 적은 방법이다. 하루에 일곱 개비란 수치를 작정해놓고 시도 때도 없이 자기와의 싸움을 벌여야 한다는 것은 지극히 소모적인 졸렬한 작전이다. 승산이 있을 리 없다.

  작심 즉시 끊고 나면 처음 사흘은 안절부절못할 것이다. 다음 일 주일 동안 여전히 자신이 없을 것이다. 그리고 석 달이 지나면 자신이 생길 것이다. 하지만 꿈속에서 담배를 피우고 후회하는 일이 흔할 것이다. 그러다가 이 고비만 넘기면 의외로 문제는 쉬워진다. 최초의 작심을 몇 번 다짐하는 것으로 족할 것이다.

  담배로부터의 해방감과 금연의 성취감은 아주 자잘한 감정에 지나지 않는다. 그러나 많은 일에 자신감을 안겨주고 또 스스로 씌운 많은 굴레를 생각하면서 자신을 돌아보는 계기를 마련해줄 것이다.

  담배를 끊고 나서 처음으로 담뱃값이 올랐을 때의 상쾌감은 아주 각별하다. '담뱃값이여, 네 멋대로 뛰어보라'는 말과 함께 회심의 미소가 떠오를 것이다. 이때의 상쾌한 해방감을 맛보기 위해서도 담배는 끊어볼 필요가 있을 것이다. 방법은 아주 간단하다. 담배를 입에 대고 불을 붙이지 않기만 하면 된다. 이 험난한 세상에 이처럼 손쉽고 간단한 일이 또 어디 있을 것인가!

앉아서 당할 사람 없다

충주호가 생기면서 구시가를 옮겨 세운 신단양이 화제가 되어 충북에 있는 이 소읍이 많은 사람에게 알려지게 되었다. 퇴계 이황이 잠시 살기도 했던 이곳은 궁벽한 산골이지만 강을 끼고 있어 경개가 빼어나다. 전국 어디를 가나 '울면서 들어왔다가 울면서 떠나간다' 는 고장이 있게 마련이지만 단양도 그런 이미지가 박혀 있는 고장이다. 그 단양에서 중앙선 철도를 따라 북쪽으로 한 정거장 떨어진 곳에 매포란 곳이 있다. 한글로만 적으면 드러나지 않지만 '매화고장' 이란 운치 있는 이름이다.

조그만 산골의 시골 마을인데 근처에 시멘트 원료가 무진장으로 널려 있어 일찌감치 시멘트 공장이 들어섰다. 대낮에도 흐릿할 정도로 횟가루가 날리고 웅웅 기계 소리가 나는데 이미 산봉우리 몇 개가 원료 채취로 사라져갔다고 한다. 또 이따금씩 다이너마이트 터지는 소리도 났다. 시골 맛을 이제는 잃어버린 것이다. 십여 년 전에 갔을 때만 하더라도 지붕에 더께가 앉아 있고 길도 뿌우옇기만 하였다. 가장 놀라웠던 일은 잣나무에 잣이 열리지 않는다는 마을 사람들의 얘기였다.

나뭇가지나 잎새에 잔뜩 돌가루가 앉아 있으니 어떻게 잣이 열리겠느냐고 마을 사람들은 반문하는 것이었다. 게다가 시멘트 공장에서 뿜어대는 매연도 소홀치 않았다.

지난 봄에 일이 있어서 참으로 오랜만에 이 공해 마을을 다시 찾았다. 마을 규모는 여전하였다. 새 교회건물이 커다랗게 들어섰다는 것 말고는 큰 변화가 없어 보였다. 공장 굴뚝의 연기는 여전하였고 다이너마이트 터지는 소리도 여전하였다. 산봉우리가 많이 달아나버렸음은 역력하였지만 터는 여전히 우람하게 잡혀 있었다. 그러나 자세히 보니 지붕이나 길가 풀섶에 횟가루 더께가 더덕더덕 붙어 있지는 않았다. 그리고 보니 어쩐지 옛날보다는 마을이 맑아졌다는 느낌이 들었다. 얘기를 들어보니 주민들이 진정운동을 벌여 공해방지대책이 얼마쯤 시행되어 많이 좋아졌다는 것이다. 그리고 몇 해 전부터 잣나무에 잣이 다시 열리기 시작했다는 것이었다. 다만 젊은이들이 모두들 고향을 떠나버려 이제는 늙은이 동네가 되었다고 덧붙이는 것이었다. 화창한 봄날인데 지팡이를 짚고 걷기 연습하듯 걸어가는 중풍 든 노인 몇몇이 눈에 띌 뿐 마을 옆 밭뙈기에도 장정의 모습은 보이지 않았다.

안면도에 원자력 발전소를 건설한다는 계획이 주민들의 사나운 반대로 좌절된 사례가 있다. 이 사례는 내게 매포 주민들의 피해를 떠올리게 한다. 시멘트 공장 건설 당시만 하더라도 우리 국민들은 공해 개념에 별로 친숙하지 못하였다. 환경 파괴가 생태계에 미치는 파괴적인 영향력은 말할 것도 없고 자기들이 입은 피해에 대해서 보상권을 주장한다는 생각도 미처 하지 못했다. 마을이 발전하고 어쩌면 동네 사람들이 공장에 나가 소득 증대를 도모할 수 있다는 생각에 고무되었을 뿐이다. 참으로 오랜 세월 동안 매포 사람들은 잣나무에 잣이 열리지 않을 정도의 공해에 대해서도 별다른 자기 주장을 하지 못했던 것이다.

그후의 방지책으로 얼마쯤 개선된 것은 사실이나 주거환경으로서 부적합성이 주는 피해는 엄청나다. 처음부터 방지책을 소홀히 한 공장 측이나 이에 대한 행정당국의 무관심은 비난받아 마땅한 것이지만, 피해자측에서도 너무 모르고 있었다 해도 잘못은 아닐 터이다. 역시 아는 것이 힘인 것이다. 안면도의 사례는 주민들의 의식 수준 향상을 반영하면서 이제는 옛날처럼 앉아서 당할 사람이 없다는 것을 실증해준 셈이다. 문제가 원자력 발전소라는 지극히 심각한 사안이고 체르노빌을 위시한 세계 도처에서의 피해가 경각심을 크게 자극했다는 측면도 있지만 환경보호론자들의 계몽이나 참여도 크게 작용했을 것이다.

안면도 주민들의 반대는 이해가 가지만 누구나 가까이 있기를 싫어하는 시설을 어디에다 둘 것이냐 하는 문제를 제기한다. 원자력 발전소 건설을 주장하는 편에서는 아직껏 건설비와 운영비가 가장 적게 드는 경제성 있는 선택이며 위험성도 걱정할 필요가 없다고 주장한다. 그러나 안전성에 관한 한 그 누구도 장담할 수도 없다. 이른바 선진 외국의 숱한 사례들이 보여주듯이 누출 가능성은 늘 있는 것이다. 발전소 부근 주민들은 확률상의 어떤 위험에 늘 노출되어 있는 셈이다.

스스로 그 위험성에 노출되는 점을 감수하지 않는 한 안면도 주민들의 반대를 집단이기주의의 사례라고 비판할 수는 없다. 국민으로서의 안전권과 행복권의 당연한 표출이다. 그리고 이러한 표출이 분출된 형식에 대해서는 이론이 있을 수 있으나 표출 자체를 비난할 수는 없다. 비단 위험성 있는 시설뿐만이 아니다. 이 세상에는 꼭 해야 하지만 누구도 하기 싫어하는 일이 많이 있다. 다수의 희생이 불을 보듯 뻔한 결사적인 돌격작전에 가담하고 싶어하는 사람은 많지 않을 것이다. 그렇기 때문에 그것은 항명이 죽음을 뜻하는 엄격한 군기에 따라서 명령으로 집행된다.

가령 쓰레기 청소나 하수구 수리와 같은 궂은일도 그렇게 매력 있는 일거리는 아니다. 따라서 이러한 일에 일꾼을 끌어모으기 위해서는 각별한 금전상의 보수와 같은 유인동기를 마련할 수밖에 없다. 그것이 시장경제체제에서는 순리이다. 그러나 완전한 평등주의가 실현된 사회에서는 어떻게 될 것인가? 육체노동과 정신노동 사이의 불평등과 모순이 완전히 제거될 수 있을 것인가? 우리들 현재의 상상력으로는 잘 상상이 되지 않는 정황이다. 다만 정의로운 공동체에서는 그것이 희생적 봉사나 공동체 구성원 전원의 참여에 의해서 수행되리라는 것을 상상할 수는 있다. 실제로 토마스 모어의 '유토피아'에서는 주민들이 교대로 농촌과 도회로 옮겨 살면서 농업에 종사하는 것으로 되어 있다. 거기서도 농업은 가장 힘들고 기피되는 업종이기 때문이다.

C. 푸리에와 같은 이른바 공상적 사회주의자는 '공동체 정신으로 제압된 혐오감'을 상정해보기도 했다. 그는 어린이들에게 더러운 것을 좋아한다는 천성이 있다고 보고 그들에게 공동체 의무와 종교감정을 주입하여 궂은일을 떠맡기자는 그야말로 기상천외한 '공상'을 시도하고 있다. 어쨌거나 하기 싫은 일, 위험한 일, 혹은 위험한 상황에 노출되는 일에 대해서 집단적인 저항이나 권리 주장하는 일이 집단이기주의란 이름으로 매도되어서는 안 된다. 각기 상응하는 정신적 물질적 보상에 의해서 유인되고 벌충되어야 할 것이다.

사람의 이기심이라는 것은 적절히 제어되지 않을 때, 또 타인의 권리와 자존심을 해칠 때 극히 추악한 모습을 띠게 마련이다. 그러나 자기 보존 충동의 일부로서의 이기심을 도덕적으로 과잉 비난하는 것은 효과도 없을 뿐 아니라 정당성도 갖지 못한다. 이기심을 과소평가하고 그 극복을 꾀한 많은 공동체운동, 가령 19세기 미국에서 많이 퍼진 바 있는 소규모의 집단생활 같은 것이 실패로 끝난 것은 윤리적 당위와 현실을 안이하게 파악했기 때문이었다. 동유럽 쪽의 사회주의가 곤경에 빠진 것에 대한 그쪽 지식인의 반성에서도 인간 본성에 대한 지나치게 낙관적인 파악, 이기심의 과소평가를 한 요인으로 보는 경우가 많다.

한 저명한 자유주의자는 "인간 본성이라는 결이 구부러진 재목에서 반듯하고 똑바른 것이 나오기 어렵다"는 칸트의 말을 즐겨 인용하고 있다. 이러한 생각을 단순히 냉소주의의 소산이라고 보는 것은 역사를 배우려 하지 않는 대책없는 독단이다. 자신이 스스로 실천할 수 없는 것을 기대해서는 안 된다. 궁극적으로 자기 자식에게 도덕적으로 권고하지 않는 것을 다른 젊은이에 권하는 것도 일종의 도덕적 비행이다.

우리는 집단이기주의라는 이름으로 폄훼하기보다 그것이 분출되는 상황의 진단을 통해서 합리적인 해결책을 찾아내야 할 것이다. 그때 많은 문제는 사회적 갈등과 욕구불만의 합리적 해결이라는 명제로 귀결될 것이다. 도덕적 호소는 언제나 목청만 높고 효과는 작은 것이라고 생각된다.

산행을 하면서

　천만 명이 살고 있는 우리의 수도 서울이 가지고 있는 결점은 한두 가지가 아니다. 우선 누구나가 공인하고 있는 대기오염과 교통체증은 위험 수준을 넘어서고 있다. 시내에 살고 있어 중독이 되어 있는 사람들은 그 폐해에 대해 만성이 되어 불감증이 되고 있다. 그러나 서울로 들어서면 머리가 지끈지끈해지고 눈이 매워온다는 것이 모처럼 상경한 시골 친구들의 공통된 술회이다. 귀향길로 접어들어 서울을 벗어나야 그제야 머리가 맑아진다는 것이다.
　교통체증이 일으키는 짜증에도 우리는 만성이 되어 그저 그러려니 하고 체념하며 산다. 도대체 시간 약속을 지키기가 겁이 나고 결혼식장 같은 데도 여간 신경을 쓰지 않고서는 시간에 대어 가기가 어렵다. 그날의 교통사정에 따라 앞뒤로 한 시간씩 젖히고 밀리는 것이 예사이다. 우리의 일상생활을 따분하고 짜증스럽게 만드는 장본이다.
　그러나 이것은 모두 사람 쪽에서 저지른 잘못이요 불편이다. 대기오염이 없었던 시절의 서울을 생각해보라. 서울의 가을하늘처럼 한없이 멋있는 하늘이 또 어디에 있을 것인가. 두 해 동안 북위 사십이 도

선상의 눈 많은 도시에서 산 적이 있었다. 이따금씩 내리는 겨울 눈은 시적인 정취를 자아낸다. 그러나 무시로 눈이 내려 교통이 마비되곤 할 지경이라면 사정이 달라진다. 이 겨울이 긴 도시에서 제일 그리웠던 것의 하나가 푸른 하늘이었다. 10월이 되면서부터 이듬해 2월까지 거의 푸른 하늘을 볼 수 없었다. 늘 흐려 있었다. 그때 비로소 우리 가을 하늘이 세계에 자랑할 만한 것이라는 것을 실감하였다. 그것은 신의 걸작 중의 하나이다.

교통체증의 바로 한가운데 잘못된 문명관리(文明管理)와 완전히 동떨어져 있는 세계가 있다. 서울의 명물이라고 해야 할 북한산이 바로 그것이다. 도봉이나 관악도 서울의 산임에는 틀림없지만 아무래도 변두리에 자리잡고 있다. 그러나 북한산은 한복판에 있다는 점에 그 절묘함이 있다.

일요일의 북한산은 시장바닥처럼 붐비기 때문에 휴일을 피해 토요일이나 주중에 북한산엘 오른다. 구기동 골짜기를 타고 대남문을 지나 대성문으로 해서 평창동으로 내려가는 것이 내 산행 코스다. 대개 혼자서 '큰 길'을 따라 가는 셈이다. 혼자서 가게 되는 것은 훌쩍 가고 싶을 때 가기 때문이다. 며칠 전부터 궁리하거나 계획하는 것이 아니라 전날 저녁때쯤 잡아놓았다가 이튿날 아침 훌쩍 떠나는 것이다. 동행이 있으면 약속을 해야 하고 또 시간을 맞추어야 하기 때문에 번거롭다.

구기동 등산로 입구에서 대남문까지 얼추 시간 반이 걸린다. 대성문에서 평창동의 버스길까지는 한 시간이 채 안 걸린다. 산에서는 마음 내키는 대로 삼십 분에서 한 시간 정도 머무른다. 대개의 경우 대남문과 대성문 사이에 있는 너럭바위에 앉아서 끓여간 커피를 마시고 심호흡을 하는 것이 고작이다. 토요일 아침이면 제법 지나가는 등산객들이 있다. 평일 오전에는 그러나 몇 사람밖에 되지 않는다. 대개 나처럼 혼자서 훌쩍 떠나온 사람들이다.

사실 쫓기는 것 없이 천천히 오르니까 그렇지, 젊은 사람이 행보를 빨리 하면 등산로 입구에서 대남문까지는 한 시간 거리밖에 되지 않는다. 그런데 대남문만 통과하면 완전히 새로운 세계가 전개된다. 심심산천 한복판에 와 있다는 느낌이 든다. 나무가 무성하고 도회의 잔재라고는 아무것도 눈에 띄지 않는다. 먼 곳의 폭음 같은 자동차 소리도 완전히 차단되어 있다. 도심지에서 걸어서 불과 한 시간 안에 이러한 심심산천이 있는 곳은 아마 세계에서 별로 유례가 없을 것이다. 수박 겉핥기로 서울을 스쳐가는 외국 관광객이 서울 속의 이런 비경을 모르고 지나간다는 것은 유감스러운 일이다. 한국을 알리는 외국인들은 모름지기 경주나 설악산만을 찾을 것이 아니고 배낭을 지고 북한산 비경을 찾는 데 서너 시간은 바쳐야 하리라. 그때 비로소 그는 서울의 이원성(二元性)과 함께 그 아름다움을 깨닫게 될 것이다.

물론 욕심을 부리자면 미흡한 점이 아주 없는 것은 아니다. 근자에 취사금지 조치로 말미암아 산이 많이 깨끗해진 것은 사실이다. 골짜기도 깨끗해졌다. 장마 끝에 콸콸 소리내어 흐르는 그득한 골짜기 물은 청정하기 이를 데 없다. 그러나 아직도 멀었다는 느낌이 든다. 자연에 대한 예절을 저버리는 놀이꾼들이 남아 있는 것이다.

뿐만 아니라 북한산에서는 산냄새가 나지 않는다. 우리가 시골의 야산을 가더라도 거기서 독한 산냄새를 맡을 수 있다. 그것은 나무 냄새, 특히 억센 산풀과 흙냄새겠지만 어쨌건 산에 가야 맡을 수 있는 독특하고 강렬한 냄새가 있는 법이다. 그런데 그것을 북한산에서는 맡아볼 수 없는 것이다. 혼탁한 서울의 대기가 그것을 중화시켜버린 탓인지도 모른다.

그런가 하면 산새 소리도 많이 나지 않는다. 역시 시골 산과 대조적이다. 얼마 전까지만 해도 뻐꾸기 소리 정도는 들렸지만 시골 산에서 들을 수 있는 가지각색의 멧새 소리가 들리지 않는 것이다. 외양과는 달리 우리의 비경도 나름대로 많이 훼손된 것이다. 우리가 바랄 수 있는 것은 더이상의 보이지 않는 손상이 가해지지 않아야겠다는 것이다.

그 점, 남산의 소나무와 측백나무가 죽어가고 있다는 소식은 우리의 마음을 어둡게 해준다. 그것이 솔잎혹파리와 같은 해충 탓이라면 도리어 원인이 분명하니 방충책을 쓰면 된다. 문제는 원인이 분명치 않다는 데 있다. 공해와 연관된 것이 아닌가 하는 추측을 강력히 불러일으킨다. 소나무가 죽어가는 판이라면 사람인들 안전할 것인가 하는 불안감을 금할 수 없다.

한동안 북한산에 케이블카를 가설한다는 얘기가 있어 산 애호가들의 격분을 사고 또 환경문제에 관심 있는 시민들의 반대로 유산된 적이 있다. 그러나 구기동 일대의 북한산 훼손은 야금야금 산중턱까지 올라가는 건축사태로 악화되고 있다. 여론의 혹독한 비판을 받고 있지만 어느 정도까지 방지될는지는 아직 의문이다. 서울의 긍지가 손상되지 않도록 시민 모두가 유념해서 지켜보아야 할 사태이다.

그러나 서울과는 달리 지방에서 벌어지고 있는 무분별한 자연 훼손 사태는 쉽게 눈이 띄지 않고 또 국민들의 주의도 끌지 못하는 것 같다.

강원도의 오래된 나무들이 도로개발에 밀려 마구 벌채되고 있다는 소식을 얼마 전에 접한 적이 있다. 우리가 몰라서 그렇지 이런 일이 지금 산하 도처에서 벌어지고 있는 것이 아닌가 생각된다. 돈벌이가 되는 일이라면 앞뒤 가리지 않고 씩씩거리며 덤비는 것이 요즘 세태이기 때문이다. 한번 손상되면 돌이킬 길이 없는 자연 훼손에 대해서 국민 모두가 감시자가 되고 또 행정당국도 과학적인 환경보존관의 정립을 통해서 이를 저지해야 할 것이다.

삼천리 금수강산이란 말은 어려서부터 귀 따갑게 들어왔다. 그것도 조국의 산하가 온통 붉은 산 일색일 때부터 들어왔다.

> 가도 가도 붉은 산이다.
> 가도 가도 고향뿐이다.
> 이따금 솔나무숲이 있으나
> 그것은
> 내 나이같이 어리고나.
> 가도 가도 붉은 산이다.
> 가도 가도 고향뿐이다.

오장환의 「붉은 산」이란 시의 전문이다. 이 시가 우리 강산의 사실적인 묘사가 되어 있던 시절에 귀 따갑도록 들어온 '금수강산'에 저항감을 느끼지 않을 수 없었다. 그러나 청산의 회복에 성공한 오늘 이 말의 진실성에 전적으로 공감하고 있다. 반드시 설악이나 지리산까지 갈 필요는 없다. 전국 어디를 가나 국도에서 조금만 안쪽으로 들어서면 아름다운 청산과 맑은 계곡이 우리를 손짓하게 마련이다.

　가령 동해고속도로를 타고 남으로 내려가면서 왼쪽으로 동해를, 또 오른쪽으로 태백의 준령을 바라보는 풍치를 대하고 누가 감탄하지 않을 것인가. 문제는 이 천혜의 자연을 마구잡이로 훼손하는 근시안적 작태가 전국 도처에서 성행되고 있다는 점이다. 더이상 손상이 가지 않도록 국토 보존을 위한 새로운 조치가 조속히 이루어져야 한다고 생각한다. 베어버린 나무는 다시 심어 벌충할 수 있지만 한번 부숴버린 강산은 복원이 불가능하기 때문이다.

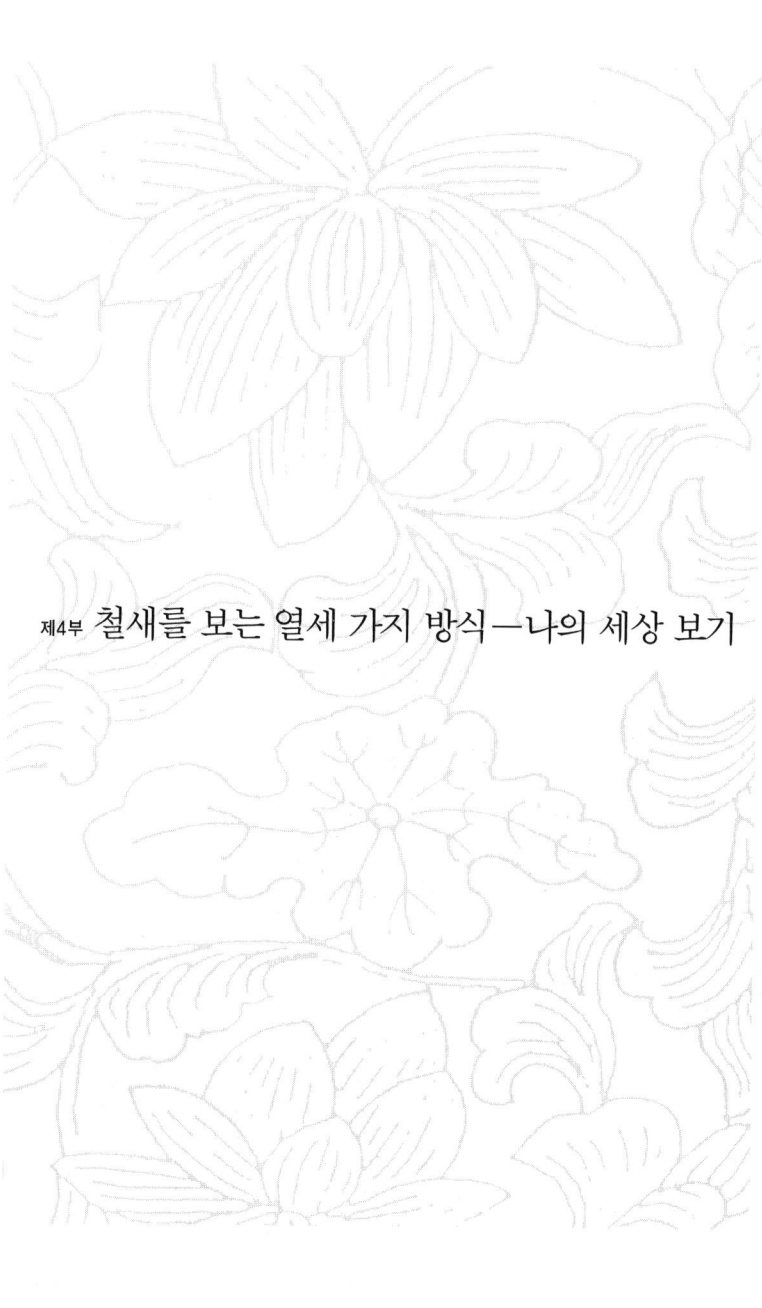

제4부 철새를 보는 열세 가지 방식—나의 세상 보기

칼과 저울

〈추정살인〉이란 미국 영화를 본 적이 있다. 살인범의 누명을 쓰고 투옥된 아들의 석방운동에 모든 것을 바치고 마침내 뜻을 성취하는 부모의 눈물겨운 노력을 다룬 감동적인 영화이다. 불량소년과 어울려 다니다가 십대의 아들이 살인의 누명을 쓴다. 처음 아들을 의심했던 아버지는 아들의 해명에 확신을 갖고 구명운동에 나선다. 그러나 좀처럼 풀리지 않는다. 관선 변호인의 열의 없는 낙관론도 가세하여 결국 유죄 판결을 받는다.

일하던 직장마저 팽개치고 아버지는 다시 애쓰지만 결정적인 증거가 없다는 이유로 상급심에서도 유죄를 받는다. 형무소에 수감된 아들은 고뇌로 정신적 발작까지 일으킨다. 천신만고 끝에 경찰의 서류철을 훔쳐본 아버지는 이름의 동일성에서 착오가 발생했음을 알아낸다. 경찰 쪽의 성급한 수사 종결 의욕이 아들을 애매한 중죄인으로 만든 것이다. 모든 것이 잘 풀려 아들은 석방되지만 중요한 청소년기의 근 십년을 황폐한 환경에서 보냈으니 한 사람의 앞길을 망가뜨린 것이나 진배없다.

미국에서 가장 많은 보상금을 받았던 실화에 근거한 이 영화는 부모 사랑의 무한함을 보여주어 중년 이후 부모들의 눈시울을 뜨겁게 하였던 볼 만한 작품이다. 부모의 행적에 감동하는 만큼 우리는 영화 속의 열의 없는 변호사나 비정한 경찰관에게 노여움을 금할 수 없다. 저렇게 경솔하고 저렇게 당당할 수 있는가. 저렇게 매정하고 저렇게 잔혹할 수 있는가. 이러한 의문이 계속 일어나는 것이다. 격무에 시달리고 위험에 노출되는 직종이라는 특수성을 참작하더라도 변명의 여지가 있을 수 없다. 잘못 끼운 단추는 여러 단계의 관계자가 기계적인 무사안일을 일삼는 바람에 고쳐놓을 기회를 놓쳐버리는 것이다. 다행히도 행복한 결말로 끝났지만 그러지 못했다면 어쨌을 것인가. 숨막히는 절망감 비슷한 것을 느끼지 않을 수 없었다.

　근자 우리 사회에서도 애매한 누명을 쓰고 옥살이를 하다가 풀려난 젊은 경찰관의 얘기가 온통 화제가 되어 있다. 아무리 경험 없는 젊은이기로서니 경관의 신분으로서 그렇게까지 경찰에게 당하다니 하는 느낌을 어쩔 수 없었다. '경관이 그러니 보통 사람의 경우에는 오죽하랴' 라는 게 이구동성으로 토로하는 감개이다. 그 동안 수많은 관계자가 한 일이 무엇이냐는 노여운 반문이 일어나는 것은 당연하다.

　변호사와 의사는 존경받고 수입 좋은 전문직 종사자로서 동서 어디에서나 선망의 대상이 되어 있다. 그만큼 사회적 책임도 막중하고 관계하는 일도 소중한 것이다. 앞서 얘기한 영화 속의 사례는 부정적인, 그것도 극단적인 사례의 하나에 불과하나 법조인 직종의 도덕적 사회적 책임의 막중함을 다시 확인시켜준다.

　우리의 법조인은 일제시대부터 단순한 인권 옹호의 차원이 아니라

민족운동의 차원에서도 많은 기여를 하여왔다. 몇몇 법조인은 지사(志士)의 기개와 행동거지를 보여주어 민족 지도자로서의 풍모마저 띠고 있다.

해방 이후 최근에 이르기까지 정치권력이나 사회적 압력을 견디면서 공정의 정신에 투철하였던 수많은 이름들을 우리는 기억한다. 법과대학 신입생의 대부분이 법적 정의를 위해 사는 사람이 되고 싶다는 포부를 피력하는데 그들에게 영감의 원천이 되어준 것은 이러한 법조인의 선행사례일 것이다.

아직껏 우리 사회에서는 '법은 멀고 주먹은 가깝다'는 말이 사라지지 않고 있으며 그 유효성을 자랑하기까지 한다. 시민 각자의 자각도 중요하지만 시민사회에서 공정과 인권을 위해 노력해온 빛나는 역사를 지닌 법조인의 선도적 역할이 요청되는 영역이라 할 것이다. 법이 멀고 두려운 것이라는 통념을 깨는 일은 법조계 개개인의 노력이 축적을 통해서 가능할 것이기 때문이다. 칼과 저울의 균형잡힌 구사가 지금처럼 초급한 시기는 없었을 것이다.(1993년)

초급행과 초완행

근자에 중요 일간지 사회면이 어떤 의료손해배상 청구소송의 항소심 판결을 일제히 보도한 바 있다. 정 모씨가 디스크 수술을 받은 후 하반신 마비가 되어 수술의사와 병원을 상대로 손해배상 청구소송을 낸 것인데, 수술 담당자측이 사억여 원의 금액을 지불하라는 판결이 내려졌다는 요지이다. 여태까지는 원고측에서 의료진의 실수를 증명해야 했기 때문에 여러 가지로 불리점을 안고 있었다. 그런데 이번 판결을 계기로 의사 및 병원측에서 과실 없음을 증명해야 하기 때문에 원고측이 유리해졌다는 짧막한 해설도 곁들인 보도였다.

몇 가지 사사로운 인연으로 해서 나는 이 보도의 주인공을 알고 있는 처지다. 수술 당시 그는 우리와 가까운 곳의 아파트에서 살고 있었다. 디스크 수술을 받게 된다는 얘기를 듣고 누구나 그렇듯이 수술의 안정성을 궁금해한 적이 있었다. 잘될 것이라는 심증을 받고 하는 것임이 분명하였다. 그는 스스로 자기 차를 몰고 가서 강남 소재의 유명 병원으로 입원하였다. 그러나 기대와는 다른 수술결과로 하반신 마비가 되어 마침내 휠체어를 타고 퇴원하지 않으면 안 되었다. 통증 때문에 고생이 많았던 것은 사실이나 수술 이전의 그는 남 봄에 완전한 정상인으로 일상생활을 영위한 터였다. 그러니 실패한 수술이 안겨준 절망감이 오죽했을 것인가. 어느 정도 정신을 차리고 나서 주위 권고로 소송을 제기했다. 본인도 본인이지만 중년 남성 가장으로서 부양해야 할 가족들을 생각할 때 당연한 처사이다. 옆에서 보기만 하는 사람의 입장에서도 '청천벽력'이니 '기막히는 일'이니 하는 말을 실감케 하는 횡액이요 불운이었다.

끌고 끌던 재판이 1심에서 원고측의 승소로 결판났다. 그러나 그 액수는 원고측의 입장에서는 성에 차지 않는 금액이었다. 아는 사람은 다 아는 일이지만 이런 경우 소송비용이나 정신적 부담이 만만치 않다. 아무리 승소라 하더라도 그것은 유쾌한 것일 수가 없다. 주위의 권고로 다시 항소를 했다. 그 결과 상당한 보상액을 지불받게 되는 승소를 하게 되고 그것이 신문기사로 보도되기도 한 것이다.

당사자가 불행을 당한 것과 그후의 모습을 직접 보아서 알고 있다는 것이지 소송과정에 대해서 자세한 것은 모른다. 다만 소송관계로 동분서주하던 당사자 가족의 고충이 크다는 얘기를 간간이 들었었다. 그런데 중요한 것은 이번의 승소판결이 사단을 벌인 후 팔 년 만의 일이라는 것이다. 부서진 정의를 회복하는 데 팔 년 세월이 걸린 것이다. 그래도 실한 보상을 받게 되었다는 것은 다행한 일이다. 또 팔 년이 걸렸다 하지만 십 년 걸린 것보다는 백 번 낫지 않겠는가.

팔 년 만의 완결이란 것을 확인하고 나서 제일 먼저 떠오른 것이 유명한 소크라테스의 재판이다. 누구나 윤곽은 들어서 알고 있지만 세목에 대해서는 깜깜한 것이 소크라테스의 재판이다. 허기야 세상만사가

다 그래서 분명히 알고 있는 것은 우리 경험의 한정된 부분일 뿐이다. 기원전 399년 소크라테스는 아테네의 인민법정에서 유죄 평결을 받았다. 입회한 501명의 배심원은 281대 220표, 즉 61표 차이로 사형을 평결한 것이다. 당시 아테네에서는 해마다 연초에 6000명의 배심원 명단이 추첨에 의해서 작성되었다. 특정 재판을 위한 배심원이 이 6000명 중에서 결정되는데 그 수는 201명에서 1001명까지 다양하였다. 아테네의 인민법정은 단심제였다. 소크라테스의 재판도 단 하루 동안에 모든 것이 처리된 것이다.

소크라테스의 재판은 너무나 유명한 것인 만큼 아직도 그 해석과 평가는 구구하다. 관계문헌이나 역사가들의 해석에 따르면 펠로폰네소스 전쟁에서 패배한 데 따른 아테네 시민들의 특수한 심리적 상황, 패전 직후 스파르타 점령군 후원하에 잠시 집권했던 반민주적 과두정치 집권자 가운데 소크라테스의 지인이 있었다는 사실, 소크라테스 자신의 너무나 의연한 자세 등이 이 역사적 재판에서 피고를 불리하게 했다고 해설하고 있다. 고희에 이른 그가 손쉬운 성공적 망명의 길을 사양하고 독배를 들었다는 것은 잘 알려져 있다.

여기서 소크라테스의 재판을 새삼스레 검토하자는 것은 아니다. 그의 재판이 하루 동안에 다 마무리되었다는 점이다. 그 신속함에 우리는 어떤 아쉬움을 느낀다. 사흘만 곰곰이 생각했더라면 결과는 달라질 수도 있지 않았을까? 그러나 이것은 부질없는 생각이다. 사흘의 말미가 있었다면 281대 220의 숫자는 450대 51표로 불어났을지도 모르는 일이다. 또 직접민주정치의 체제 아래서 재판을 너무 오래 끌어도 시민생활에 차질이 많았을 것이다. 또 로비활동에 의한 부정의 소지가 커졌을지도 모르는 일이다.

   단 하루 동안에 진행되고 완결된 소크라테스의 재판은 너무나 신속했고 또 우리의 관점에서 본다면 초급행이었다. 그렇지만 공정이나 정의의 회복에 칠팔 년씩 걸린다면 그것은 초완행이라 하지 않을 수 없다. 이러한 초완행 처리가 소송의 폭주 때문인지 혹은 그 이상의 복합적 이유가 있는 것인지에 대해서 필자는 아는 바가 없다. 그런 것을 모르고 사는 것이 편하고 복된 일이라고 생각한다. 다만 아는 처지의 사람이 경험한 불행과 그 후속사태에 대해서 느낀 바를 생각나는 대로 적어보았을 따름이다.(1993년)

열려 있는 사고를 위하여

 사람들은 자기가 살아온 세월이 가장 험난하고 힘든 시절이었다고 생각하는 경향이 있다. 그래서 동년배들이 모이면 행복하지 못한 별 아래서 태어났다는 유대감을 나누면서 지나온 시절을 얘기한다. 그러면서 보다 운 좋은 세월을 점지받은 연배들에 비해서 요즘 젊은이들은 자기들의 행운에 감사할 줄을 모른다고 탓하기도 한다.
 우리 연배가 겪어온 세월이 각별히 불운했고 다난했다고 생각하지는 않는다. 그러나 우리 나름대로 순탄치 못한 세월을 보냈다는 생각만은 버리지 못하고 있다. 국민학교 때 2차 대전 말기의 구차한 시절을 보냈고 중고교 때 1950년의 전쟁기를 겪었다. 책도 위락시설도 변변치 못했던 황량한 1950년대에 대학이랍시고 다녔다. 돌이켜보면 참으로 너나없이 곤궁한 시절이었다.
 그러나 한편 생각하면 참으로 파란만장한 격동기를 지나오면서 역사란 장엄한 극의 짜릿짜릿한 장면을 구경할 수 있었다는 감회가 들기도 한다. 혹시 불똥이 튈까봐 전전긍긍하느라고 진행되는 역사극을 제대로 음미하지 못한 흠은 있지만 좁아진 세계에서 많은 격동적 변화를 구경할 수 있었다는 것에 위안을 찾을 수도 있을 것이다.

지난번 소련에서 쿠데타가 일어났을 때만 해도 그렇다. 방 안에 앉아서 먼 나라에서 일어나고 있는 긴박한 상황을 영화 보듯 지켜보면서 궁금증과 함께 우리가 살고 있는 시대가 참으로 멋있는 세계라고 느꼈다. 쿠데타 실패 소식이 정식으로 전해지기 전에 미국의 여기자(女記者)가 옐친을 찾아가 회견하는 장면은 압권이었다. 복도에 서 있는 단 한 명의 경비병도 인상적이었고 방 한구석에 놓인 탁자 주변에 측근 몇 사람과 앉아 있는 옐친이 그 경황중에도 웃음을 잃지 않고 있는 것도 인상적이었다. 또 소유즈 그룹의 '검은 대령'이 나타나서 자기도 이번 거사에 이의가 많다고 얘기하는 것을 지켜보면서 기술공학 전성시대에 산다는 실감을 다시 하게 되었다.

마침 방학이라 사흘 동안을 꼬박 TV 앞에서 보낸 셈이었다. 새소식이 없어 몇 시간 전의 화면을 다시 보게 되는 경우가 많았지만 그래도 지리한 줄을 몰랐다. 세기적인 역사극의 현장 속에 앉아 있다는 느낌이 TV 앞을 떠나지 못하게 하는 것이었다.

방송에서는 수시로 전문가들의 의견 개진 장면을 보여주고 있었다. 국내 방송사에서 몇 사람을 보도국에 초대해놓고 새 소식이 들어오면 거기에 대한 논평과 소견을 묻고는 하였다. 초대된 전문가 중에는 미국 대학의 교수로서 객원교수의 자격으로 국내에 머무르고 있는 이도 있었다. 쿠데타 주모자들이 현재 모스코바를 떠나 어느 곳인가로 향하고 있다는 옐친의 말을 인테르팍스 통신이 전해왔다는 소식을 전한 후 앵커맨이 재미 교수의 논평을 구했다.

그게 사실이라면 쿠데타가 실패할 것임에 틀림이 없다고 지극히 당연한 말을 한 뒤 그분은 그 소식 자체에 대한 회의론을 표명하였다. 옐친이 본시 선동정치가이기 때문에 그의 말을 액면 그대로 받아들일 수 없다는 것, 상황을 자기 편에 유리하게 만들기 위해서 퍼뜨리는 정략적 발언일 수가 있다는 것이 근거였다. 거기다가 최초엔 강경한 반대자세를 취했던 부시의 태도가 주춤해졌다고 첨가하는 것이었다. 대체로 쿠데타를 기정 사실화하는 입장이라는 느낌이 들었다. 뉴스를 줄곧 지켜보면서 부시가 처음 미온적이었다가 점차 강경한 반대입장과 쿠데타 실패 가능성을 시사하는 쪽으로 기울어갔다고 파악하고 있던 나로서는 그분의 발언에 대해서 극히 의아하게 생각하였다. 그런데 이러한 논평이 나간 직후에 쿠데타 실패가 확실하다는 보도와 함께 모스크바에 진주했던 탱크 부대의 이동 장면이 비쳐지기 시작했다. 재미 교수 전문가의 논평이 그 자리에서 뒤엎어진 셈이 되었다.

사실 그 시각 자리에서 정확한 예측을 내린다는 것은 어려운 일이다. 또 누구라도 범할 수 있는 실수라면 실수를 저지른 그분을 과녁 삼아 탓을 하자는 것이 아니다. 나로서 흥미 있는 것은, 쿠데타 기정 사실화라는 쪽으로 이미 감을 굳혀놓았기 때문에 그분은 실패의 가능성에 대해서 별로 생각을 하지 않는 것 같았다는 점이다.

사실 국내 신문 보도를 보면 쿠데타 실패 가능성을 최초로 점치고 보도한 것은 모스크바 주재 특파원의 기사를 전한 일본의 요미우리(讀賣) 신문이었다. 지도부의 정권 인수 발표가 있은 지 한참 후에야 군대가 모스크바 시내로 들어오는 등 여러 가지 상황증거는 치밀한 사전 계획이 없다는 것을 보여주고 있으며 너무 엉성하여 쿠데타는 실패할 가능성이 많다는 것이었다. 프랑스 르몽드지의 전문가는 성패 여부가 반반이라고 했는데 그것은 하나마나한 소리고 거기에 비하면 요미우리 특파원의 정세 판단이 훨씬 단단했음이 드러난 셈이다.

옐친이 선동정치가라는 것은 미국 언론 쪽에서 그전부터 흔히 해온 소리다. 그러나 환갑 노인이 탱크에 올라가 마이크도 없이 육성으로 성명서를 읽는 장면이라든가, 셰바르드나제가 나와서 연설하는 장면, 또 레닌그라드에 운집한 시위 군중의 장면을 TV를 통해 목격한 사람이라면 그렇게 중요한 고비에서 러시아공화국의 대통령이 단순히 정략적으로 허위 사실을 유포하리라는 생각은 하지 않는 것이 정상일 것이다. 그것은 전문성 이전에 상식적 직관의 문제이다.

그럼에도 불구하고 그분이 결과적으로 실수를 저지른 것은 '쿠데타 기정 사실'이라는 생각을 일찌감치 수용했기 때문이 아닌가 생각된다. (그것은 희망적 관측의 사항만은 아니다. 쿠데타 성공에 대한 과도한 우려와 개탄도 그런 편향을 낳을 수 있다.) 그쪽으로 결판이 났다고 생각하니까 쿠데타 실패 가능성에 대한 시사는 서방측의 희망적 관측으로 비쳐졌을 것이다.

소련사태를 지켜보면서 연상한 것은 1961년의 한국사태였다. 연만한 사람들에게는 공통적이지 않았나 생각된다. 계획이야 한결 치밀하게 짠 것이었겠지만 동원된 군부대나 인원으로 말하면 허술하기 짝이 없는 군사행동이었다. 당시의 권력자가 안경도 챙기지 못한 채 허둥지둥 피신하여 금남(禁男)의 집인 수녀원에 은신하고 있었다는 사실을 떠올리면서 어떤 감회에 빠진 사람들도 많았을 것이다.

그 당시 내 고향 쪽에서는 자유당에서 탈당하여 민주당으로 돌아섰다가 민주당 정권이 들어서면서 정무차관으로 기용된 이가 국회의원으로 있었다. 당시의 호칭으로 이른바 민주당 신파(新派)에 속해 있던 인사였다. 그의 비서 되는 이가 알음이 있는 이였다. 오랫동안 그 국회의원의 측근으로 있다가 그가 정무차관이 되자 정식 비서관으로 기용되어 아주 바빠졌다. 차관의 동남아 출장에 수행도 하고, 오랜 측근 생활 끝에 겨우 햇볕을 본다는 느낌이 들었다. 그리고 얼마 안 있어 민주당 정권이 무너진 것이었다. 그는 하루아침에 실직자가 되어버렸다. 고향으로 돌아온 그는 할 일 없이 집 안에 박혀 있으면서 동네에서 무료한 생활을 보내었다. 알음 있는 사람에게 들러 신세한탄을 하고는 했다. 겨우 운이 트이나보다 했더니 일장춘몽이었다며 앞길이 막막하다고 하였다. 여러 가지 제약으로 취직도 아득한 일이고 우선 남 보기에 창피해서 견딜 수가 없다는 것이었다. 그러면서도 그는 어떤 미련을 버리지 못하였다. 선거로 들어섰던 정부가 다시 회복되는 것을 열렬히 바라고 있었다. 그러면서 군사정권에도 내분이 있다든가 보기처럼 단단하게 자리굳힘을 한 것이 아니라는 얘기도 하였다.

어느 날 우연히 만났을 때 그는 상당히 상기되어 있었다. 마을 뒷산에서 많은 전단이 발견되었는데 군사정권을 격렬히 비난하고 또 오래 가지 못한다는 내용의 것이었다는 것이다. 어디엔가 조직적인 반대세력이 있다는 증거이며 또 민심의 흐름으로 보아서 새로운 돌발사태가 반드시 있을 것이라는 것이었다. 그렇게 낮은 목소리로 얘기하는 그의 얼굴이 기대와 흥분과 불안이 어울려 있었다는 것이 지금껏 눈에 선하다. 그가 말한 전단이라는 것이 어떠한 것이었는지는 지금껏 알 길이 없다. 혹 북쪽에서 띄워보낸 것이었는지도 모른다. 그해 가을 무렵이었으니 새 정권이 한결 안정된 시기여서 어느 날 갑자기 다시 무너진다는 것은 내게는 상상되지 않는 일이었다. 그러나 그는 그러한 기대에 찬 희망을 버리지 않고 그후에도 여러 번 "오래 가지 못한다"는 얘기를 되풀이하였다. 일 년여의 실직생활을 끝낸 후 이 시골 호인은 결국 정무차관 비서직과는 상당히 격차가 나는 개인사업체의 사무직원이 되어 시골을 떠났다. 그후 서울에서 잠시 만났을 때 그는 옛날의 희망적 관측 같은 것은 드러냄이 없이 바쁜 생활인의 나날을 꾸려가고 있었다. 바쁜 꿀벌이 되어 가망 없는 기대감 같은 것에 매달려 있지는 않았다.

남달리 괴팍하다든가 현실감각이 허약하다든가 하는 면을 찾아볼 수 없는 건실하고 순박한 시골 호인이었다. 그러한 그가 제3자의 눈에는 허황하기 짝이 없는 희망적 관측을 일 년 넘게 굳세게 유지하는 것을 보고 한편으로 답답하고 한편으로는 외경스러운 느낌이 들었다. 옛날의 지사(志士)들이 자기를 유지한 것도 소신과 명분에 대한 집착뿐만 아니라 이렇게 완고한 희망적 관측에 매달렸기 때문이 아니겠느냐는 생각도 들었다. 이러한 희망적 관측이 혹은 들어맞고 혹은 빗나가는 것은 반드시 그 주체의 단단한 현실감각에 의해서 좌우되기보다도 우연이나 운에 의해서 결정되는 것이 아닌가 하는 생각도 든다.

8·15 직후 남로당 계열에 서 있던 많은 사람들이 결과적으로 쓸모없는 노력에 삶을 투자했다고 할 수 있다. 그들의 행적은 이쪽에서도 북쪽에서도 배척받았으니 말이다. 그들 중의 지도부에는 교육도 많이 받고 또 세칭 '머리 좋다'는 사람들도 많이 끼어 있었다. 결과적으로 그들의 정세 판단은 단단한 것이 못 되었다. 그들이 유난히 현실감각이 부족했다고 할 수는 없다. 그들의 반대편에 있던 사람들이 반드시

투철한 현실인식을 가지고 있었다고 할 수도 없다. 지나놓고 보면 대세와 시운이 '헛수고'를 낳게 했다고 할 수밖에 없다. 희망적 관측으로 현실을 유리하게 왜곡하는 성향은 그들에게만 한정된 것은 아니었을 터이다. 그러나 '희망적 관측'이 지나치게 현실과 유리되었다는 점을 사람들은 다 지나놓고 나서야 얘기하는 것일 터이다.

여러 가지 형태의 급진주의 사고가 학원가에 퍼지면서 사고가 굳어 있는 학생들을 왕왕 보게 되었다. 자기가 설정한 특정 사고의 테두리를 엄격히 지키면서 그 밖의 관점에 대해서는 일률적으로 백안시하고 냉소한다. 사람들에게는 누구나 그러한 경향이 있다. 단체가 몰려와서 불당(佛堂) 앞에서 교회 찬송가를 부르는 사람들도 있다면서 진심으로 개탄하는 불교학자를 만난 일이 있다. 이렇게 남의 종교를 무시하는 사람들이 어떻게 사랑을 실천할 수 있느냐는 것이었다. 기독교 쪽에서도 비슷한 불만을 불교도측에 토로할 만한 사안이 있다고 생각한다. 독선이나 자아의 무류성(無謬性)이란 믿음은 젊은 급진 학생에게만 있는 것은 아니다. 그러나 학생들에게서 특히 그 위험성을 감독하는 것은 청년기가 성숙에 이르는 과도기라는 것, 그들의 행동이 당사자의 앞날은 물론 사회 전체에 대해서도 큰 영향을 미치기 때문일 것이다.

학교 바깥에 있는 인사들은 왜 학생들을 제대로 지도하지 못하느냐고 비판이 대단하다. 그러나 사정은 그렇게 단순치가 않다. 급진적 사고에 있어서는 일단 체제 속에 편입되어 있다고 생각하는 사람들의 생각을 체제 지향이라며 거부하는 것이 그 특징이기 때문이다. 실제로 언변과 설득력이 뛰어나고 학식과 인품을 구비하고 있다고 공인받고 있는 인사들이 막상 이런 문제에 있어서는 자녀들을 관리하지 못하는 사례가 얼마든지 있다.

그래서 비판을 접하면 솔직하게 무력함을 시인하기로 하고 있다. 그러면서 한마디 덧붙인다. 우리 사회가 조금씩이나마 개량되어간다면 오늘의 과격한 급진 학생이 내일의 과격한 보수주의자로 낙찰될 공산이 크다고 말하는 것이다. 이것은 냉소적인 견해가 아니다. 젊을 때 급진파가 아니었다면 가슴이 없는 사람이고, 웬만한 나이가 되어서도 여전히 급진파라면 머리가 없는 사람이라는 투의 속설에 동조해서가 아니다. 실제로 극에서 극으로 옮아가는 사람들을 많이 목격했기 때문이다. 이러한 변모에 대해서도 나의 입장은 냉소적인 것은 결코 아니다. 미적지근한 것을 싫어하고 호오(好惡)가 분명하고 맺고 끊음이 선연하기 때문에 생기는 현상이라고 생각하고 있다.

그런 면에서 과격한 극단주의는 심리적 현상이란 측면이 있다. 정치문제나 사회문제에 인간 심리를 도입하는 것을 금기로 치부하는 관점이 있기는 하다. 그러나 개혁 이후 소련 내부의 자기 비판에서 스탈린주의의 과오의 하나로 인간에 관한 과도한 낙관주의를 들고 있는 것은 참으로 시사하는 바가 많다. 좀더 정공(正攻)적인 연구가 필요한 사안이기는 하지만 교조적 마르크스주의가 프로이트 사상을 전면적으로 거부했다는 것은 매우 중요한 일이라고 생각된다. '심리주의'를 거부함으로써 사회 구상에 있어 필요불가결한 부분을 간과한 것이 아니겠느냐는 생각을 금할 수 없다.

과격한 극단주의가 심리적 현상이기도 하다는 생각은 자연 신축성 있고 유연한 심성을 가능케 하는 것이 무엇이냐는 생각을 낳게 한다.

지나간 세월을 필부(匹夫)로 살아오면서 목도하고 관찰한 바를 따르면 일찌감치 형성된 융통성 없는 사고, 자기의 개인적 처지와 함수관계에 있는 격앙된 희망적 관측과 소망적(所望的) 사고가 시야를 좁게 하면서 현실감각을 무디게 한다는 것이 분명하다. 또 기약 없는 내일에 대한 과도한 기대와 오늘의 경시도 우리의 사고를 편벽하게 몰고 간다는 사실도 간과할 수 없다.

영국의 어느 저명한 역사가가 역사상에 큰 과오를 저지르는 사람들은 즐기며 놀 줄 모르는 사람들, 줄곧 심각한 표정을 짓고 있는 사람들, 말이 너무 많은 사람들이라고 적은 일이 있다. 예술을 즐기려는 의욕도 별로 없이 밤낮 옳은 일과 정의만을 부르짖는 사람들, 유머가 없는 사람들, 과시욕이 많고 기운이 넘치는 사람들, 이런 사람들이 인류의 재앙을 가져오는 경우가 많다는 것이다.

역사를 몇몇 걸출한 인물의 산물로 파악하는 환원주의라고 비판할 것까지는 없다. 지나가는 말투로 적어놓고 있을 뿐이기 때문이다. 그러나 이러한 범주에 속하는 사람들이 편향된 관점이나 격정적인 희망적 관측에 매달릴 가능성이 많은 것만은 사실이다. 유머감각이 없다는 것도 마찬가지다.

닫힌 사고와 편향된 이념에서 벗어나는 길은 이 역사가가 경고한 인간형과 반대쪽으로 뚫려 있는 것인지도 모른다.(1992년)

열린 마음과 사회

　근자에 어떤 젊은 작가에게 들은 얘기는 여러 가지로 생각게 하는 바가 많았다. 앞날이 촉망되며 소설쓰기가 본업인 그는 어떤 여자전문대학에서 가르치기도 하고 있다. 그런데 관광학과인가의 여교수가 일본에 대해서 한 발언이 문제가 되어 학생들의 배척 대상이 되었다. 그 문제는 그 건으로 그칠 수도 있었는데 소심한 여교수는 그 때문에 신경쇠약상태가 되어버렸고 마침내는 스스로 학교를 그만두었다는 내용이었다. 학생들의 배척 대상이 되었다는 그 자체가 체면 손상이라고 생각되어 스스로 물러났다고 하니 어찌 보면 요즘 세태에선 보기 드문 일이기도 하다. 일어를 가르치는 그녀는 어쩌다가 일본인의 장점을 칭찬한 것 같고 그것이 학생들에게는 친일적인 언동으로 비쳤고 그것이 거부감을 불러일으켰던 것 같다. 자세한 내용은 들을 기회가 없었지만 대체적인 윤곽은 그 정도인 것 같다. 모든 사람들에겐 저마다 장단점이 있게 마련이고 아마 나라마다 특유한 장단점이 있을 것이다.
　며칠 동안의 체류 경험에 의하면 극히 피상적인 차원에서 일본인들은 대체로 청결을 숭상하고 비교적 친절하다는 장점을 가지고 있는 것으로 생각되었다. 뒷골목의 값싼 음식점도 청결하기로는 도심지의 비싸 보이는 음식점에 진배없었다. 또 우연인지는 모르지만 상대했던 대여섯 명의 택시 운전사도 훈련이라도 받은 듯 한결같이 친절하고 자상하였다. 이것은 매우 피상적인 관찰이지만 서울에 들른 외국인에게 우리 서울의 택시 운전사나 뒷골목의 음식점이 비슷한 피상적 인상을 안겨주는지는 의심스럽다. 청결이란 단순히 잘살고 못사는 경제만의 문제는 아니고 친절도 특수직 종사자에게 과하는 훈련의 문제만은 아니겠기 때문이다.

바깥구경을 하고 와서 피상적인 인상만을 가지고 우리와의 수평적 비교를 해서 바깥쪽을 추어올리고 우리 쪽을 나무라는 것도 듣기 좋은 일은 아니다. 그러나 사실을 직시하고 우리 쪽의 아쉬운 점을 서로 돌아본다는 것은 결코 나무랄 일이 아니다. 점점 좁아져가고 있는 세계에 살고 있는 우리로서는 의식적으로라도 도모해야 할 일이라고 생각된다. 그리고 남의 나라의 장점에 대해서도 허심탄회하게 인정하는 것이 성숙한 태도일 것이다.

여러 가지 사정으로 1970년대 초에 미국으로 가서 눌러앉게 된 친구가 그곳서 성장한 딸에게 조국을 배울 기회를 준다고 방학에 나와서 하계학교를 연수하게 했다. 학점도 인정받아 정식과정이나 진배없었다. 연수를 마치고 돌아간 친구의 딸은 한국의 인상을 묻는 부모에게 두 가지가 거부감을 주더라고 말했다. 첫째, 기탄없이 질문할 건 질문하고 자유롭게 토론하자고 서두에 얘기한 교수가 막상 기탄없이 질문하면 불쾌한 표정을 짓고 또 권위적으로 질문자를 은연중 힐책한다는 것이다. 이것은 확실히 미국과 한국의 문화적 차이이다. 저쪽 아이들은 우리의 눈으로 볼 때 훨씬 솔직하고 때로 방자해 보일 수 있다. 그러나 질문에 답하거나 토론을 함에 있어 미리 자신을 정당한 쪽에 못박아놓고 상대방의 의견에 귀 기울이지 않은 채 설복만을 강요하는 것은 좋은 태도라 할 수 없다. 우리 사회에서 토론할 때 현저히 드러나는 약점이다. '그것은 모르는 얘기'라고 상대방을 윽박지르거나 일방적으로 단정적인 어조와 구문으로 얘기를 교환하는 장면을 우리는 흔히 보게 된다. 자기 고집의 재확인만 있고 토론 전개는 없는 셈이다.

둘째로 지적한 것은 겉치레 인사말이 너무 많다는 것이었다. 친구의 딸은 부모의 의향대로 서울 시내 먼 친척뻘 되는 사람들에게 전화로 인사를 하였고 안부를 물었다. 너무나 반가워하며 근황을 묻고 꼭 들르라는 바람에 적지 아니 감동되었다. 그러나 시간을 내어 어렵사리 찾아간 몇몇 군데에서는 전화로 대하던 것과는 너무나 현격한 차이가 나게 대해서 당황했다는 것이었다. 몇 번 겪고 나서 비로소 그것이 그냥 '인사'라는 것을 깨닫게 되었다는 것이다. 그렇게까지 반색하며 초대할 필요가 무엇인지 모르겠다는 것이 유치원 시절 조국을 떠났던 미국 대학생의 비판이었다 한다. 한 개인의 경험을 일반화한다는 것은 언제고 위험한 일이다. 그럼에도 불구하고 우리가 의식하지 못하고 있는 어떤 일면을 이 삽화는 잘 지적해주고 있다. 우리가 모두 반성해야 할 국면이라고 생각된다.

역시 1970년대에 이민 가서 자리를 잡은 고교 동창생이 있다. 아들 셋을 도저히 교육시킬 자신이 없어 비장한 결심을 하고 좀 늦은 나이에 미국엘 갔다. 열심히 일해서 아들 삼형제에게 모두 대학교육을 시키고 사업에도 성공하여 누구나 성공한 이민 사례라고 인정하고 있다.

친구의 맏아들이 미국의 유수한 회사에 취직하여 근무하다가 한국 근무를 하게 되어 지금 한국에 와 있다. 중학에 다니다가 미국엘 갔기 때문에 우리나라 사정을 훤히 알고 있다. 동료 미국인이 질색하는 한국 사람들의 버릇이 두 가지 있다고 들려준다. 길이고 아무 데고 함부로 침 뱉는 것과 도로변에 차를 세워놓고 유유히 소변을 보는 것이 그것이라 한다. 앞의 여학생 경우와는 달리 눈에 띄는 관행으로서 누가 보나 잘 한다고 할 수 없는 짓거리다. 우리 쪽에서도 그것을 알고 금지운동을 벌이고 있는 사항이기도 하다. 침 뱉는 얘기가 나왔으니 말이지 한국 체류가 오래되는 미국인 의사가 한국 생활에 관한 조그만 책자에서 언급한 것이 침 뱉기다. 병원의 복도 바닥에도 마구 침을 뱉는다고 흉을 보고 있다. 그 책을 본 외국인이 흥미 있는 비판하는 것을 들은 적이 있다. 미국인의 경우 실내와 실외의 구분이 확실하다. 실내에서 아무 데나 침 뱉는 것은 상상할 수도 없다. 그러나 한국인의 경우엔 실내 대 실외라는 대칭관계보다는 '신 신는 곳'과 '신 벗는 곳'의 대칭관계가 성립되어 있다. 한국인들이 병원 복도에다 침 뱉는 것은 그곳이 '신 신는 곳'이라고 파악되기 때문이다. 한국인들도 '신 벗는 곳'인 방이나 마루에 침 뱉는 법은 없다. 따라서 '신 신는 곳'에서의 침 뱉기는 '실내'에서의 침 뱉기와는 근본적으로 성질이 다르다는 것이다. 아주 재미있는 지적으로서 개성적인 관찰이란 생각이 들었다. 그러나 어쨌건 침 뱉기가 외관상 좋지 않다는 것은 말할 것도 없다.

필자의 경험으로는 우리에게 가장 나쁜 버릇은 보행자 경시와 차 우선의 관행이 아닌가 한다. 큰길에서건 골목길에서건 차량의 횡포가 너무 심하다. 주택가에서도 쌩쌩 달리고 보행자의 횡단보도가 있는 곳에서도 속도를 줄이지 않는다. 다치면 손해이니 천상 보행자가 몸조심 하는 수밖에 없다. 그리고 보행자가 차량 진행을 더디게 한다고 생각되면 죽고 싶으냐고 입에 담지 못할 폭언을 한다. 차가 왕이고 보행자는 그 종이다. 잘못되어도 한참 잘못된 전도현상이다. 한국 사람들은 그래서 외국의 거리를 걷게 되면 공연히 움츠리고 서성거린다. 그래서 승용차 주인들의 손으로 먼저 가라는 신호를 보고서야 거기가 한국이 아니라는 것을 다시 깨닫게 된다. 보행자 우선을 내면화하는 것이 사람다운 삶을 가능케 하는 하나의 단계가 되는 것인지도 모른다. 우리 자신의 흉을 솔직하게 인정하고 남의 장점을 인정할 줄 아는 성숙됨이 모든 분야에서 필요하다고 생각된다. 그것이 곧 열린 사회의 건설과 이어진다고 생각된다.(1994년)

비극 판정의 수수께끼
—고전 고대의 관행에 붙이는 자유연상

"숫제 태어나지 않는 것이 최고다." "세상에 경이는 많다. 그러나 가장 찬란한 경이는 인간이다." 모두 소포클레스의 비극에 나오는 합창대의 대사이다. 이러한 불멸의 대사를 기억하는 독자들이 많을 것이다. "우리들은 집 안에서 위험부담 없이 살고 있으나 남자들은 일선에 가야 한다고들 말합니다. 무슨 씨도 안 먹히는 소리! 아기 하나를 낳기보다는 세 번 전쟁터에 나가는 것을 난 택하겠어요." 에우리피데스의 비극에 나오는 여주인공의 대사이다. 독자들은 이천오백 년 전에 나온 이러한 여성주의적 항변을 접하고 놀라워할 것이다. "새로 얻은 권력은 언제나 가혹하다." 많은 권력 이동을 목격했던 국민들은 정권 초기의 권력행태를 통해서 아이스킬로스의 이러한 대사에 깊이 공감할 것이다. 인간사치고 고대 그리스 비극이 심도 있게 건드리지 않은 구석은 없다.

3대 비극시인이라는 아이스킬로스, 소포클레스, 에우리피데스는 약 삼백 편의 비극을 썼으나 완전한 형태로 남아 있는 것은 서른세 편에 불과하다(그 가운데는 에우리피데스 소작이라고 전해지는 위작(僞作)과

소극도 끼어 있어 엄격히 얘기하면 서른한 편이라는 주장도 있다). 그밖에도 이름이 전해오는 비극시인의 수효는 백오십여 명이나 되며 천 편을 헤아리는 작품이 있었다는 것이나 이들의 작품은 완전한 형태로는 현재 단 한 편도 남아 있지 않다. 철인 플라톤도 한때 비극 쓰기를 시도했다는 것이 철학사의 삽화이다.

고대 그리스 비극은 도시국가 아테네에서 디오니소스 축제의 일환으로 발전된 것이다. 최초의 경연(競演)이 있었던 것은 기원전 534년에 당시의 독재자 페이시스트라토스가 창설한 디오니소스의 축제 때였다고 하는데 그것이 그후 하나의 제도로서 정착된 것이다. 3월 말 포도주와 도취의 신 디오니소스를 기리는 축제가 열렸다. 제물을 바치고 국가 유공자를 칭송하고 전사자의 아들 중 성년에 도달한 청년들의 무장행렬이 있었다. 아흔 살의 천수를 누렸던 소포클레스는 젊은 시절 이 성년식 행렬 때 선두에서 기수 역할을 하기도 하였다. 디오니소스 축제에서 가장 주요한 행사는 그러나 비극의 경연이었다. 하루에 한 작가의 비극 세 편과 사튜로스 극(劇)이라 부른 가벼운 소극(笑劇) 한 편을 상연하였고 그것이 사흘 동안 계속되었다.

비극은 아크로폴리스 남쪽의 야외극장에서 상연하였다. 관객석의 수용인원은 만사천 명을 웃돈다고 추산되고 있다. 비극 관람은 무료 시기, 입장료 지불 시기, 관람객에게 상여금을 주는 시기 등의 변화를 겪었다. 극장이 국가의 교육기관임을 시사하는 대목이다. 해마다 새 작품만을 상연했고 아테네의 쇠퇴를 초래한 근 삼십 년에 걸친 펠로폰네소스 전쟁중에도 경연이 중단되는 법은 없었다. 그만큼 중요한 국가 행사였다.

경연인 만큼 심사원이 필요하였다. 열 개 부족이 각각 약간 명의 후보자 명단을 제출하면 그 명찰을 열 개의 항아리 속에 밀폐하여 아크로폴리스에 보관한다. 경연이 시작되면 그 항아리를 극장으로 운반하고 비극 상연을 감독하는 집정관이 그 열 개의 항아리에서 명찰 하나씩을 무작위로 끄집어낸다. 이렇게 선발된 열 명의 심사원이 경연에 참가한 이들 가운데서 우수작가를 투표한다. 그러면 집정관은 다시 이 가운데서 아무렇게나 다섯 표를 골라 우수작가를 선정한다. 나머지 다섯 표는 사표(死票)가 된다. 판정의 기준은 작품의 예술적 가치 이외에도 음악, 춤, 상연방식 등이 고려되었다고 추정되고 있다. 소포클레스의 「오이디푸스」나 에우리피데스의 「메데아」와 같은 걸작이 승리를 거두지 못한 것은 그같은 사정과 연관된다는 주장도 있다.

절반 개표로 최다 득표자를 가려 우승자를 결정하는 것은 확실히 우리에겐 낯선 관행이며 얼마쯤 기이하게 생각된다. 따라서 많은 연구자들이 그 이유를 추측하는 가설을 내놓았다. 현재로선 부정을 방지하기 위한 조처였다는 냉소적 추측이 우세한 것으로 보인다. 열 표를 모두 개표할 경우 여섯 명만 매수하면 우승자가 될 수 있다. 그러나 다섯 표를 개표할 경우 여덟 명을 매수해야 확실한 우승이 보장되는 만큼 부정행위가 그만큼 어려워진다. 또 열 표를 모두 개표하면 누가 누구를 찍었는지 관계자가 알 수도 있다. 그러면 협박 등이 나올 수도 있고 후유증이 있을 수도 있다는 근거에서다. 그러나 이것은 어디까지나 추측일 뿐 우리는 그 진상을 헤아릴 길이 없다. 죽은 자들은 말이 없기 때문이다.

이천오백 년 전의 생소한 관행을 오늘의 관점에서 추측하는 것의 타당성에 우리는 의문을 제기할 수 있다. 인민법정의 배심원을 전혀 추첨으로 결정하였다든가, 아무런 토론 없이 육천 명이 동의하면 문제된 인물을 십 년간 해외로 추방하는 도편 추방과 같은 흥미 있는 제도를 발전시킨 고대 그리스인의 사고를 우리는 좀더 그들 편에 서서 다각적으로 고찰해볼 필요가 있다. 절반 개표의 경우에도 우리는 그것이 빚어내는 결과를 통해 그 함의를 검토해볼 필요가 있을 것이다.

절반 개표에 의한 판정은 무엇보다도 선정의 우연성을 부각시킨다. 또 판정의 불가피한 오류 가능성과 자의성을 돋보이게 한다. 열어보지 않은 다섯 표의 개표나 열 표 전체의 개표는 전혀 다른 결과를 빚을 수 있기 때문이다. 따라서 우승자는 자신의 행운에 감사하며 과도한 오만이나 자만심을 자제하게 될 것이다. 나머지 패자들 역시 과도한 열패감이나 자괴감에서 자유로울 수 있다. 패자에게는 위로를 안겨주고 승자에게는 겸손의 필요를 일깨워준다. 열지 않은 절반은 역전의 가능성을 끊임없이 상기시키면서 인간에 의한 인간 판정의 어려움을 시사하기도 한다. 법정의 배심원을 추첨으로 결정했던 고대 아테네의 관행을 염두에 두면서 우리는 좀더 공명적으로 접근할 필요가 있는 것인지도 모른다. 그러한 맥락에서 그들의 운명관을 살펴보는 것도 부질없는 일은 아닐 것이다.

유대민족이 역사의 성질에 대해서 골똘히 사색한 것과는 달리 고대 그리스인들은 역사의 기원이나 목적에 대해서 의문을 제기하지 않았다. 그리스인들은 추상적인 역사의 진행보다도 개인의 운명에 대해서 보다 많은 관심을 기울였다. 개인의 행운과 불행의 뒤섞임을 결정하는 힘은 어떠한 성질을 가지고 있는 것인가? 이와 관련하여 인간을 좌지

우지하는 힘은 어떤 것인가? 고대 신화에서는 인간의 운명을 정해주는 것은 신(神)들이라고 생각하는 것이 보통이었다. 개개인의 삶의 실타래를 결정해서 짜준다는 북구(北歐) 신화 속 운명의 여신을 독자들은 기억할 것이다. 그러나 그리스인들에게 있어 개인의 운명은 불가피한 종말로 인간을 몰고 가는 가차없이 사나운 힘이었고 그 앞에서는 신조차도 속수무책이었다. 이러한 생각은 사람이 속절없이 운명의 손아귀에 잡혀 있다는 느낌으로 귀결된다. 이미 결정된 것은 변경될 수 없으며 운명은 그 기획을 무자비하게 끌고 가면서 결정된 방향에서 벗어나는 법이 없다고 생각되었다.

그러나 이렇게 인간이 어떤 초월적인 힘에 의해서 완전히 번농(飜弄)된다는 생각은 수용하기가 매우 힘든 것이 사실이다. 그래서 인간의 책임이 전제되는 죄과라는 생각이 대두하였고 아폴로적인 인생태도가 미덕이라고 간주하였던 '절도(節度)'의 위반을 죄과라고 생각하게 되었다. 고대 그리스인들은 이것을 휴브리스라고 불렀다. 흔히 오만이라고 번역되지만 인간의 성품이나 태도를 뜻하는 것이 아니라 본시 삶에 대한 태도를 서술하는 말이었다. 인간의 삶에 할당된 조건을 따르지 않고 인간이 처해 있는 한계를 넘어서려 할 때 인간은 휴브리스에 빠지고 만다는 것이다. 그것은 '주제넘음'이지만 '주제넘음'이란 죄과 없이도 휴브리스에 빠질 수 있다. 가령 어떤 사람이 과도한 성공과 행운을 얻게 되면 그것도 휴브리스의 범주에 들어간다.

로마의 키케로가 역사의 아버지라 불렀다는 헤로도투스가 『역사』 2권과 3권에서 다루고 있는 사모스의 참주 폴리크라테스는 억세게 재수 좋은 성공과 행운을 연거푸 갖게 된다. 그의 생애는 과도한 휴브리스의 전형이 되었고 그 결과 무서운 응보가 뒤따르게 된다. 그의 계속적인 작전 성공과 행운에 불길한 예감을 갖게 된 친구이자 이집트의 왕 아마시스는 다음과 같은 취지의 편지를 폴리크라테스에게 보낸다.

동맹관계에 있는 친구의 행운을 듣는 것은 즐거운 일입니다. 그러나 신들이 성공을 시샘한다는 것을 알기 때문에 나는 귀하의 과도한 행운을 기뻐하기만 할 수 없습니다. 나 자신과 내가 사랑하는 사람들을 위한 내 자신의 소망으로 말하면 만사형통하기보다는 성공하기도 하고 실패하기도 하면서 행운과 불운을 번갈아 겪으며 한평생 지내고 싶습니다. 매사에 행운만을 만났다가 결국엔 비참한 종말을 겪지 않은 사례를 들어본 바 없기 때문입니다. 그래서 귀하의 계속적인 성공의 위험에 대처하기 위해 다음과 같이 결행하기를 충고드립니다. 귀하가 가장 소중히 여기는 것, 그것을 잃으면 아주 애통해할 것이 무엇인가를 잘 생각해내어 그것을 버리십시오. 아무도 그것을 다시 볼 수 없도록 내버리십시오. 그뒤에도 계속 행운과 불운이 교차하는 일이 없으면 제가 마련한 방법을 되풀이하십시오.(『역사』 제3권, 40절)

이 충고를 그럴싸하다고 생각한 폴리크라테스는 손에 낀 인장 달린 반지를 생각해내고 부하들과 함께 배를 타고 바다로 나가 모두가 보는 가운데서 반지를 바다 속으로 던졌다. 그리고 애통해하였다. 그러나 대엿새 후 한 어부가 큰 고기를 잡아 너무나 큰 대어를 그냥 팔아넘길 수 없다고 생각해서 폴리크라테스에게 바쳤고 그의 하인들은 고기 뱃속에서 인장 달린 반지를 발견하였다. 그들은 크게 기뻐하며 반지를 폴리크라테스에게 갖다바쳤고 이를 신의 뜻이라고 생각한 그는 자초지종을 적어서 아마시스에게 보냈다. 편지를 본 아마시스는 한 사람이 다른 사람을 운명으로부터 구해주는 것이 불가능하다는 것, 일부러 버린 것을 다시 찾게 될 정도로 행운인 사람이 언젠가는 비참한 최후를 맞으리라는 것을 깨달았다. 그는 즉각 사자를 사모스로 파견하여 동맹관계의 파기를 알렸다. 그후 폴리크라테스는 사르디스의 총독이었던 페르시아인 오로이테스에게 죽음을 당하는데 헤로도투스는 그것이 "너무 끔찍하여 언급하지 않는다"고 3권 125절에 적고 있다.

고대 그리스인의 생각으로는 폴리크라테스의 행운의 연속도 절도의 침범을 뜻하는 '주제넘음'이요 휴브리스였다. 물론 소포크레스의 비극에서도 볼 수 있는 이런 운명관이 그리스인의 생각으로 고정되어 있었다고 생각하는 것은 온당치 않을 것이다. 프랑스의 고전학자 장 피에르 베르낭은 비극이 신화적 사고와 철학적 사고, 헤시오도스와 아리스토텔레스 사이의 통로였으며 신화의 논리가 모호성의 논리임에 반해서 모든 인간문제에 두 입장이 있게 마련이라고 생각하는 양극성의 논리가 비극의 논리라고 말하고 있다. 이 비극의 논리는 소피스트의 논리이기도 하지만 진리와 과오가 있고 옳은 담론과 틀린 담론이 있다고 생각하는 그리스 고전철학이 승리함으로써 비극이 종말을 맞게 되었다고 말하고 있다. 그러니까 우리가 고대 그리스의 운명관이라고 알고 있는 것은 당연히 그리스의 역사적인 한 시기의 운명관인 것이고 절반 개표의 비극 판정을 제도화한 시기의 그리스인들은 이러한 운명관을 가지고 있었다고 할 수 있다.

그리스 비극의 전범인 「오이디푸스」에서 주인공의 비극적 결함 혹은 맹목은 모든 것을 남김없이 알아내려는 고집불통의 욕구였다. 그것은 신의 영역에 대한 잠재적 침범이기도 하였다. 그것은 휴브리스요 '주제넘음'이었다. 미지의 부분과 불확실한 부분이 수두룩한 것이 인간사라는 함의를 가지고 있는 절반 개표는 비극 판정에 어울리는 '비극적 지혜'일지도 모른다. 냉소적인 추정보다 고대 그리스인의 인생 태도와 연결시켜 생각하는 것이 보다 현실적인 접근법이 아닌가 생각해본다.

우연은 운명의 논리라는 말이 있지만 경기의 승부가 운에 따라 좌우된다는 것을 월드컵 때 실감하였다. 경기를 줄곧 리드하고도 승리하지 못하는 경우가 비일비재였다. 골대를 맞추는 것은 이론상 골을 집어넣는 것보다 더 어렵다. 그럼에도 어렵사리 얻은 기회가 몇 번이나 골대에 부딪쳐 무위로 돌아가는 경우도 있었다. 우연도 강자 편을 든다는 말을 부정할 수는 없으나 그 말이 요행과 불운의 막강한 힘을 무시하지 못하는 것도 사실이다. 올림픽 경기 같은 때 권투나 레슬링 승자가 껑충껑충 뛰면서 링을 몇 바퀴 도는 것을 볼 때마다 그리스 비극의 판정 관행을 떠올리게 된다. 패자 앞에서 보이는 그 막무가내의 동물적 희열은 자연스럽기보다는 비인간적이며 치사하다는 느낌을 준다. 그런 면에서 가령 도(道)를 지향하는 유도 부문의 승자들이 한결 절도 있게 기쁨을 나타내는 것은 우연이 아니다. 어느 분야에서나 품위 있는 승자가 되기는 어렵겠지만 특히 정치 분야에서 그러하다는 생각을 금할 수 없다. "새로 얻은 권력은 가혹하다"는 아이스킬로스의 대사를 다시 떠올리게 된다. (2003년)

집단적 기억상실을 넘어서

1789년 7월 14일 파리 시민들이 봉기하여 바스티유 감옥을 습격하고 점거하였다. 프랑스 혁명의 막이 오른 것이다. 14세기에 축조했다는 이 감옥은 주변에 호를 끼고 있는 견고한 요새였다. 국가의 안위를 해쳤다고 간주된 국사범과 정치범이 감금된 요새를 샅샅이 뒤졌는데 수용중인 죄수는 열여섯 명이었다.

대혁명이 시작된 날 시민이 습격하였던 바스티유 감옥에 수용되어 있던 중범들이 대충 얼마나 되리라 생각하느냐고 학생들에게 상상력 놀이를 과한 적이 있다. 물론 그따위를 역사시간에 가르칠 리 없고 가르칠 필요도 없다. 프랑스인 사이에서도 알아맞히는 이는 많지 않을 것이다. 그러니까 상상력놀이로서는 적격이다.

삼만 명에서 오천 명에 이르는 다양한 답변이 나왔다. 숫자를 대규모로 잡는 것이 공통점이었다. 구체제의 전제정치, 역사적인 프랑스 대혁명, 성난 파리 시민들의 공격 등이 상상력에 환기하는 것은 무엇인가 엄청나게 큰 것이다. 따라서 감옥도 죄수로 가득 차 있는 것으로 추측하게 된다. 그래야 대혁명에 어울리는 규모가 되는 셈이다.

권태응의 동요집 『감자꽃』은 해방 직후에 나온 아동문학의 귀중한 유산이다. 근자에 나온 증보판에는 「안테나」란 동요가 수록되어 있다. "멀리서도 잘 뵈는 기단 대나무 / 오늘은 무슨 방송 들어오는지 / 까치가 한 마리 듣고 앉았다"란 내용이다. 그런데 곁들인 삽화에는 라디오 아닌 텔레비전 안테나가 그려져 있었다. 상상력이란 이렇게 기성적인 관념이나 지식에 의해 규정되고 예단되게 마련이다.

살아보지 않은 시대에 대해 사람들이 갖고 있는 생각이나 이미지는 위에서 보듯 자의적이고 오도적인 상상력의 구축물인 경우가 많다. "윤동주 같은 저항시인이 왜 창씨개명을 했나요?"란 학생 질문을 받은 적이 있다. 윤동주를 저항시인이라고 단선적으로 정의하는 것도 문제지만 이 물음 속에는 창씨개명이 해도 되고 안 해도 되는 선택의 문제였다는 투의 과거 이해가 깔려 있다.

일제말의 창씨개명은 공출이나 남성 삭발이나 학교에서의 일어 사용과 마찬가지로 요즘 말로 '선택' 아닌 '필수'였다. 그것을 부정하는 것은 일제시대를 미화하는 것에 지나지 않는다. 창씨개명을 끝내 거부한 집안이 있었던 것도 사실이다. 그러나 고유의 성명을 유지한 것이 떳떳한 행적의 징표가 되지는 않는다. 겪어보지 못한 시대를 자의적인 상상력으로 채색하고 구축하는 것은 올바른 현실 이해에 결정적인 장애요인이 된다. 부지중에 역사 왜곡으로 치닫게 마련이다.

한편 이 못지않게 현실 이해를 저해하는 것은 삶의 현실을 오직 정치적 차원으로 단선 환원시키는 것이다. 사람이 빵만으로 사는 것은 아니다. 그러나 전성기의 트로츠기가 토로했듯이 사람은 정치만으로 사는 것도 아니다. 현실을 정치로 단선 환원시키고 그 정치를 다시 선전으로 단선 환원시키는 것이 도식적 교조적인 정치문학이나 정치소설의 악덕이요 폐습이다. 거기 보이는 것은 사태의 극단적인 단순화이고 사태의 극단적인 단순화가 다름아닌 폭력의 논리이다. 삶의 현장에서도 사정은 마찬가지다.

적정한 현실 파악을 가로막는 것은 그밖에도 수두룩하다. 가까운 과거에 대한 집단적 기억상실도 큰 문제이다. 불과 한 세대 전의 일을 까맣게 잊어버리고 혼동하고 착각하는 경우가 허다하다. 정치인의 상습적인 말 뒤집기나 후안무치한 식언이 끊이지 않고 번창하며 실효를 거두는 것은 어처구니없는 집단적 기억상실의 공간에서이다. 그러기 때문에 '권력에 대한 인간의 투쟁은 망각에 대한 기억의 투쟁'이란 말도 생겨나는 것이다.

정치의 계절이 되어 갖가지 언설이 난무하고 있다. 사실 검토 없는 마구잡이 상상력의 구축물, 역사 왜곡이나 사태의 단순화를 통한 선동적 수사, 상습적인 말 뒤집기를 가려내어 '정책'과 차별화하는 것이 시민의 의무일 것이다. 어느 국민이나 자기 분수에 걸맞는 지도자를 갖게 된다는 말에 지금 우리는 참담한 심정이 되어 있지 않은가!(2002년)

철새를 보는 열세 가지 방식

　시기가 시기인 만큼 앉은 자리에서 정치 얘기가 나오게 마련이다. 우리 또래의 동료나 친구들은 정치에 대한 실망과 배신감을 하도 많이 겪어놔서 열을 올리거나 흥분하는 법이 없다. 대체로 냉소적인 논평을 가하는 것이 고작이다. 그런 까닭에서인지 요즘 가장 많이 화제에 오르는 것은 이른바 '철새 정치인'이다. 자기 생각이라기보다도 신문 칼럼에서 본 것을 소개하는 논평의 내용은 아주 다양하다.

　이익을 노려 쉽게 정당을 바꾸는 정치인을 목숨을 걸고 긴 여행길에 오르는 철새에 비유한다는 것은 동물의 삶에 대한 모독이라고 했다는 동물학자의 말에 모두 공감하였다. '정치 투기꾼'이란 말이 어울린다느니 '진드기 정치인'이라고 부르자는 제의가 그럴듯하다느니 제가끔 한마디씩 한다. 한국에는 모두 266종의 철새가 방문한다는 것, 텃새를 포함하여 모두 372종의 새가 있다는 전문적 지식의 전달도 있었다.

　혼자 먹이를 챙기겠다고 무리에서 이탈하는 경우는 없다고 한다. 기력이 쇠하거나 다쳐서 낙오할 때는 동료가 남아서 기다려준다는 얘기도 있다. 시베리아에서 날아와 우리나라 갯벌에서 체력을 보강한 뒤한 번도 쉬지 않고 오스트레일리아까지 날아가는 특정 철새에 대해선 놀라움과 경의를 표하였다. 모두 정치인보다는 철새에 대해서 우호적이었다. 문득 20세기 미국의 대표적 시인인 월리스 스티븐스의 「지빠귀를 보는 열세 가지 방식」이란 시편이 연상되면서 개인적인 감회를 금할 수 없었다.

우리 또래가 철새를 알게 된 것은 '후조(候鳥)'란 말을 통해서였다. 제비 기러기 뻐꾸기 두견이 뜸부기 왜가리 등이 모두 후조라고 배웠다. 학교에서 배웠을 뿐 아니라 우리네 어린 시절은 이런 철새를 빼버린다면 아주 황량해지고 말 것이다. 11월 '강남'을 향해 우리 땅을 떠날 무렵이면 전선줄마다 제비가 새까맣게 모여앉아 지줄대며 요란한 잔치를 벌이는 것은 장관이었다. 늦가을 푸른 하늘을 가르며 나는 기러기떼는 산 너머로 사라질 때까지 우리를 마당 한가운데 세워놓았다. 전쟁 이후 거의 흔적없이 사라져버린 정경이다.

기러기나 뻐꾸기는 동요에만 나오는 것이 아니다. 철새는 동양의 시에서 항상적인 소재이자 장치가 되어왔다. "높이 북으로 날아가는 기러기에 창자가 끊어질 듯하다"는 두보(杜甫)의 「귀안(歸雁)」에서 "산꿩이 알을 품고 뻐꾸기 제철에 울건만／마음은 제 고향 지니지 않는다"는 정지용의 「고향」에 이르기까지 그 사례는 허다하다.

이렇듯 동양의 시 전통과 우리네 보편적 정서에서 철새는 계절의 순환을 알리면서 자연의 넉넉한 운행을 시사하는 날짐승이었다. 또 순리라는 인생론적 감회를 안겨주는 어김없는 전령(傳令)이었다. 매임 없는 자유의 이미지요 영원한 노스탤지어의 날개였다. 가장 아름다운 우리말의 하나가 정치적 비행과 연루됨으로써 오염되고 훼손되었음을 필자 역시 개탄하지 않을 수 없다. '철새 정치인'은 애초부터 잘못된 짝짓기요 잘못된 명명이었다.

그러나 '철새 정치인'에 대한 과도한 성토는 본의 아니게 보다 중요한 국면을 은폐하고 외면하는 결과를 빚을 수 있다. 1987년 이후 유권자들은 상식적으로 납득할 수 없는 상황에 자주 놓이게 되었다. 1987년 선거 직후에 외국에 체류했던 필자는 왜 정책적 차이가 없는 야당이 통합후보를 내지 않았느냐는 외국인 질문에 뭐라고 답변할 길이 없었던 경험이 있다. 1990년에 벌어진 3당 짝짓기도 우리를 헷갈리게 하는 일이었다. 1997년 대선 때 정책적 합일점이 없는 DJP 정략결혼은 결국 '가정파괴'와 정치적 추문으로 끝났다. 남은 것은 심화된 냉소주의의 확산뿐이다.

국민들이 3김 정치 청산을 바라는 것은 1987년, 1990년, 1997년의 정치적 추문의 재탕 삼탕을 바라지 않기 때문이다. 목적을 위해 수단 방법을 가리지 않는 정치적 윤리적 비행에 넌더리가 나기 때문이다. 그런데 희한한 것은 낡은 정치를 청산하고 새 정치를 펴겠다면서 실제로는 타기할 만한 정략결혼적 짝짓기를 서슴지 않는 정치권의 작태이다. 우리는 신악이 구악을 뺨치는 것을 보았다. 문제는 철새의 깃이 아니라 몸통이다. 요란한 빈 수레 소리에 귀가 먹먹해지는 어제 오늘, 뻐꾸기 소리라도 듣고 싶다.(2002년)

첫번째 숙제

"이제 무슨 재미로 살아야 할지 맥이 풀리네요." 월드컵이 끝난 직후 동네 문방구에 들렀을 때 젊은 주인이 하는 말이었다. 경기가 개막되기 이전에는 솔직히 너무 법석을 떠는 게 아니냐는 느낌이었다. 귄터 그라스가 와서 축하해준다는 소식에 '좌파' 치고는 별난 짓을 한다는 생각도 했다. 상업주의 그 자체요 더구나 전체주의사회에서 장려하고 활용하는 집단적 몰입의 홍보에 정통 좌파를 자처하는 인사가 끼어드는 것도 웃기는 일이 아닌가, 그런 생각까지 들었다.

막상 개막이 되자 TV 앞에 죽치고 앉아 지켜보았다. 우리 선수의 선전 때문이었다. 흉보고 욕하면서 닮아간 셈이다. 그러나 폐막이 될 때는 법석이 끝나 시원하다는 느낌이었다. 자연 동네 문방구 주인의 말은 젊음 탓이라고 치부하고 "너무 열을 올린 탓이겠지요"라고 받아 넘겼다. 실제로 내 마음을 사로잡은 것은 뛰어난 선수에 열광하는 사람들이 어째서 다른 분야의 뛰어남에 대해선 대체로 코방귀를 뀌느냐 하는 문제였다.

"정말이지 맥빠져서 기운이 안 나네요." 대선이 끝난 후 승강기에서 마주친 이웃이 건네온 말이다. 평소 가벼운 인사나 주고받는 처지 였는데 어지간히 적막했던 모양이다. 그래서 법석이 끝나 시원하다는 느낌은 덮어두고 "우린 노약자가 아닙니까"라고만 대꾸하였다. 두 차례의 큰 행사가 사람들에게 질적으로 다른 잔치 끝의 적막감 혹은 허탈감을 안겨준 것 같다.

들뜬 잔치 기분이 오래 지속되는 것은 좋지 않다. 평상심으로 돌아와 각자의 볼일을 보아야 한다. 그러나 그게 쉽지는 않은 것 같다. 새 대통령 당선자에게 유난히 요망사항이 많은 것도 그 때문이라 생각한다. 난생 처음으로 연하의 대통령을 맞게 된 우리 또래의 감회는 각별한 바 있다. 하지만 너무나 많은 것을 기대하고 요구하는 것은 속없는 짓이다. 역사상 단기간 내에 정치공동체 삶의 질을 형편없이 구겨놓은 집권자나 지도자는 수두룩하다. 그 반대되는 사례는 거의 없다시피 하다. 과도한 기대는 환멸의 어머니다.

그래서 상식이 통하는 사회를 만들겠다는 새 대통령 당선자의 평범한 말에 호감이 가고 기대를 걸게 된다. 많은 것을 바라지 않는다. 또 바라서도 안 된다. 동서고금의 문학은 화려한 약속을 많이 하는 사내일수록 요주의 인물이라는 메시지로 가득 차 있다. 또 그런 사내에게 팔 벌리고 달려가 욕을 보는 한심한 여성으로 꽉꽉 차 있다. 당사자에게는 비극이지만 제3자에겐 인과응보의 예정된 희극일 뿐이다. 상식이 통하는 사회를 만들겠다는 건실한 발언도 이러한 사실의 통찰에 기초한 것이라 생각한다.

상식이 통하는 사회로 가기 위해서 가장 중요한 것은 무엇인가? 엄청난 비상식의 악순환을 끊는 일이다. 벌써 오래 전 박종철군 사건이

낯을 때 고문치사 의혹제기에 대해 소관 부처의 책임자는 "그런 일은 있을 수도 없고, 있어서도 안 되고, 있지도 않았다"고 극구 부인하였다. 멋진 수사(修辭)였고 한동안 자주 활용되었다. 나중에 그것은 맹랑한 거짓임이 드러났고 국민적 분노를 자아냈다.

지금도 엄청난 비상식의 의혹이 제기되고 있다. 사천억원을 송금했다느니 도청을 한다느니 공적 자금이 어떻다느니 하는 얘기가 나돌고 있다. 사안의 성질이나 액수의 규모로 보아 정말로 엄청난 비상식의 사례이다. 자다가도 기급초풍할 일이다. 그런가 하면 국정 최고책임자의 종용으로 밖으로 나온 것이라는 재벌 총수의 해외 인터뷰 보도가 국민들을 쉴새없이 피곤하게 만들고 있다. 공식적인 반응은 현재까지 부인 일변도다. 그 말을 믿고 싶다. 그러나 "있을 수 없고, 있어서도 안 되고, 있지도 않았다"는 공식 반응에 하도 속아본 국민들은 고개를 갸우뚱할 수밖에 없다.

대통령이 할 수 있는 일은 한정되어 있다. 국제적인 현안을 단독으로 해결할 수 있는 것은 아니다. 부패의 유혹에 허약한 국민들을 삽시간에 청교도로 개종시킬 수도 없다. 그러나 큰 의혹사건의 진상을 규명하는 것은 가능하다. 처벌이 목적이 아니다. 컴컴한 비상식이 반드시 밝혀진다는 경각심을 일으켜 상식이 통하는 투명한 사회를 만드는 것이 중요하다. 새 정부가 국민이 과한 첫번째 시험에서 좋은 성적 올리기를 간곡히 바란다. (2003년)

위기불감증은 아닌지

임진왜란이 있기 일 년 전에 있었던 통신사 황윤길(黃允吉)과 부사 김성일(金誠一)의 상반된 보고는 오늘의 눈으로 보아 한심하기 짝이 없다. 유성룡의 『징비록』은 일본을 얕잡아본 낙관론의 대가가 얼마나 값비싼 것이었는가를 처참하게 보여준다. 정묘호란을 겪고 나서도 공허한 명분론과 외교적 실책으로 병자호란을 자초하는 대목은 한심하다 못해 정나미가 떨어진다. 청나라 군사의 내습을 알리는 봉화가 올랐는데도 도원수(都元帥) 김자점은 왕에게 보고하지 않았다. 정찰에 나섰던 군관이 적의 접근을 알리자 경망한 언동이라며 처형하려다가 또다른 군관의 보고로 중단시켰다. 삼전도에서의 치욕적인 항복은 너무나 당연한 인과론적 귀결이었다. 망국적인 위기불감증이었다고 할 수밖에 없다. 국토방위에 관한 한 여러 형태의 위기불감증은 조선조가 끝날 때까지 계속된다.

"역사는 아무도 묻지 않는 것에 대답하는 귀머거리와 같다"고 톨스토이는 적고 있다. 역사에서 교훈을 찾는 일이 부질없다는 비유이다. 그러나 인류는 역사에서 선례와 교훈을 찾으려는 노력을 계속해왔다.

"프랑스 혁명은 스스로를 다시 태어난 로마로 이해하였다. 또 고대 로마를 기억하고 회상시켰다"고 벤야민은 『역사철학 테제』에 적고 있다. 쉽게 말해서 로마의 공화정치를 선례로 참조하고 의지했다는 뜻이다. 러시아 혁명의 지도자들이 프랑스 혁명을 참조하면서 실천에 임했다는 것은 널리 알려진 사실이다. 참조를 통한 현실운영이 어떠한 순기능을 발휘했느냐 하는 것은 확인할 길이 없다. 그러나 어떠한 경우에도 참조를 통한 검토는 안 하는 것보다 유익하고 효과적일 것이다. 19~20세기 후진사회의 역사는 모방을 통해 선진세계를 따라잡으려는 역사라 해도 과언이 아니다.

반만 년의 유구한 역사를 자랑하면서도 우리의 역사를 거울삼아 현재와 미래를 지혜롭게 설계하려는 의지가 우리에게 있는지 의심스럽다. 아니 역사공부를 제대로 하는지도 의심스럽다. 몽고와 연합하여 두 차례나 일본 정벌을 시도한 것을 도외시하고 역사 이래 우리는 남의 나라를 침범한 적이 없다고 말한다. 자의든 타의든 침범한 사실을 사실대로 인정하는 것이 성숙한 태도다. 특히 정치 지도자들이 흥미 본위의 음모론적 역사극 이외에 우리 역사에 대해 얼마만큼 알고 있는지 궁금하다.

역사를 읽다보면 헛똑똑이란 말이 떠오를 때가 많다. 뮌헨 회담은 너무나 유명하지만 히틀러에게 당한 것은 영국 수상 체임벌린만이 아니다. 그 누구도 믿지 않고 병적으로 의심이 많았던 스탈린도 히틀러에게만은 예외였다. 영국의 제의를 물리치고 1939년 8월 독일과 불가침조약을 맺은 스탈린은 측근들의 연이은 경고에도 불구하고 히틀러의 조약 준수를 믿어 의심치 않았다. 1941년 6월 독일군이 공격해왔을 때 소련군이 무력하게 무너진 것은 많은 병력을 극동지방으로 배치해 놓았기 때문이었다.

임진란 당시 황윤길은 일본의 침공 가능성에 대해 비관적인 견해를 보고하였다. 뒷날의 사태 전개는 황윤길의 비관론이 현실적이었음을 보여준다. 매사에 비관론으로 대처하는 것은 건강에도 좋지 않고 부정적 결과를 야기할 수 있다. 그러나 비관론은 최악의 사태에 대비할 수 있다는 장점을 가지고 있다. 이에 반해 일방적 낙관론은 안전불감증이나 위기불감증으로 이어질 수 있다. 심리적 사회적 비용은 들지 모르나 비관적 이미지는 최소한 파국에 대한 안전판이 될 수 있는 것이다.

대구 지하철의 참사가 외국에서도 톱뉴스로 상세히 보도되는 것을 보고 여러 가지로 착잡한 심정이었다. 다리가 무너지고 백화점이 무너지고 할 때마다 안전불감증에 대한 경각심이 강조되었으나 크고 작은 참사가 끊이지 않는다. 자라 보고 놀란 가슴 솥뚜껑 보고 놀란다는 말이 있다. 북핵문제를 둘러싼 우리의 '천하태평'에 관한 외신보도를 접하면 우리가 안전불감증에 더하여 위기불감증에 걸린 것은 아닌가 두려워진다. 계속되는 위기 속에서 살아온 탓에 아예 내성이 생긴 것인지도 모른다. 우리는 정말 이렇게 태평해도 좋은 것인가? "대담한 지휘관보다는 신중한 지휘관"이란 대사가 그리스 비극에 보인다. 그것은 로마 황제 아우구스투스의 좌우명이기도 하였다.(2003년)

아마추어의 미덕과 한계

요즘 비전문가가 쓴 소설이 심심치 않게 나와서 화제가 되고 있다. 사회적으로 명망가의 이력을 쌓은 이의 것도 있고 전문직 종사자의 것도 있다. 이런 경우 작자의 명망이나 직업 등 문학 외적 요소가 작품의 매력이 되어주는 것 같다. 문학 외적 특기사항이 없지만 제도권의 통상적인 절차 없이 작품을 선보여 일정한 독자를 누리고 있는 경우도 있다. 이런 아마추어의 작품 제작과 발표는 시의 경우 수적으로 대단히 많다. 주류에서 벗어난 정치인에서부터 승려나 목사에 이르기까지 유명 무명의 많은 아마추어 시인들이 있다. 누구나 하고 싶은 일을 할 수 있는 열린 사회에서나 볼 수 있는 활기찬 문화현상이다.

아마추어란 말은 어원에서나 뜻에서나 애호가를 가리킨다. 아마추어가 많을수록 해당 장르의 기초가 튼튼해지고 활성화의 가능성은 커진다. 축구 팬이 많아야 프로 축구의 앞날이 밝아지는 것과 같은 이치다. 19세기 중반에서 불과 한 세대 전까지, 서양 쪽에서는 중상류층의 어린이가 피아노를 배우는 것은 당연한 일로 되어 있었다. 특히 젊은 여성이 피아노를 할 줄 안다는 것은 사회 속의 지위를 확보해주고 긍지의 근거가 되기도 하였다. 그래서 피아노 소나타는 현악 사중주와 함께 아마추어 음악가의 선호 영역이 되었고 고전음악 애호가를 양성하는 데 기여하였다. 음반의 보급과 함께 피아노를 배우는 경우가 드물어지고 그것이 고전음악 애호가의 상대적 감소를 야기했다고 알려져 있다.

아마추어도 여러 수준이 있게 마련이다. 상당한 성취에 이른 경우도 있다. 가령 모택동은 대략 오십 편의 시를 남겨놓고 있다. 숭배자들은 시인으로서도 상당한 높이에 도달했다고 말한다. 그러나 영국의 동양 고전 번역자인 아서 웨일리는 모택동의 시가 히틀러의 그림보다는 낫지만 처칠의 그림만은 못하다면서 평가절하했다. 루소 니체 아도르노 같은 사상가, 에즈라 파운드 같은 시인도 작곡을 남겨놓고 있다. 피아니스트 찰스 로젠은 아도르노의 작품이 니체나 루소에 미치지 못하지만 파운드보다는 윗길이라고 말한다. 이들의 작품은 호기심의 대상은 되지만 홀로 서지는 못하고 있다. 다만 이들이 작곡행위를 통해 음악에 대한 이해를 심화하고 결과적으로 사상가나 시인으로서의 성취에 도움을 받았으리라는 것은 상상할 수 있다.

붓글씨를 써보아야 명필을 알아보고 그 경지가 힘들게 이루어진 것임을 실감할 수 있다. 시의 경우 스무 개의 글자나 십사 행의 시행이 천양지차를 빚어낸다. 아마추어의 매력은 초심을 잃지 않고 해당 분야에 대한 열의를 간직하는 것이다. 아마추어의 미덕은 프로페셔널의 성취가 결코 쉬운 것이 아님을 실감으로 확인하고 그 앞에서 겸허해지는 것이다. 이에 반해 자기 능력에 대해 과도한 허영과 자부심을 갖는 것이 아마추어의 위험이다. 그것은 프로페셔널에 대한 결례요 분수를 모르는 일이다. 또 작품 외적 요소 때문에 덤으로 얻은 고려나 평가를 작품 가치와 혼동하는 것도 '주제 파악'을 못 하는 것이다. '주제 파악'을 못 하는 아마추어는 십중팔구 감식안에 문제가 있다.

아마추어의 양면성은 국가 경영의 영역에서도 드러난다. 권력 획득의 능력과 정치공동체를 운영하고 바로잡는 능력은 별개의 것이다. 우리는 그것을 문민정부나 국민의 정부에서 되풀이 실감하고 확인하였다. 출범 당시의 여론조사를 보면 두 정권 모두 국민의 압도적인 지지와 기대 속에서 출발하지만 끝자락의 인기 하락 또한 압도적이었다. 정치의 속성을 모르고 너무나 많은 기대를 거는 국민들에게도 책임은 있을 것이다. 그러나 국가 경영의 어려움에 대한 몰이해에서 오는 아마추어의 턱없는 독선과 자만이 실패의 원인이 되었다고 생각된다. 준비되어 있음을 자임한 국정 최고책임자가 준비하고 학습한 것은 국가 경영과 국민 갈등의 해소가 아니라 개인적 야심의 충족뿐이었다는 배신감마저 안겨주었다.

현정부 들어서 의욕적인 새 얼굴들이 다수 국정 정면에 등장하여 패기를 보여주고 있다. 이따금 표출되는 실수는 아마추어의 학습과정의 산물이라고 보아야 할 것이다. 어제는 오늘의 스승이다. 하루빨리 학습과정을 마치고 숙련된 국정 운영의 모습을 보여주기 바란다. 우리에겐 쓰고 지우고 시험하고 교정할 시간적 여유가 없기 때문이다. (2003년)

권력자의 나팔

 미국의 승리 선언으로 일단락된 듯이 보이는 이번 이라크 전쟁이 끊임없는 화제가 되고 있다. 첨단무기의 위력, 다수 민간인의 살상, 함락 후의 약탈행위 등에 이어 으레 화제가 되는 인물이 후세인의 공보장관 알 사하프이다. 바그다드가 미군의 무덤이자 지옥이 될 것이라고 호언장담하던 그의 배짱과 독설은 큰 인기를 얻었던 것 같다. 약자를 편드는 심정에서 나온 면도 있고 직무 충실에 감탄하는 면도 있었을 것이다.
 미영군의 전황 발표가 심리전의 일환으로 과장된 것이라는 추측 보도가 있었다. 군복 차림에 베레모를 쓴 알 사하프의 반박 성명이 이러한 추측에 설득력을 부여한 것이 사실이다. 바그다드나 티크리트의 맥없는 함락이 얼마쯤 의외란 느낌을 준 것도 알 사하프의 고군분투와 무관하지는 않을 것이다. TV와 선전의 힘은 이렇게 막강하다.
 이제 그의 언행은 몰락에 직면한 체제측의 상투적인 큰소리였음이 드러났다. 명백한 사실 왜곡이요 거짓으로 일관한 일장춘몽의 희극이었다. 그의 입장에선 당연했다 하더라도 그것이 같은 사실을 변경시키지는 않는다. 세계의 권력자나 독재자들은 그의 광대짓에 갈채를 보내며 그와 같은 측근을 가지고 싶어했을 것이다. 그를 본으로 삼으라는 지시를 내렸음직도 하다.

 20세기의 가장 큰 역사적 사건은 소련의 등장과 그 해체일 것이다. 사회주의 소련과 동구권의 몰락을 그 시점에서 예측한 사람은 아무도 없었다. 에릭 홉스봄도 이에 대해 역사가로서의 자괴감을 토로하고 있다. 미국의 소련문제 전문가라는 사람도 소련 붕괴 며칠 전에 TV에 나와 고르바초프의 실각 가능성을 부정하였다. 붕괴 이후에 드러난 구소련과 동구권의 사회적 경제적 실체는 상상 이상으로 열악한 것이었다. 동구권의 우등생이라던 동독의 경우도 예외는 아니었다. 그럼에도 불구하고 그 몰락을 예견하지 못하게 한 요인은 무엇인가? 동독의 경우 정식요원 십만 명, 비공식 정보 제공자가 삼십만에 달했다는 비밀경찰이 공고한 체제의 외양을 마련했을 것이다. 그러나 그에 못지않게 체제의 공고성을 과신하게 한 것은 사회주의 정권이 공유했던 고도의 선전술이었다고 생각한다.

 에릭 홉스봄은 「공산당 선언」이 정치적 수사로서는 거의 성서(聖書)와 같은 힘을 가지고 있다며 그 저항할 길 없는 박력을 지적하고 있다. 급진적 전통의 문서들이 대체로 비현실적이지만 자극적 수사학을 공유하고 있으며 현실정치에서 그것은 과대포장한 선전술로 나타났다. 아는 것만큼 보인다는 것은 사실이나 그 못지않게 사람들은 보고 싶은 것만 보려는 성향이 있다. 주어진 현실에 대한 불만은 현란한 수사학이 그려 보이는 미래상에 곧잘 현혹되게 한다. 또 소속 체제에 대한 불만은 다른 체제의 과대선전에 쉽게 현혹되게 한다. 그 극적인 사례가 중국의 문화대혁명이다.

　1981년에 중국 공산당은 문화대혁명이 "건국 이래 최대의 좌절과 손실이며 내란"이라고 자기 비판을 하고 있다. 그러나 1970년대엔 "인류 역사상 최초의 자연발생적인 혁명"이라며 극구 찬양하는 언설이 서구의 지식인들 사이에서 유행하였다. 거짓 홍보에 넘어가 민망한 행태를 보인 과똑똑이의 명단에는 세계 유수의 경제학자나 철학자의 이름도 다수 보인다. 한마디로 말해서 '중국판 알 사하프'의 선전과 홍보에 무비판적으로 세뇌된 것이다. 한편 현장경험을 통해 중국의 실상을 알린 저서는 거의 묵살되다시피 하였다.

　지금 세계 도처의 정치 후진국에서는 저마다의 알 사하프가 현실과 유리된 자기 선전과 거짓 홍보에 열을 올리고 있다. 전 국민을 알 사하프로 만들어 똑같은 소리를 복창하게 하고 있는 사회도 많다. 후세인에게는 알 사하프가 충직한 수족이었을 것이다. 그러나 그는 허위사실을 유포하여 자국민과 세계를 현혹시킨 어릿광대일 뿐이다. TV 앞의 광대놀음이 바보상자 중독자를 현혹하여 일시적 효과를 거둘 수는 있을 것이다. 그러나 진실과 동떨어진 광대놀음은 조만간에 실체가 드러나게 마련이다.

　우리는 거짓과 강변으로 국민을 현혹시켜온 크고 작은 알 사하프에 식상해 있다. 역사의 쓰레기통이 그들을 기다리고 있다.(2003년)

성공한 대통령을 보고 싶다
— 취임 삼 개월에 부쳐

불타는 바그다드와 쓰러지는 후세인 기념상을 화면에서 보며 연상한 것은 엉뚱하게도 불타는 경복궁이었다. 임진란 당시 왜군의 서울 입성이 임박하자 선조는 허둥지둥 몽진길에 오른다. 왕이 궁성을 떠나자 난민들이 장예원(掌隸院)을 비롯해서 경복궁, 창덕궁, 창경궁에 불을 질렀다고 역사는 기록하고 있다. 선조가 개성에 이르자 사민들은 큰 소리로 항의하고 투석하는 자도 있었다. 평양을 떠나려 할 때도 민란 비슷한 소동이 벌어진다.

1948년 정부 수립 이후 역대 최고권력자가 맞이한 말년도 크게 다르지 않다. 초대 이승만 대통령은 망명길에 올랐고 그의 동상도 무참히 쓰러졌다. 쿠데타 소식에 안경 쓸 경황도 없이 수녀원으로 도망쳐 숨어 있던 장면 총리는 며칠 후 사직한다는 기자회견을 했다. 늘 쓰던 안경을 벗은 채였다. 십팔 년 후에 박정희 대통령은 최측근 인사의 거사로 풍운의 일생을 마친다. 유혈 진압의 원죄를 자초한 전두환, 노태우 대통령의 자업자득은 수감생활로 이어졌다. 문민정부의 김영삼 대통령은 서너 차례의 대국민 사과와 IMF 사태라는 수모를 겪었다. 최근에 퇴임한 김대중 대통령은 가족 및 핵심 실세들의 비리에 더하여 현재 조사중인 의혹으로 신뢰성에 치명타를 입었다.

한결같이 불행한 최고권력자로 끝난 이들에게 긍정적인 측면이 없지는 않다. 월드컵 때 열창했던 "대한민국"은 너무 고령에 국가 경영을 떠맡는 불운을 안고 있던 이승만 대통령이 아니었다면 존재하지 못했을지도 모른다. 장면 총리는 비겁했지만 민주정치에 대한 지향을 보여주었다. 박 대통령은 좌파 역사가 에릭 홉스봄으로 하여금 "역사상 어느 사례 못지않은 산업적 성공 사례인 남한"이라고 역사책에 적게 하였고, 평균수명 연장과 산림 녹화에 크게 기여하였다. 문민정부의 김 대통령은 권위주의적 행태에서 탈피하려는 노력을 보여 신상 변화 없이 퇴임한 사실상의 첫 집권자가 되었다. 김대중 대통령에 대한 평가는 극과 극으로 엇갈리고 있으나 최종적인 평가는 앞으로의 남북관계가 내려줄 것이다.

한 외국의 옵저버는 제1인자였던 인물이 계속적으로 모욕을 당하는 나라는 세계에 달리 없을 것이라고 적고 있다. 불행한 국가 경영자만 배출한 국민들도 불행하기는 매한가지다. 민주정치의 경험도 반세기를 넘고 정당성에 의문부호가 빠진 정부가 들어선 지도 십 년이 넘었다. 이제 우리는 성공한 대통령을 가질 만한 시기가 되었다. 아니 퇴임 후 최소한의 시민적 경의에 값하는 국가지도자를 가져야 한다. 그렇지 않으면 왕궁 방화로 상징되는 불행의 역사를 되풀이하는 셈이 된다. 그러기 위해서는 국민 편에서도 새 정부에 대한 과도하고 성급한 기대를 자제하는 성숙한 자세를 보여주어야 할 것이다. 느림의 철학은 일상생활뿐 아니라 희망사항과 기대감에도 필요하다.

가장 중요한 것이 노 대통령과 참모들의 행보임은 말할 것도 없다. 반면교사로 수고해준 전임자들이 수두룩하기 때문에 선택지는 극히 명료하다고 생각한다. 취임 삼 개월이 되는 지금 노대통령은 많은 것을 체득했을 것이다. "동북아시아의 중심"이란 정치적 수사(修辭)가 촉발한 인접국가의 반응과 압력은 언어의 위력과 함께 신중한 언어구사의 필요성을 절감케 했을 것이다. 고인이 된 장관 경력의 대학인이 "들어가보니 바깥에서 생각한 것과 많이 다르더라"고 실토하는 것을 들은 적이 있다. 국가 경영의 어려움에 대한 체험이 과기대를 촉발하는 언사의 자제로 이어지기를 기대한다. 대통령은 지역, 세대, 취미 동아리의 대표가 아니다. 반대자와 비판자들을 얼마만큼 비판적 지지자로 만들 수 있느냐에 성패가 달려 있다. 그런 의미에서 잡초와 화초의 이분법은 무의식 차원에서라도 지워주기 바란다. 민주화 노력이나 재야투쟁 이력도 앞세우지 않기를 바란다. 고맙고 미안하다는 생각으로 가득 차 있다가도 무용담을 늘어놓는 상이용사에게 곧 식상해버리는 것이 보통이다. 지탄받는 친일파의 대부분은 크고 작은 독립운동의 이력을 가지고 있다. 말바꾸기나 갈지자 행보도 없어야 할 것이다. 도덕성을 내세운 정권일수록 도덕성 훼손은 치명적이다.

  난생 처음으로 연하의 대통령을 갖게 된 노약자 세대는 꼭 성공한 대통령의 모습을 보고 싶다. 노무현 대통령이 유일한 기회일지도 모르기 때문에 우리의 기대는 더욱 간절하다.(2003년)

바깥에서 보고 느낀 것들

소월 시의 러시아어 번역판 출간을 기념하는 한국문학제에 참가하게 되어 처음으로 러시아를 가보았다. 소설에서 자주 접했던 밋밋한 자작나무 수풀에서 웅장한 동궁(冬宮)에 이르기까지 많은 것이 듣던 대로였다. 그러나 화면을 통해 보았던 '붉은 광장'은 생각만큼 넓지 않았다. 도스토예프스키가 만년을 보냈다는 집은 생각보다 호화로운 편이어서 문화의 물질적 기초란 것을 다시 생각했다. 이렇듯 처음 가보는 곳은 예상과의 편차가 있게 마련이다.

그중에서도 러시아의 관문이라고 할 공항은 음산하고 초라하였다. 자동차는 대체로 난폭 운전이었고 호텔의 승강기는 고물인 탓인지 탑승자를 가끔 놀라게 했다. 공항에서나 매표구에서나 동작이 굼떠서 시간을 질질 끌었다. 현지 경험이 풍부한 전문가는 러시아에서는 매사에 이유를 묻지 않는 것이 좋다고 설명해주었다. 이른바 유럽 쪽 선진국에 비하여 삶의 질은 크게 떨어진다는 인상이었다.

어디 가나 보게 되는 고려인은 파란만장한 과거를 가지고 있다. 카프카스에서 소연방 붕괴 후에 모스크바로 왔다는 여성은 조부가 스탈린 시대에 총살을 당했다고 했다. 사할린에서 용케 유학을 와 대학 졸업 후 상트페테르부르크 시청에 근무했다는 노신사는 퇴직금으로 매달 이천이백 루불을 받는다 했다. 미화로 칠십 달러 정도인데 붕괴 전에는 팔백 달러 정도여서 살 만했다고 했다. 대학교원의 봉급이 대체로 사천 루불 안팎이라는 것이 그쪽 당사자의 실토이다. 백오십 달러 정도라는 얘기인데 경제적 곤궁은 짐작이 간다. 그런 맥락에서 가장 징후적인 것은 모스크바 행 항공기 안에서 본 젊은 러시아 여성들이다. 삼백 개 정도의 좌석이 만석이었는데 과반수가 러시아 여성이었다. 대부분 강남 유흥가에서 아르바이트하는 이들이라 해서 놀랐다. 광대한 국토에 풍부한 천연자원을 가지고 있고 십 년 전만 하더라도 세계 초강국의 하나였던 나라의 꽃 같은 젊은이들이 자원은 빈약하고 인구밀도만 높은 동강난 한반도로 벌이를 오다니! 러시아인의 입장에서는 참담하기 그지없는 일일 것이다. 호텔 바 앞에서는 젊은 여성들이 공격적으로 고객을 유인하고 있었다.

우리 쪽에서는 또 일본으로 많은 여성들이 돈 벌러 나가 있다 한다. 백오십 달러 받고 어떻게 사느냐고 동행한 젊은 후배는 궁금해하였다. 그러나 불과 한 세대 전만 하더라도 우리 쪽 대학교원의 봉급도 현재 러시아 수준밖에 되지 않았다. 사십 년 전에는 전 국토가 가도가도 붉은 산인 절망의 터전이었다. 요즘 타도와 경멸의 대상처럼 일부에서 호칭하는 구세대들이 이나마 이룩한 것이다. 전 국민들이 땀 흘려 일한 덕택이라는 말이 틀리지 않는다. 그러나 그것으로 설명이 끝나는 것은 아니다. 북한의 동포들은 놀기만을 일삼아 외부의 인도적 식량지원을 요청하는 처지가 된 것일까?

특히 국민의 정부 들어서부터 과거의 전면적 부정이 하나의 풍조가 되어가고 있다. 부정하고 극복해야 할 구석이 없는 과거는 없다. 그러나 문민 및 국민의 정부의 실패가 곤혹스러운 과거마저 정당화해주려 하고 있다는 사실만은 직시해야 할 것이다. 노무현 정부의 정치적 태반(胎盤)인 김대중 정부가 역대 정권에 비해 각별히 부패한 정권이라고 말하기는 어려울 것이다. 그러나 남달리 도덕성을 내세운 정권이었기 때문에 가족과 친인척 그리고 정권 실세들의 비리는 국민적 분노를 자아내었다. 김대중 정부는 언필칭 외환위기 극복과 남북긴장 완화를 치적으로 내세웠다. 과연 그럴까? 국제통화기금 관리체제하에서 누가 정권을 맡았다 하더라도 시키는 대로 했을 터이고 결과는 비슷했을 것이다. 남북관계에 대한 평가는 시기상조이긴 하다. 그러나 북핵위기가 1991년의 「한반도 비핵화에 관한 남북 공동선언」의 위배와 관련된 이상 현시점에서 치적으로 인정하기는 어렵다.

앞 정권을 반면교사로 할 때 참여정부가 가야 할 길은 자명하다. 과거의 전면적 부정이나 그와 연관된 독선을 버리는 것이다. 그리고 겸허한 태도로 비판적 지지자를 모으는 일이다. 남북교류가 이루어진 것도 우리 쪽의 압도적인 경제적 우위 때문이다. 요란한 구호보다 실질적인 경제 살리기와 삶의 질 향상이 급선무다. 초강국의 몰락과 한 많은 고려인을 보면서 근접과거의 전면적 부정이 얼마나 비(非)역사적인 태도인가 하는 것을 통감하였다. 흥하는 데는 시간이 걸리지만 망하는 것은 순식간의 일이다. (2003년)

보고 싶은 텔레비전 프로

　기호와 취향이 차별화하는 것이라는 것은 쉽게 인지된다. 오늘날 텔레비전은 폄훼와 중독이라는 극단적으로 상반되는 반응을 낳고 있는게 사실이다. 뉴스밖에 보지 않는다는 발언은 자기 현시적인 발언인 경우도 있지만 사실의 진술일 수도 있다. 한편 텔레비전 시청에 재미를 붙인 노인들이 이렇게 좋은 세상을 버리고 가기가 정말 서럽다고 실토하는 경우는 흔히 목격되기도 한다. 텔레비전에 대한 반응은 이렇게 극단과 극단 사이를 시계추처럼 왕복운동한다. 따라서 텔레비전에 대한 요망은 취향에 따라 다르게 나올 수밖에 없다.
　"극장에서는 시각과 청각이 즐겁기 때문에 사고는 그만큼 저지된다"고 만능의 르네상스 인간인 괴테가 적은 것은 18세기의 일이다. 괴테가 지적하고 우려했던 국면이 거의 완벽하게 실현된 것이 오늘의 텔레비전이다. 텔레비전에 대한 우려와 경원이 괴테의 관찰과 궤를 같이 하고 있음은 쉽사리 인지된다. 그렇지만 텔레비전이 갖고 있는 폭넓은 가능성을 제쳐놓고 있는 것 또한 사실이다. 텔레비전에 대한 비판은 대체로 이 폭넓은 가능성이 충분히 활용되고 있지 못하다는 아쉬움의 우회적 표현인 경우가 많다. 원론적인 얘기를 하는 것은 새삼스러운 일이니 소박한 바람이나 얘기하기로 하자.

20세기가 시작된 1900년에 세계 인구의 구십 퍼센트는 농토에 매여 있었다. 농업 종사자가 전체 인구의 절반에 미치지 못하는 나라는 전 세계에서 영국 하나뿐이었다고 한다. 그런데 20세기가 저무는 오늘날 일부 특수지역을 제외하고는 그것이 범세계적인 현상이 되어버리고 말았다. 도시인구가 농촌인구를 압도하는 산업사회에서 많은 사람들이 자연과 격리된 생활을 하고 있다. 편의를 누리는 대신 자연과의 직접적인 접촉이 주었던 독특한 즐거움과 편안함은 이제 누릴 수 없게 되었다.

따라서 도시에서 자라난 세대들은 쉬 눈에 띄는 나무나 풀 이름도 모르는 경우가 많다. 가령 제비꽃이나 민들레를 눈앞에 두고 알아맞힐 수 있는 중학생들은 소수파에 속할 것이다. 까치와 까마귀를 구별하지 못하는 대학생이 있다면 곧이 들리지 않겠지만 실제로 그런 학생들을 보고 놀란 적이 있다. 그래서 나무나 풀이나 새에 대해서 잠깐씩 소개하여 동식물에 대한 인지능력을 길러주는 프로그램이 있었으면 하고 평소에 막연히 생각하고 있다. 물론 한국의 야생화 등을 소개하는 경우가 있는 것은 사실이다. 그렇지만 지속적인 것이 아니고 간헐적인 것이기 때문에 시청의 행운이 잘 따라붙지 못한다. 그러니까 짤막한 고정 프로로 일정한 시간에 매일 방영하여 단골 시청층을 형성하는 것도 좋지 않을까 생각한다. 이를 통해 자연에 대한 사랑을 기를 수도 있고 환경에 대한 관심도 불러일으킬 수 있지 않나 생각된다. 의외로 많은 시청자를 확보할 수 있지 않을까 생각되기도 한다. 텔레비전은 당당한 미디어 교육의 총아가 되었으니 말이다.

책이 흔하지 못했던 우리들의 어린 시절엔 대개 지명이나 동식물 이름을 가령 문학작품을 통해서 알게 되었다. 핵문제로 널리 알려지게 된 영변을 알게 된 것은 "영변에 약산 진달래꽃"이 나오는 유명한 김소월 시편을 통해서였다. 그 무렵 서정주의 유명한 「귀촉도」란 시를 접하게 되었다. 미당 서정주의 두번째 시집의 표제작인 이 시편 끝머리에는 다음과 같은 예스러운 주석이 달려 있다.

    귀촉도는, 항용 우리들이 두견이라고도 하고 솟작새라고도 하고 접동새라고도 하고 자규(子規)라고도 하는 새가, 귀촉도…… 귀촉도…… 그런 발음으로서 우는 것이라고 지하에 돌아간 우리들의 조상의 때부터 들어온 데서 생긴 말씀이니라.

당연히 두견과 소쩍새는 같은 것이라고 생각하였고 흔히 들을 수 있는 소쩍새 울음소리를 들을 때마다 이름 부자 새라는 생각을 하고는 하였다. 근자에 이상옥 교수의 『두견이와 소쩍새』란 산문집을 읽다가 두견이와 소쩍새가 다른 새임을 알게 되었다. 책 표제가 된 글로 미루어보아 분명 두견이 소리를 들은 일은 있을 터이고 다만 두견새임을 인지 못 했을 것이라는 생각이 들어 거론된 비디오를 구하려고 수소문해보았다. 그러나 한국의 새소리를 녹음하고 해설했다는 비디오는 여기저기 대형서점 등을 다녀보았으나 구하지 못하고 말았다. 이 교수에게 직접 알아보아도 지금 수중에 없다는 대답이었다. 벌써 오래 전 얘기인데 여태껏 구하지 못하고 말았다. 그래서 일정 시간에 새 모양을 보여주고 새소리도 들려주는 프로가 있다면 좋겠다는 생각을 다시 하게 된것이다.

근자에 〈양수리의 봄〉과 〈동강〉 등의 다큐멘터리를 흥미진진하게 시청한 경험이 있다. 자연의 경이와 신비를 새삼스레 실감하였고 그 서정적 장면에서 텔레비전의 막강한 잠재 가능성을 다시 확인할 수 있었다. 이런 '작품'들이 시청자의 외면을 당할 리는 없다. 문제는 창의성과 문제의식이 아닌가 생각된다. 미디어 교육의 총아로서 텔레비전이 가지고 있는 잠재역량은 충분히 활용되지 못하고 있다는 것도 재확인하였다. 오락 프로나 연속극이 과도한 비중을 차지하고 있다든가 하는 판에 박힌 소리를 하고 싶지는 않다. 시청자의 기호나 취향이 획일적일 수 없다는 사실을 누가 부정할 수 있을 것인가. 그러나 기호나 취향이라는 것은 충분히 계도되고 변화될 수 있는 것이다. 그런 의미에서 유익하고 짤막한 고정 프로를 통해서 미디어 교육의 가능성을 끊임없이 실험해주기를 기대해보는 것이다.(2000년)

심리적 공황의 한 해를 보내며

　금융위기의 심리적 공황 속에서 맞이했던 한해가 저물어가고 있다. 6·25 이후 최대의 위기라는 표현을 접하면서 우리 세대는 1950년대의 악몽을 떠올릴 수밖에 없었다. 파국 일보 전에 그나마 이 정도로 가닥이 잡혀가는 것 같으니 불행 중 다행이라 아니 할 수 없다.
　백오십만 명이 넘는 실업자, 전례없는 다수의 노숙자, 본의 아닌 퇴직자, 막대한 재산상의 피해자가 넘치는 세상을 두고 가닥이 잡혀간다는 말을 한다는 것이 송구스럽지 않은 것은 아니다. 그러나 더 고약한 사태가 얼마든지 있을 수 있다는 것을 생각할 때 솔솔 낙관적인 전망도 나오고 있으니 불행 중 다행이라는 심정이 되는 것이다.
　1997년 초 이제는 모르는 사람이 없게 된 신용도 평가기관 무디스는 한국에 대해서 '트리플 A'라는 최고 수준의 평가를 내렸다. 그러나 불과 칠 개월 후에 한국은 최하의 평가를 받는 처지가 되었다. 문외한으로는 이해하기 어려운 사안이다. 아니 전문가나 실무자도 별수 없기 때문에 단기자본의 유동 앞에서 속수무책이었다고 할 수밖에 없다. 사태가 발생하고 난 후에 그럴 줄 알았다는 식으로 얘기하는 것은 우리의 심사만 뒤틀리게 할 뿐이다. 그렇게 잘 알고 앞일을 훤히 예측하고 있었다면 왜 그 흔한 데모 한번 안 했는지 의아해진다.

지난 세월을 돌아보며 갖게 되는 감개는 그 누구도 앞날을 예측할 수 없다는 것이다. "나는 역사의 오페라 대사를 믿지 않는다"고 갈파한 알렉산드로 게르첸의 말에 공감하게 된다. 역사의 불가측성(不可測性)을 인지한다는 것은 미래에 대해 절망하거나 일체의 미래 구상이 부질없다고 생각하는 것이 아니다. 그것은 역사 앞에서 겸손하고 냉철하자는 것을 뜻한다.

우리 정부가 수립된 1948년은 국제 프롤레타리아트 운동의 지침서인 「공산당 선언」 발표 100주년이 되는 해였다. 따라서 1998년은 '선언' 발표 150주년이어서 유럽 쪽에선 이 문서에 대한 다시 읽기가 활발하다. 에릭 홉스봄 같은 역사가는 그 수사적 호소력을 상찬하면서 많은 오류에도 불구하고 지구적 규모로 팽창한 자본주의 즉 '글로벌리제이션'의 무자비한 과정을 예측하고 있다는 점에서 '선언'의 중요성은 여전히 막중다고 주장한다.

그러나 홉스봄 같은 이는 소수파이고 대체로 호된 비판이 많다. 자본주의의 전 지구화를 예측한 것은 사실이나 그것을 환영하는 입장이었다고 비판한다. 아울러 계급간의 타협, 부르주아 이데올로기와 민족국가의 이해에 있어 두루 오류를 범했다는 비판이 만만치 않다. 여기서 우리의 흥미를 끄는 것은 특히 문서 작성자들의 자유주의 이해의 편향성에 관한 비판이다. '선언'은 소유자와 노동자 사이의 사회계약의 대두와 지구력을 예견하지 못했으며 부르주아의 이념을 계급적 이해관계를 은폐하는 가면이라고만 생각하였다는 것이다. 따라서 개인의 책임 강조, 공정, 약속 이행, 실력주의 지향과 같은 부르주아의 기본 원칙을 이해하지 못하였다. 이러한 원칙은 '도덕성이 결여된 기업의 자유로' 환원될 수 없다는 것이다. 계급간의 타협을 정당화하고 불만을 조율하고 온건한 개혁을 지향하는 자기 비판적 프로그램을 가진 사회를 가능케 하는 자유주의 이데올로기의 국면이 문서에선 전혀 도외시되었다는 것이다.

자본주의의 막강한 존속력의 밑바닥에는 개인의 책임 강조, 공정, 약속 이행, 실력주의 지향과 같은 부르주아의 덕목이 깔려 있는 것이라는 것을 재확인하게 한다. 우리 사회에 가장 결여되어 있는 것이 이러한 덕목이라고 생각할 때 경제 위기의 한 근원을 대한다는 느낌이 든다. 복합적인 사회 경제적 현상을 몇몇 경제 외적 요소로 설명한다는 것은 당치 않은 일이다. 그렇지만 IMF사태 이후 격증하고 있는 각종 사기행위, 친자식이나 자신의 신체 훼손에 이르는 기상천외한 가혹행위 등을 대하면서 기본적 인간 덕목의 황폐화에 전율을 금할 수 없다.

우리 사이에서 절실히 요망되는 것은 몇몇 속죄양을 놓고 분풀이를 하는 것이 아니라 시민적 차원의 인간회복 운동이 아닌가 한다. 1950년대에는 우리의 정치적 민주주의를 두고 쓰레기통에서 장미를 기대할 수 없다는 소리가 끊이지 않았다. 이번엔 마르크스가 간과했던 시민계급 덕목의 내면화 없이는 선진국 대열에 들어설 수 없다는 것을 우리 스스로 의식화하고 대처해야 하리라는 생각이 든다.(1998년)

'새천년' 맞이를 보면서

태평양전쟁이 일어나기 한 해 전인 1940년은 소위 일본 '기원'으로는 2600년이 되는 해였다. 그래서 기원 2600년 식전이라는 것이 대대적으로 전개되었다. 식민지 조선에서라고 해서 예외는 아니었다. 국민학교 취학 직전에 있었던 이 잔치 소동을 지금도 기억하는 것은 취학해서 학교에서 배운 〈기원은 2600년〉이라는 노래 때문이기도 하다. 학교 확성기에서 하도 되풀이 들었기 대문에 지금도 가사나 곡조가 기억될 정도이다. 전시체제 강화의 일환으로 국민을 결집시킨다며 벌인 전쟁 전야의 공허한 축제소동이었다. 새 밀레니엄이라며 온통 사회 전체를 들뜨게 하는 연말 연시에 상기한 것은 이 까마득한 옛적의 '2600년' 소동이었다.

따분하고 반복적인 일상생활의 리듬을 깨뜨려 해방감을 맛보고 기분전환을 통한 생활의욕 제고를 도모하기 위해 인류는 갖가지 잔치나 축제를 마련해서 활용해왔다. 새천년이 시작되는 해를 맞아 그러한 축제의 계기를 마련한다는 것은 자연스러운 일이다. 그러나 모든 것은 맥락과 정도의 문제이다. 기독 탄생과의 연관 속에서 책정된 연호에서 마침 새천년이 시작되는 것에 의미를 부여하고 저쪽 사람들이 대대적으로 축제화하는 것은 당연하다. 그러나 우리가 덩달아 필요 이상으로 호들갑을 떠는 것은 격에 맞지도 않고 어울리는 일도 아니라는 생각이 든다.

그렇다고 해서 일부 인사들이 그렇듯이 서력 기원 사용에 대해서 이의를 가지고 있기 때문인 것은 아니다. 서력 기원의 공식 채용은 5·16 이후 있었던 일련의 조처 가운데서 드물게 긍정적인 것이었다고 생각하고 있다. 가령 동갑내기 마르크스와 투르게네프가 죽은 것은 1883년의 일이고 갑신정변이 일어난 것은 1884년의 일이다. 우리가 구태의연하게 단기를 사용한다면 동떨진 이들 사건이 거의 동시에 일어났다는 것을 상상하기가 어렵고 정신경제상 막심한 불편과 비능률을 강요당하고 있을 것이다. 척관법(尺貫法)을 버리고 미터제를 도입한 것이 우리 자신의 편의를 위해서인 것처럼 서기 채용도 우리 자신의 편의를 위한 것이기 때문에 백 번 잘 한 것이다. 그러나 외환위기의 곡절로 많은 사람들이 고통을 겪고 있는 처지에 막대한 금액을 들여 축제놀음에 온 사회를 들뜨게 하는 것이 과연 온당한 일인지 의심스럽다.

이른바 낡은 천년을 보내고 새천년을 맞으며 과거를 점검하고 미래 전망을 시도하는 것도 자연스러운 일이다. 그러한 시도가 우리 사회에서 없었던 것은 아니다. 그러나 어느 것 하나 진지하고 유효하게 이루어진 것은 없었다. 피상적인 얘기감이나 떠들었을 뿐이다. 가령 지난 천년 기간 중의 가장 영향력 있거나 획기적인 사상가로 마르크스나 아인슈타인이 거명되었다는 등의 외국 소식이 소개된 바 있다. 그렇지만

「공산당 선언」 발표 150주년이 되는 1998년 전후에 우리 사이에서 이 문서에 대한 진지한 재검토 하나 이루어진 바 없었다. 「공산당 선언」은 과연 일부 진보주의자들이 지적하듯이 지구적 규모로 팽창한 자본주의의 가차없이 냉혹한 과정을 예측한 중요성을 아직도 가지고 있는가? 혹은 부르주아 이데올로기와 국민국가의 이해에서 두루 오류를 범하고 있는 것인가? 이데올로기 대립에서 가장 큰 폐해를 입었고 고난을 극복하지 못한 우리의 처지에서 외면할 수 없는 일들을 철저한 재검토 없이 지나가고 말았다. 사회주의체제의 몰락이 20세기의 가장 큰 뉴스의 하나라고 대서특필하면서 말이다.

과거에 대한 의미 있는 반성이 결여된 반면 여러 유형의 미래 전망은 활발히 이루어진 감이 있다. 뻔히 아는 과거보다 미지의 미래에 대한 관심은 클 수밖에 없고 그런 의미에서 이 또한 자연스러운 일이다. 그러나 무책임한 피상성이 대종을 이루고 있다 해도 틀림이 없다. 이 세상에서 가장 어려운 것이 미래 예측이고 그러기에 에릭 홉스봄 같은 역사가도 사회주의의 붕괴를 예측하지 못한 자신에 대한 자괴감을 표명한 바 있다. 먼 데까지 갈 것 없이 1997년의 외환위기를 적시에 예측한 사람은 아무도 없었다. 그럼에도 불구하고 별 근거 없이 선지자를 자임하는 태도는 일종의 혹세무민이라 하지 않을 수 없다.

보도에 의하면 '평생 사후 봉사'를 광고한 컴퓨터 회사에 대해서 과대광고라고 경고조처를 내렸다고 한다. 임기 오 년의 정권이 '새천년 준비' 운운하고 나서는 것도 일종의 과대광고이고 뜸직하지 못한 언어남용이다. 우리는 아직도 외환위기의 여파에서 완전히 벗어나지 못했고 언제 또 어떤 위기를 맞을는지 알 수 없는 처지에 있다. 사회의 각 분야에서 차분하고 충실하게 일하는 자세가 그 어느 때보다 필요한 때이다. 만약 새 세기 벽두에 긴박한 것이 있다면 공연히 소리만 요란한 거짓 예언이나 거리의 만병통치 약장수 같은 갖가지 구시대적 행태가 모든 분야에서 퇴출되어야 한다는 점일 것이다. 선거철이란 정치의 계절을 앞두고 우리 사회에서 특히 강조되어야 할 사안이라 하지 않을 수 없다.(2000년)

무엇이 중요한가

8·15 직후에서 6·25까지의 사이에 온 국민을 열광시켰던 뉴스의 하나는 보스톤 마라톤 대회에서의 우승이었다. 혼란스럽고 궁핍했던 당시에 서윤복 최윤칠 선수 등의 우승은 국민적 열광을 자아내었다. 톱뉴스가 되고 가는 곳마다 화제였다. 사회적 관심이 분산되어 있는 요즘의 박찬호 선동렬 선수가 누리고 있는 관심의 열기는 그와 비교가 안 된다. 사반세기가 지난 후 보스톤을 방문하여 막상 현지인들이 대회의 존재조차 알지 못하는 것을 보고 실소를 금치 못하였다.

우리 사이에는 과도한 열기가 많다. 노벨상에 대한 관심도 그중의 하나일 것이다. 그러나 노벨상은 문제가 많은 상이다. 그것을 증거하는 사례는 많다. 최근에 그 정치적 성격을 통감한 것은 일본의 오에(大江)가 수상했을 때이다. 이웃 사촌이 수상해서 배가 아팠던 것은 아니다. 여섯 살 위인 밀란 쿤데라가 그에게 밀려 낙방했기 때문이다. 누가 뭐라 하더라도 마르케스와 쿤데라는 20세기 후반의 최고의 작가이다. 그들과 비교한다면 오에는 왜소한 작가이다. 양식 있는 지식인임에는 틀림없으나 개성이 약한 파생적(派生的) 작가로 보인다. 초기 단편은 빛나지만 장편은 억지스럽고 시류 편승적이며 큰 문학 고유의 직접성이 없다. 쿤데라는 동서 어느 체제에서나 이마골로지(imagology)가 인간을 지배하고 있다며 우리 시대의 병리를 고발하고 있다. 쿤데라가 밀리고 오에가 수상한 것도 바로 그러한 우리 시대의 병폐 때문이라 생각된다.

쿤데라는 우리가 살고 있는 시대를 이데올로기를 누르고 이마골로지가 승리한 시대라고 파악한다. 복잡한 이념이나 사상이 규격화된 구호와 이미지로 단순화된 것이 이마골로지이다. 가령 마르크스주의는 망치를 들고 미소짓는 노동자, 인종을 초월해서 정답게 손을 잡고 있는 흑인과 백인과 황색인, 하늘로 날아오르는 비둘기떼와 같은 이미지와 구호의 범벅으로 단순화되어 홍보되고 수용된다. 마르크스주의를 구현했다고 자처하는 사회의 실상이 이러한 이마골로지와 얼마나 동떨어져 있는가 하는 것은 가령 쿤데라의 『농담』 속에 숨막히는 직접성으로 묘사되어 있다. 그러나 쿤데라는 망명자 특유의 편향된 정치관으로 사사로운 울분을 토로하는 작가가 아니다. 동유럽 사회의 허위 못지않게 서방세계를 신랄하게 고발한다. 특히 정치인과 지식인의 광대 놀음을 조명한다.

최근작인 『느림』의 독자들은 한 정치인과 지식인이 파리의 유명 레스토랑에서 한 떼의 에이즈 환자와 점심을 먹는 장면을 기억할 것이다. 정치인은 디저트 시간에 카메라맨들을 초대해두었다. 카메라맨들이 들어서자마자 정치인은 한 에이즈 환자에게 다가가서 초콜릿 거품이 가득한 그의 입에 입맞춤을 한다. '불멸의 입맞춤' 기회를 놓친 지식인은 실점을 회복하기 위해 기아에 허덕이는 아프리카 촌락을 찾아가 인류애를 발휘하는 모습을 보여주어 자신을 홍보한다.

　이렇게 카메라를 의식한 광대놀음이 온통 정치인과 지식인 세계에 충만해 있음을 보여주면서 쿤데라는 이마골로지 시대를 고발한다. 광대놀음과 그 치열한 경쟁은 인간의 기본적인 선의마저 의심케 할 정도이다. 이것은 아마도 보편적인 현상일 테지만 중요한 것은 그 규모와 정도이다. 우리 사회는 어떠한가. 이러한 광대놀음에 현혹되지 않고 그림과 실체를 구별하는 안목과 양식의 발휘야말로 우리에게 절실히 요구되는 시민적 자질일 것이다.(1997년)

함부르크를 다녀와서

독일 함부르크 주정부에서 몇 해째 '아시아와의 대화'란 기획을 성사시켜 아시아 각국의 문학예술을 현지에서 소개하는 행사를 벌여왔다. 지난 9월이 한국 문화의 달이 되어 한국 문학 낭독회가 열리는 바람에 몇몇 문학 동료와 함께 독일을 방문하는 기회를 가졌다. 독일은 무엇도다도 괴테에서 헤르만 헤세에 이르는 문학을 통해서 또 바흐에서 슈베르트에 이르는 음악을 통해서 토마스 만의 이른바 내면성과 음악성의 고향으로 우리에게 떠오르고는 하였다. 난생 처음으로 방문한 나라에서 한 이레 남짓 체재하고 나서 의미 있는 발언을 한다는 것은 불가능한 일이다. 그러나 지나가는 나그네에게 돋보이는 나라의 특징 같은 것은 있게 마련이고 그것은 생소하기 때문에 더욱 돋보일 수도 있을 것이다.

독일에서 무엇보다도 부럽게 생각된 것은 평지의 울창한 수풀이었다. 산에나 가야 비로소 숲을 볼 수 있고 또 도처에서 녹지공간이 사라져가는 우리와는 판이해서 진정으로 부러웠다. 방음벽이나 도시 건물벽의 엇비슷한 낙서는 분명 옥의 티였으나 공원같이 정연하고 깨끗한 지방도시나 고속도로변의 정경에는 저절로 감탄이 나왔다. 그리고 무엇보다도 잘 보존된 옛 건물의 아름다움은 국토 전체를 그림엽서처럼 보이게 하였다.

가령 전설 속에 나오는 것 같은 옛 성이나 '옛 집'이 보이는 라인 강변의 바하라흐란 중세도시는 글자 그대로 시내 전체가 예술품이 된 소읍이라 해도 과언이 아니다. 옛성의 통로가 그대로 거리가 되어 있는 현장에서 모든 것이 잘 보존되고 유지되어 있는 것의 아름다움을 새삼 절감하였다. 라인 강가에 서 있는 대여섯 그루의 미루나무도 드높고 훤칠하여 내가 본 미루나무 중 가장 아름다운 것이었다고 느껴졌다. 하이델르베르크나 바하라흐는 원체 유명한 관광지이기 때문에 예외적인 곳일 수도 있을 것이다. 그렇지만 전체적으로 참 잘 보존하고 있으며 보존하려는 의지가 강렬하다는 인상을 받았다.

작가 토마스 만 형제의 출생지이기도 하고 발틱 해 연안에 위치한 중요 항구도시인데다 함부르크에서 가까웠기 때문에 우리는 뤼벡을 방문하였다. 서행열차로 사십오 분이 걸리는 아름다운 도시였다. 한창 때는 한자동맹의 여왕이라는 별명을 얻기도 하였으나 이제 인구 이십일만의 소도시인 뤼벡은 2차 대전중인 1947년에 독일 도시로서는 최초로 공습을 당한 도시였다. 이때의 공습으로 구시가의 이십 퍼센트는 파괴되었다 한다. 18세기의 바로크식 사층 건물인 토마스 만의 옛집 '부덴브르크 가의 집'도 공습으로 파괴되어 겨우 전면만 남아 있던 것을 보수한 것이었다. 교회의 첨탑들 중 많은 것이 전후에 복구한 것이라 한다. 13세기에서 14세기에 걸쳐 백오십 년 동안 건조되었다는 아름답고 웅장한 성 마리 교회에는 공습중에 떨어져 부서진 종이 그대로 보관되어 전쟁의 흉측한 모습을 보여주고 있었다. 공회당 앞의 시장도 옛 모습 그대로 남아서 상인들이 채소나 잡화를 팔고 있었다. 뤼벡의 관문이라 할 수 있는 홀스텐 성문에는 '안으로는 조화 밖으로는 평화' 란 라틴 말 글귀가 새겨져 있었는데 그 내부는 박물관으로 되어 있어 선사시대 이후부터의 생활상을 엿볼 수 있는 각종 생활기구라든가 무기 등이 전시되어 있었다.

그러고 보면 박물관이 많고 전시장이 많은 것도 특징이었다. 이것은 독일 특유의 현상의 하나지만 어쨌든 많다. 관광객이면 누구나 찾아가는 하이델베르크의 고성에서도 의약기구 전시전이 있었고 유명한 초현실주의 화가 달리의 조각, 삽화, 콜라주전이 열리고 있었다. 시인 하이네의 출생지인 뒤셀도르프에는 무려 열다섯 개가 넘는 규모 큰 박물관이나 미술관 등이 있다. 영화박물관에서부터 연극박물관, 네안데르탈 박물관에서 자연박물관에 이르기까지 규모도 크고 종류도 다양하다. 규모 큰 상업·산업도시임을 감안하더라도 대단한 숫자이다. 전시된 것들도 한결같이 볼 만한 것들이다. 그리고 주목할 만한 것은 전시장마다 관람객이 적지 않게 북적인다는 사실이다.

우리는 매사에 정부 당국자의 무성의나 무능을 나무라곤 한다. 문화정책면에서도 예산 지원에만 주의를 기울인다. 그러나 대체로 문화적인 관심이 희박하다. 독일에서 시인 작가의 작품낭독회에 청중이 입장료를 지불하고 들어간다는 것을 알면 놀라는 사람들이 많을 것이다. 문화적 관심이 많기 때문에 옛것이나 유물을 잘 보관하고 전시하면서 한편으로 문화적 관심을 환기시키는 것이다. 그것을 뒷받침하는 것이 경제적 여유이기는 하다. 그러나 패전 직후 먹을 것도 제대로 없었던 베를린에서도 매일 저녁 이백 군데서 연극이 상연되고 매일 여섯 개의 연주회가 있었고 오페라 하우스도 쉬는 법이 없었다 한다.

함부르크 주정부의 문화부장관 바이스 박사는 미술사와 비교문학으로 학위를 한 여성으로서 육 년째 재임하고 있었다. 여성 우대란 겉치레를 위해서 변두리 부서에 임명된 문외한이 아니었다. 여러 가지로 우리 처지와는 대조적이어서 착잡한 심경이 되지 않을 수 없었다.(1997년)

내가 보는 세기말
— 불확실성에 대한 반응

'세기말'이란 것은 환멸과 퇴폐가 특징이라고 생각된 19세기 말의 문학과 예술에 적용된 프랑스 말 어법이다. 세기말이란 개념에는 종교적 종말론의 그늘이 드리워져 있다. 서기 1000년이 예언된 종말의 해였던 시기가 있었다. 종말의 해는 그후 자꾸만 연기되었지만 종말 예언이 위기의식의 표현임은 물론이다. 20세기의 '세기말'을 거론하는 것은 19세기의 그것과의 유추 때문이기도 하지만 우리가 예측불허의 극히 불확실한 시대에 살고 있기 때문일 것이다. '지복 천년(millennium)'이란 말과의 연관 속에서 종말론적 불안을 심층적인 차원에서 촉발받는 사람들도 있을 것이다.

얼마 남지 않은 20세기는 굉장한 기술문명 발전의 세기였다. 군사기술을 토대로 하여 전자공업이나 화학산업 혹은 우주산업의 생산구조에 혁명적 변화가 일어나고 이른바 '제3의 물결'이 전 세계를 휩쓸고 있다. 그러나 20세기는 동시에 엄청난 '문제의 세기'였다. 에릭 홉스봄은 역사상 "가장 많은 인간을 살해한 세기"라 하고 브레진스키는

"메가데스(핵전쟁에서의 사자의 단위인 백만 명의 사자)의 세기"라 부르고 있다. 그의 계산으로는 전쟁과 전체주의의 인간박멸의 희생자는 일억칠천만 명에 이른다. 아이자이어 벌린도 "인간 역사상 가장 고약한 세기"라 정의하고 있다.

이에 따라 계몽주의가 설파했던 중단 없는 인간 진보란 이념은 뿌리째 동요된다. 단선적이고 목적론적인 진보의 서사로서의 역사관은 설득력을 잃는다. 그렇다고 사회주의의 체제 붕괴와 함께 인간 역사 발전의 최종 단계로서의 '역사의 종언'에 이르렀다는 생각에 쉽게 동의할 수도 없다. 지구 파괴의 가능성을 안고 있던 냉전이 끝났다고는 하나 현 세계가 당면한 난문제에 대해 뚜렷한 출구가 가시화되어 있는 것은 아니다.

사회주의체제가 붕괴한 터전에서 민족 분리주의가 새로운 폭발력으로 분출하고 있다. 이슬람을 위시하여 원리주의가 도처에서 기세등등하다. 금세기 초에 십육억이라던 세계인구가 이제 육십억에 이르고 있다. 인구 폭발은 두려움을 유발한다. 십이억 인구의 중국과 십억 인구의 인도가 근대화에 성공했을 경우를 상상하는 서구인들의 우려를 단지 황화론(黃禍論)의 새 변종이라고 치부할 수도 없다. 국경을 넘나드는 다국적 기업의 제패와 국민국가의 약체화는 어떻게 귀결될 것인가? 지속적인 성장은 가능한가? 선진 산업사회에서도 심각히 대두되고 있는 실업문제와 고용 없는 성장문제는? 이른바 복지사회에서조차 드러나는 새 모순과 그 전망은? 지역간의 점증하는 빈부격차는? 인도네시아와 아마존 유역의 산불이 상징적으로 심각하게 제기하고 있는 지구환경과 생태학적 위기는? 반드시 문화적 보수주의자들만의 탄성일 수 없는 세계적 규모의 정신의 공동화 현상은? 시장경제의 치열한 경쟁이 초래하는 삭막한 생활 저질감은? 가령 러시아에서 완전한 통제 밖으로 벗어난 듯이 전해지고 있는 소형 핵무기의 행방은?

우리에게 직접적으로 떠오르는 이러한 목전의 문제에 대해서 20세기는 이렇다 할 전망도 또 사회적 비전도 준비하지 못한 채 저물어가고 있다. 전문가들조차도 예측하지 못했다는 소련의 해체와 같은 역사적 격변을 경험한 세대에게 있어 앞날의 불확실성은 '세기말'이라는 말에 감정적 전염성을 쉽게 제공해준다.

눈길을 우리 자신에게로 돌릴 때 사태는 더욱 불확실하다. 지난 한 세대 동안 우리 사회의 추진력이 되어왔던 것은 성장의 신화였다. 경제 성장을 통한 근대화가 자동적으로 소망스러운 사회 발전에 이른다는 성장의 신화는 이제 위세를 잃고 있다. '세계화'는 우리 경제의 취약성을 노출시키고 있다. 경제위기를 겪고 있는 북의 상황과 맞물려 전쟁 재발과 연쇄 붕괴를 우려하는 목소리조차 일고 있다. 한편 정치 지도자를 자처하는 인사들은 사태의 냉정한 파악과 진단보다도 허황된 자신감의 피력으로 국민들을 현혹시키고 있다. 그들은 세기말을 현명하게 뛰어넘을 경륜을 갖추고 있는가? 사람만 바꾸면 만사형통이라는 구태의연한 정치수사 전문가로 머물러 있는 것은 아닌가?

진보에 대한 안이한 믿음과 직선적 목적론적 역사관은 폭력과 연계되기 쉽다. 전쟁도 무력분쟁도 역사 진보의 한 형태로 수용되기가 쉽기 때문이다. 불확실한 21세기에 대처하는 종합적인 신사고와 처방책이 보이지 않는다는 맥락에서 세기말이란 말은 유효성과 전파성을 갖는 것으로 보인다.(1997년)

전문가가 대우받는 사회

인공위성은 20세기의 피라미드이다. 우주 경쟁에 소모되는 막대한 비용을 제3세계에 투입하면 세계의 절대 빈곤이 사라질 것이다.

1960년대에 미국의 루이스 멈포드가 한 말이다. 현대 기술문명의 전문화 경향을 비판하면서 인간화된 도시환경의 필요성을 역설하고 일종의 정원도시 건설을 주창했던 이 사회비평가를 기억하는 사람은 많지 않다. 전기기사 출신인 그는 『모비 딕』의 작가 허만 멜빌을 재평가하여 미국의 대표적 작가로 굳히는 데도 선도 역할을 한 이색적인 지식인이다. 당시 그의 글을 읽고 신선한 충격을 받았던 일을 기억하고 있다.

그의 이상주의는 경의에 값하고 그의 경고가 유효성을 잃은 것은 아니다. 그렇지만 그는 착착 진행되고 있는 정보화사회의 위력과 효용성을 충분히 예측하지 못하였다. 우주 경쟁을 통한 가령 컴퓨터의 발달이 야기시킨 인터넷의 신세계가 실현되고 있는 오늘 그의 이상주의는 목가적으로 들린다. '두 개의 문화'에 통달한 편이었던 그로서도 전면적인 현실 이해는 어렵기만 했던 과제로 생각된다.

어느 자리에서 이름난 전문경영인이 자동차 새 모형 개발에 삼천오백억원이 소용되며 천 명의 인력이 동원된다는 말을 하자 동석했던 사람들은 모두 놀랐다. 그러자 그분은 TV 새 모형 개발에도 천오백 명의 인력이 동원된다고 해서 다시 좌중을 놀라게 했다. 정보화사회라는 현대는 이렇게 전문가만이 파악하고 있으며 비전문인은 대체로 모르고 있는 놀랄 만한 '국부적 진실'이 도처에 산적해 있는 복잡한 사회이다.

학문분야에서도 하루하루가 다를 지경으로 현기증나게 분화하고 다기화되어가고 있는 것이 오래 전부터의 추세이다. 세부적 전문가들이 생산해내는 새로운 정보량은 하늘 높은 줄 모르게 축적되고 있다. 그저 따라가기만 하는 데도 소홀치 않은 노력이 필요하다. 그렇기 때문에 더욱 전체의 파악이 요망되지만 그것도 우선 정확한 부분 이해가 앞서야 한다. 기술문명의 혜택을 누리며 불확실한 시대를 살아가자면 거기 상응하는 대가를 지불해야 한다. 공부하고 탐구하고 노력해야 한다.

우리 사회에선 대체로 전문가의 의견을 구해서 그 지식과 정보를 활용하는 관행이 확립되지 못하고 있는 것 같다. 전문가 집단이라 하더라도 의견이 분분하고 어떤 합의를 도출할 수 있는 공동체가 현실적으로 존재하는 것은 아니다. 그러나 전문가의 의견을 구하고 사전조사를 했다면 어이없는 사태는 미연에 방지할 수도 있었을 일이 비일비재하다. 가령 막대한 자금을 들여서 마련했으나 완전한 실패작이 되어 국토의 흉물이 된 시화호 같은 것이 그 사례이다. 이른바 자문위원회 같은 것이 있어서 전문가의 의견을 구하는 것으로 되어 있지만 사실은 요식행위의 일환으로서 뒷날의 면책을 위한 방탄용 장치라는 지적이 많다.

비전문가의 등용도 문제가 있다. 전문가도 파악하기가 어려운 분야에 비전문인이 행정 최고위직에 앉아 업무도 제대로 파악하지 못하고 어느새 경질이 되곤 한다. 행정과 전문지식은 다르다고 하지만 그것도 정도의 문제이다. 지난번 한국 문학 낭독회 관계로 방문했던 독일 함부르크 주정부의 문화부장관은 비교문학과 미술사의 학위를 가진 여성이었다. 벌써 육 년째 재임중이라고 했다. 지방정부의 장관이긴 하지만 우리의 경우와는 너무나 대조적이어서 놀랍게 생가되었다.

　정치의 계절이 되어 가는 곳마다 정치가 화제다. 토론회라는 것이 있어서 시청하면 늘 그 소리가 그 소리다. 한 문제에 대한 집중된 토론은 없고 단답식으로 끝나고 만다. 정치에 대한 과잉기대는 금물이란 것을 절감한다. 우리 사회를 주도할 일꾼들은 과학기술을 위시해서 각 분야의 전문가이지 직업적 애국자나 요상한 정치수사의 대필자나 갖가지 분장 기술자가 아니다. 전문가가 대우받는 사회가 곧 선진사회이다.(1997년)

속 시원한 소식
— 직업윤리와 책임의 수용

　오나가나 우울한 화제뿐이다. 근친을 비롯한 주변인물의 실직이나 경제적 곤경에 관련된 얘기가 대부분이다. 감봉이 되었다든가 수입이 크게 줄었다는 호소는 배부른 소리가 되어버렸다. 끝에 가서 내리는 상투적 결론은 위기 아닌 때가 언제 있었느냐, 6·25에도 살아남지 않았느냐는 등속의 자기 위안이다. 그러면서도 어쩌다 이 지경이 되었느냐는 탄식을 빠뜨리지 못한다.
　답답한 세태 속에서 그나마 근래에 시원한 소식이 하나 있었다. 어느 경제학 교수가 한은 총재직을 고사했다는 소식이다. 비전을 가지고 있지 못하다는 짤막한 거절 이유만이 보도되었기 때문에 자세한 사정은 알 수 없다. 그러나 교직에 남아서 평생 연구에 종사하겠다는 뜻을 밝혔다는데 그것만으로도 시원한 소식이요 경의에 값한다.
　조선조 이래의 출사(出仕) 지향 때문이겠지만 우리 사회엔 관직이나 직함에 대한 열의가 너무나 강렬하다. 전직 대통령이 "자리를 제안해서 거절하는 사례를 본 적이 없다"고 말한 것으로 보도된 적이 있었다. 주는 쪽에도 문제는 있다. 그러나 전공분야나 이왕의 경력과 관련이 있는 경우는 몰라도 아무런 연관이 없는데도 덥석덥석 받기만 하는 것은 더욱 큰 문제이다. 냉철한 자기 검증 없이 어울리지 않는 자리에 앉았다가 공적으로나 사적으로나 자랑스럽지 못한 일화만 남긴 사례가 허다하다.

대학인이나 언론인이 특히 의외로운 '발탁'의 대상이 된 것은 아마도 5·16 이후가 아닌가 생각된다. 대학이나 언론에 인재가 산재한 탓도 있겠지만 4·19 이후 중요 정치적 변수가 된 학생시위와 대국민 홍보에 대한 고려가 작용한 면도 있었다. 기여도 많았지만 폐해도 없지 않았다. 본래의 직업에 대한 헌신을 업수이 여기면서 먼 곳을 바라보는 이른바 '해바라기' 성향이 크게 퍼져갔다. 한편 실무감각이나 경륜의 부족으로 직업관료들의 시험을 통과하지 못하고 그들의 콧대만 세워 놓은 혐의도 없지 않다. 도처에서 직업윤리가 망가져가는 요즘 중직을 마다한 경제학 교수의 이례적인 결정은 단연 돋보이고 또 전범이 되어야 마땅하다고 생각한다.

IMF사태를 전혀 예견하지 못한 것을 자인하고 경제학자로서의 회한을 실토한 분의 요약기사도 시원한 소식이었다. 경제의 어려움과 구조조정의 필요성을 지적하는 소리가 들려온 지는 이미 오래다. 추락하는 경제를 살리는 것은 이미 1992년 대선 때도 다투어 표방된 정치구호였다. 그러나 금융위기가 그렇듯 절박하게 닥쳐왔다는 것은 누구에게나 충격이었다. 여기저기에서 책임 규명의 소리가 높았다. 그렇지만 있어야 할 자성의 소리는 전혀 들려오지 않았다.

한 나라의 금융위기나 경제위기가 몇 사람의 불찰이나 실책으로 빚어진다는 것은 상상할 수 없다. 물론 막판 벼랑까지 손을 쓰지 못한 정치적 행정적 책임은 규명되고 추궁되어야 한다. 그렇지만 경제난국임을 알면서도 구호나 외친 정치권을 위시하여 경제주체 각각의 책임도 막중하다. 국제신인도 하락을 경고하는 외국 언론에 대해서 '한국 때리기'라고 꼬집은 이쪽 언론계의 책임도 만만치 않다. 흥청망청을 일삼은 부유층를 필두로 크고 작은 차이가 있을 뿐 국민 모두가 방조자임을 면치 못한다.

이번 사태는 우리 모두 자성의 계기가 되어야지 속죄양이나 만들어 뒤풀이하는 것으로 끝내서는 안 된다. 그런 맥락에서 금융위기를 예측하지 못한 자신에 대한 회한을 토로한 경제학자의 자성은 자기 몫의 책임을 통감하는 이례적인 쾌거였다. 이번 위기는 누적된 적폐가 야기시킨 것이지만 단기적으로는 대선의 해였고 정치 과열로 들떠 있었다는 것과 크게 관련되어 있다. 그럼에도 정작 책임을 통감해야 할 정치권에서 자성하는 태도가 보이지 않는 것은 한심한 일이다. 주범을 규탄한다고 해서 공범자와 방조자가 면책이 되는 것은 아니다. 우리 사회가 절실하게 요청하는 직업윤리의 확립과 자기 몫 책임의 수용을 보여주는 두 학자의 처신이 국민 사이에 널리 퍼지기를 기대한다.(1998년)

자구책을 위하여

  2대에 걸쳐 우리나라에서 장기간 체재한 집안 출신이면서 의료생활을 계속한 한 지방 거주 미국인 의사가 한국의 삶에 관해서 책을 쓴 적이 있다. 한국에 대한 애착과 동포에 대한 애정으로 그득한 책이었지만 그런 경우 흔히 그렇듯이 한국인의 관습이나 행동양식에 대한 솔직한 비판도 적지 않았던 것으로 기억한다. 그 책에서 의사는 우리나라 사람들이 함부로 침을 뱉는 것을 지적하면서 빨리 고쳐야 할 관행의 하나라고 말하는 대목이 있다. 우선 불결감을 줄 뿐 아니라 위생적으로도 해로운 관행이라고 지극히 의사다운 진단을 내리고 있었다.

  우리는 우리들의 취약점이나 허점을 스스로 인정하면서도 막상 남의 지적을 받으면 일단 심리적 저항을 하게 된다. 더구나 그것이 외국인들의 지적인 경우에 더욱 민감하게 된다. 심층적인 수준에서의 자기방어와 관련된 것이 아닌가 한다. 한국인이 다 된 미국인 의사의 당연한 지적에 대해서도 그 온당성을 수긍하면서도 유쾌한 기분이 아니라는 투의 반응을 보이기 쉽다. 그걸 모르는 사람이 어디 있느냐는 투의 반응이 일반적이지 않은가 생각한다. 상식이나 양식에서 벗어난 거동을 하는 사람은 언제 어디에나 있는 법이 아니냐고 반문하기가 쉽다.

이십 년도 더 되는 오래 전 일이지만 이 책을 읽은 어떤 미국인 교수가 이 대목을 비판하는 얘기를 들은 적이 있다. 유대계 미국인으로서 도시 역사에 관한 연구서를 저작한 바 있는 삼십대 초반의 소장 역사학자는 미국인 의사의 관찰이 피상적이고 상투적이라고 비판하는 것이었다. 처방 자체야 물론 옳은 것이지만 침 뱉기에 관한 한국인 관행의 기초가 되어 있는 심층구조라고 할까 그런 것에 대해서 미국인 의사가 전혀 이해심을 가지고 있지 않다는 취지였다.

의사는 병원 복도에다 함부로 침을 뱉는 시골 사람들을 청결관념이 없다는 투로 말하지만 그것은 한국인에 대한 이해 부족이라는 것이다. 자기가 관찰한 바에 의하면 한국인의 의식구조에서는 생활공간에 대해서 신을 벗는 장소와 신을 신는 장소라는 이항대립적 파악이 기초를 이루고 있다. 신을 벗고 들어가는 방 안이나 마룻바닥에는 침을 뱉지 않는다. 그렇지만 신을 신고 다니는 논둑이나 마당에 침을 뱉는 것은 금기사항이 아니다. 농촌 사람들에게는 병원 복도나 진료실도 신을 신고 다니는 장소이기 때문에 한길이나 마당과 같은 범주에 속한다. 따라서 침을 뱉어서는 안 된다는 생각이 들지 않는다. 그러므로 이들의 관행을 변혁하자면 불결이나 위생과 같은 개념이 아니라 신 신기와 신 벗기라는 이항대립적 범주의 의식화와 이에 따른 새로운 접근법을 시사해주어야 한다는 것이다. 심층구조를 건드려서 태도상의 변화를 유도하도록 하는 것이 효과적이지 무지나 상식 같은 범주로 접근하는 것은 관찰자의 편견만 드러낼 뿐이라는 것이었다.

보다 큰 테두리의 문화가 개개인의 행동거지를 규제하며 이 문화는 저마다의 전통과 관행의 집합체이기 때문에 우열에 따라서 서열화할 수 없는 성질의 것이고, 서양 근대의 척도로 선진과 후진을 따질 수 없다는 인류학적 시점을 가지고 있었던 소장 사학자는 단기간의 한국 체재자였다. 또 타자의 관찰을 통해서 자기 자신을 확인한다는 것 이상의 학문적 야심을 가지고 이 땅을 찾아온 것도 아니었다. 그렇지만 사소한 문제에도 독자적인 시점을 통한 참신한 관찰이 있는 듯이 여겨져 흥미 있게 생각하였다. 그러기에 오래 전 얘기지만 지금도 생생하게 기억하고 있다. 우리 편에서 이만한 반론도 제기하지 못하지 않았느냐는 자괴감 비슷한 것을 느꼈다.

우리는 환경파괴와 환경오염에 관한 우울하고 겁나는 보도를 항상적으로 접하고 있다. 쓰레기를 농지 한가운데 파묻어놓은 사례로부터 고의적인 폐수 방류에 이르는 범법행위, 불법 산림 훼손이나 녹지 변경에서 희귀동물 남획에 이르기까지 방법과 종류는 가지가지다. 전국 도처에서 이루 헤아릴 수 없이 많은 종류의 환경파괴와 오염행위가 대책없이 자행되고 있다. 자성하는 목소리와 실천적인 움직임도 미미하게나마 울리고 있으나 도저한 파괴의 굉음에 눌리어 잘 들리지 않는다.

환경파괴나 오염과 같은 초급한 문제의 맥락을 떠나서도 우리 사이에서 자연을 아끼고 가꾸는 마음이 적어도 20세기 들어와서는 사라져 버린 것이 아닌가 하는 생각이 드는 경우가 있다. '내' 산이 아니고 '남'의 산이기 때문에 그런 것인가, 혹은 '우리' 강이 아니고 '저들'의 강이기 때문에 그런 것인가? 아니면 절대 빈곤 시대에 길들여진 존명(存命) 지상의 과제가 내 목숨 아닌 모든 것을 경시하고 대상화하는 태도를 낳게 되어 그런 것인가? 아니면 한 번도 주인의식을 가져보지 못한 소외의식이 자연과의 친화적 태도를 형성하지 못하게 한 때문인가? 그야말로 심도 있는 인류학적인 접근이 필요하지 않은가 생각된다. 그리하여 새로운 자연 접근 태도를 심층적인 수준에서 배양하는 것이 비록 시간이 걸리더라도 확실한 자구책이 되는 것은 아닐까? 기름에 전 강바닥을 드러내는 화면을 바라보며 문득 그런 생각을 해본다. 너무나 태평스러운 생각이라는 느낌과 함께.(1999년)

교사는 따로 없다

　서양 쪽에서 오랫동안 숭배의 대상이 되었던 알렉산더 대왕은 성품이 교만하고 잔혹하며 미신을 숭상했다. 철학자 아리스토텔레스는 십대 초의 알렉산더를 삼 년간 개인교사의 자격으로 가르쳤다. 그러나 고전 고대의 대학자이자 사상가였던 아리스토텔레스도 전 세계를 정복하고 싶어한 알렉산더의 광기를 고쳐주지는 못하였다. 로마에 불을 지른 황제 네로를 모르는 사람은 없다. 견인(堅忍)주의자로 유명하며 셰익스피어에게도 영향을 끼친 철인 세네카는 11세 난 네로의 개인교사가 되었다. 네로의 횡포가 심해지면서 세네카는 네로의 눈 밖에 나기 시작하였고 마침내는 반역자의 혐의를 받고 네로의 명령으로 자살할 수밖에 없었다.
　학생과 관련된 큰 사건이 터져 사회의 관심이 쏠리게 될 때마다 도대체 학교나 대학교사들은 무엇들을 하는 게냐는 투의 농담 반 진담 반의 공격을 사석에서 듣고는 한다. 그럴 때마다 나 역시 농담 반 진담 반으로 아리스토텔레스나 세네카같이 뛰어난 철학자나 웅변가도 마음대로 못 하는 것이 학생이요 제자라면서 요즘 같은 대중교육의 시대에는 더욱 그러하다고 응수하고는 한다.

　사실 학교교육은 지식 내지는 기술교육이 주종이요 인성교육이나 윤리교육은 크게 보아 가정교육과 사회교육이 담당하는 몫이라 해도 과언이 아니다. 학교교육이 인성교육을 등한시해도 좋다는 뜻이 아니라 교육이라는 것이 여러 층위에서 이루어지는 것임을 말하는 것이다. 세 살 적 버릇이 여든까지 간다는 우리 속담이 있다. 현대의 정신분석학은 사람의 성격이 대체로 생후 삼 년 사이에 결정된다고 말한다. 이것은 가정교육 혹은 교육단위로서의 가정환경의 중요성을 시사하는 세속 지혜요 관찰이다. 한편 사람들은 타인의 행동을 모방하면서 자아를 형성하는 법인데 이때 사회경험이라는 것은 막중한 형성력으로 작용한다. 이렇듯 인간은 가정 학교 사회라는 교육적 환경에서 자기를 만들고 자아를 형성하게 마련이다. 따라서 이 세 가지 교육적 환경은 직접적으로 또 복합적으로 인간 형성에 큰 영향을 미친다.

　요즘 청소년에 관한 충격적인 소식이 끊이지 않고 보도되고 있다. 고등학교에 조직폭력배가 공공연히 발호하면서 사회 조직폭력배를 무색케 하는 행태를 보여주고 있다. 어린 학생들 사이에서도 약자 골려주기가 유행하여 가령 심장병 어린이를 박해했다는 등속의 보도가 끊이지 않는다. 피해자가 엄청나게 많지만 보복이 두려워 말도 못 한다고 한다. 어느 때 어느 곳에서나 있는 일이라고 넘겨버리기에는 사태가 심각하다. 순진한 어린이 사이에 있음직한 소박한 정의감이나 인정도 메말라간다는 것이 현장 교육자의 증언이다. 도대체 어느 한구석 안심할 만한 곳이 없다. 총체적 불안정성이 사회를 지배하고 있다는 느낌을 금할 수 없다.

누구를 탓하기 전에 우리 모두의 책임이다. 서 있는 자리가 크고 중요한 자리라면 그만큼 책임도 크다고 할 수밖에 없다. 그러나 누구 탓하기가 문제 해결을 위한 노력을 대체해서는 안 된다. 가정폭력이 난무하고 욕설이 상습적 언어가 되어 있는 환경에서 자란 어린이나 결손 가정의 불안한 어린이에게 올곧은 품성을 기대하기는 어려운 일이다. 그러한 의미에서 무책임한 성개방 풍조나 성적 조숙을 강요하는 사회 분위기는 결국 사회의 황폐화에 기여할 공산이 크다. 폭력에 대한 교사나 사회의 무관심을 보고 자라난 청소년들에게 정의감을 기대한다는 것은 더욱 어려운 일이다. 사회적 기여도 크고 어제까지 사회의 지도자로 대우받던 사람들이 하루아침에 몰염치한 위인으로 전락하여 세인을 놀라게 하는 일이 거의 매일처럼 대서특필되는 사회에서 청소년들이 누구를 모형으로 해서 자아를 형성할 것인가. 성인들은 모두 교사라는 생각을 가지고 처신해야 할 것이다.(1996년)

장엄한 노인들

　미국의 격주간 서평지 『뉴욕 리뷰』 최근 호에 어느 여류 시인의 시 두 편이 실려 있다. 그중의 한 편은 아침 산책길에 본 개구리의 죽음에 관한 것이다. 지나가는 차 바퀴에 치여 내장이 드러난 채 납작하게 되어버린 '개구리 왕자'의 모습이 간결하게 처리되어 있다. 여기까지는 별로 놀랄 만한 것이 없다. 그러나 버지니아 해밀튼 아데어란 이 여류 시인이 83세 난 할머니로서 『멜론 위의 개미들』이란 처녀시집이 곧 출간된다는 필자 소개는 적지 아니 놀랍다.
　나이와 처녀시집이 곧 나온다는 정보밖에 없으니 그 사람됨의 세목에 관해서는 현재로선 알 길이 없다. 그렇지만 팔십대의 나이에 처녀시집을 낸다는 사실 자체는 예사로운 일이 아니다. 아무리 평균수명이 길어진 세상이라 하더라도 83세까지 살아 있다는 것 자체가 벌써 비범하다. 또 그 나이에 요즘 우리 사회에서 자주 거론되는 치매증세를 보이지 않는 것만 하더라도 굉장하다. 거기다가 시를 쓰고 처녀시집을 내게 된다는 것은 놀라운 일이 아닐 수 없다. 인간의 가능성에 대한 우리의 기대를 다시 부추겨주고 인간 존엄이란 생각이 인간의 공연한 자화자찬이 아님을 실감케 한다.

그러고 보면 장엄한 노인들의 사례는 결코 드물지 않다. I. F. 스톤이라면 한동안 우리 사이에서 금서가 되었던 『한국전쟁 비사』로 저명한 저널리스트이다. 월남전이 한참이던 1960년대 중반에 『뉴욕 리뷰』에 미국의 월남정책을 신랄하게 비판하는 논평을 정력적으로 기고한 바 있다. 그러던 그가 81세의 나이에 『소크라테스의 재판』이란 책을 내어 화제의 인물이 되었고 그 책은 우리말로도 번역된 것으로 알고 있다.

본인 스스로 밝힌 바에 따르면 스톤은 64세 때 협심증 때문에 십구 년간 계속해온 개인 주간지를 포기하고 은퇴한 후 인류 역사에서의 사상과 언론의 자유란 주제를 연구하기로 결심하였다. 그러한 동기에서 출발한 그는 그리스 고전 연구로 나갔고 어찌하여 아테네 같은 자유사회에서 소크라테스의 재판이 벌어지게 되었는가를 규명하고 싶었다. 3학년 때 대학을 중퇴하고 저널리즘에 투신한 그는 그리스어를 한 학기 동안 배운 적이 있을 뿐이었다. 그러나 그는 육십대 후반에 그리스어를 다시 배워 『호메로스』를 비롯하여 고전 고대의 그리스 문학을 읽었다. 그리하여 81세이던 1988년에 마침내 책을 상자하였다. 논란이 많은 그의 저널리스트로서의 공적이나 『소크라테스의 재판』의 평가에 대해서는 자세한 것을 알지 못한다. 책에 관해선 같은 뉴욕 유대인의 한 사람인 시드니 훅이 "스노비즘의 소산"이라 혹평했지만 케임브리지 대학의 역사학자가 역작이라고 두둔한 서평도 있었다. 그러나 어쨌건 백내장으로 말미암아 매킨토시 워드프로세서의 24호 활자를 사용하여 원고를 작성했다는 후기를 읽으며 어떤 외경감을 느끼지 않을 수 없었다. 육십대 후반에 고전 그리스어를 익혔다는 사실도 우리의 감탄을 사기에 충분하다.

우리 사이에서는 권력과 지위에 대해 걸맞지 않은 노욕을 보여 빈축을 사는 선례가 많았다. 팔십대에 처녀시집을 내고 육십대 후반에 고전어를 새로 익혀 팔십대에 도전적인 책을 내는 지적인 노익장은 보기 드물다. 우리가 본받아야 할 대목이 아닌가 생각한다.(1997년)

문학동네 산문집
내 마음의 망명지
ⓒ 유종호 2004

초판인쇄 | 2004년 3월 12일
초판발행 | 2004년 3월 22일

지은이 | 유종호
펴낸이 | 강병선
책임편집 | 차창룡 조연주 김송은
펴낸곳 | (주)문학동네
출판등록 | 1993년 10월 22일 제406-2003-045호

주　　소 | 413-832 경기도 파주시 교하읍 문발리 파주출판도시 513-8
전자우편 | editor@munhak.com
전화번호 | 031) 955-8888
팩　　스 | 031) 955-8855

ISBN 89-8281-803-0 03810

* 이 책의 판권은 지은이와 문학동네에 있습니다.
　이 책 내용의 전부 또는 일부를 재사용하려면 반드시 양측의 서면 동의를 받아야 합니다.
* 잘못된 책은 바꿔드립니다.

www.munhak.com